歷史中國

西元1644～西元1911

清朝原來是這樣

羅杰◎著

目錄

序言

中國的歷史很長，朝代也特別多。最後一個朝代叫做清朝。有些人認為，清朝的第一個皇帝是順治。其實在順治皇帝以前，清朝已經有過兩代君主：太祖努爾哈赤與太宗皇太極。

努爾哈赤於明神宗萬曆四十四年（一六一六年），在瀋陽之東，新賓縣城之西三十里赫圖阿拉城宣佈獨立，建國稱汗，國號後金。

他死後，兒子皇太極繼位，當了十多年的大汗後，改稱皇帝，把國號改為「大清」。皇太極當了七年零四個月的皇帝，就去世了。在他之後，是順治、康熙、雍正和乾隆。順治能夠繼位，是清朝皇室兩大政治集團相互妥協的產物，一個是他的叔叔多爾袞，一個是他的哥哥豪格，可謂鷸蚌相爭，漁翁得利。

順治皇帝做了十八年皇帝，在順治十八年正月死亡。有人說，他沒有死，做了和尚。康熙呢，命很長，人也很好。他的雄才偉略締造了「康乾盛世」的輝煌。讓人遺憾的是，清朝的文字獄始於這位皇帝。而他一生最痛心的問題，莫過於傳位問題上的進退失據，幾個皇子間的明爭暗鬥讓他在晚年心力交瘁。

康熙末年，清朝的社會已經出現停滯，形式複雜，又因為減免賦稅，導致財政困難，扔下一個爛攤子，只等後人來收拾。

雍正皇帝辦事果斷，手段毒辣。他繼位後，實行多項改革，勵精圖治，他的勤政是中國歷史上罕見的。史料記載，雍正皇帝現存僅朱批的奏摺就達三萬五千多件，其總字數以雍正執政十三年相除，平均每天是八千多字。事實證明，他這十三年的工夫沒有白費，「康乾盛世」能在乾隆時期達到頂峰，雍正皇帝功不可沒。只是這個皇帝猜忌多疑，在位時統治相當嚴酷。

乾隆，這位皇帝的壽命比康熙還長，自稱「十全老人」，喜歡花錢，愛出鋒頭，把祖宗幾輩子的錢都花光了。導致吏治腐敗，貪腐成風，乾隆王朝中後期時，社會開始走下坡路，末年更是出現了「饑餓盛世」。

乾隆皇帝丟下的爛攤子比康熙皇帝更甚，他的後人嘉慶皇帝，憋著一肚子氣，老頭子說要效仿聖人禪讓，卻是名不符實，開給他一張空頭支票，凡事還是要他老人家點頭才作數。好不容易捱到乾隆駕崩，嘉慶親政，卻要為清朝國力由強轉向衰敗買單。國庫的銀子已經讓乾隆折騰得差不多了，上臺後第一件事就是扳倒大貪官和珅，讓大清王朝吃了一頓飽。

嘉慶皇帝雖然勤政圖治，親政後採取了一系列的措施，但頹勢難以挽回，在位期間，政治腐敗，社會矛盾日益加深，白蓮教等大規模農民起義紛紛爆發，清王朝國力迅速滑坡。

接下來是道光皇帝，這位皇帝以儉樸著稱，穿著打補丁的破鞋子，經營大清王朝這個爛攤子，依然不見起色。英法聯軍的堅船利炮還是轟開了清王朝的大門，這位皇帝在悲憤中簽訂了第一個喪權辱國的條約——《南京條約》。那時，紫禁城殘陽如血。

清朝入關後的第七位皇帝，道光的第四子咸豐，在慌亂中接過了這杯苦酒，未及送到唇邊就爆發了太平天國起義。在咸豐鎮壓太平天國之時，英、法兩國再次對清王朝宣戰，史稱「第二次鴉片戰爭」。俄國佬也趁火打劫，蠶食中國領土，咸豐皇帝被迫簽訂了一系列不平等條約，割地賠款，將中國進一步推向半封建半殖民地社會。

咸豐的正宮皇后鈕鈷祿氏很老實，側室妃子葉赫那拉氏很厲害。葉赫那拉氏在咸豐皇帝死後大權獨攬，叫人家尊稱她為慈禧太后。

慈禧懂得使喚曾國藩、李鴻章等人，於是消滅了太平天國。但她缺乏國際常識，應付不了外國，因此一敗於法蘭西，再敗於日本。後來，她想借重一批畫符念咒的義和拳扶清滅洋，引來了八國聯軍。京城和大片土地都被聯軍佔了，她只得向人家賠錢、賠禮。她的兒子同治皇帝與侄兒光緒皇帝，被她先後當作傀儡。後來，光緒自己當家，找到康有為、梁啟超、譚嗣同等人，準備大大地改革一番，她大發脾氣，把光緒皇帝關了起來。

她比光緒晚死一天。死後，光緒的侄兒溥儀當了皇帝，年號宣統。宣統三年陰曆八月十九（一九一一年十月十日），辛亥革命在武昌爆發，歷經近三百年的大清帝國在隆隆炮聲中坍塌。

在中國，自秦始皇以下的兩千多年的皇朝歷史中，建立過兩百年以上的大一統皇朝，只有兩漢、唐、明、清。大清帝國在中國的歷史舞臺存了在兩百六十八年之久。

如此漫長的歷史，自然要從明清兩朝的交替說起。明清交替與中國以往朝代的交替不同，是少數民族代替漢族，其民族矛盾不可避免。這些矛盾體現在戰爭上，制度上，還體現在一些傳統文化習俗上。因此，作為滿清入關後的第一位皇帝順治，遇到太多棘手的問題，其中一個，便是「辮子問題」，由此而引發了「剃髮令」事件。這是清王朝入主中原後，一個重要的事件，這一事件甚至影響了清王朝的整個歷史。我們就從這個事件開始，一步步揭開大清王朝兩百六十八年的歷史真相。

一、辮子背後的歷史密碼

大清順治皇帝於西元一六四四年入關，定鼎中原。在第二年的元旦，一個叫孫之獬的官員，向順治皇帝上疏說：皇帝陛下您平定了中國，萬象更新。可是，衣冠束髮的制度，卻還用明朝的那一套，此乃陛下從中國，非中國從陛下也。

眾所周知，順治皇帝入關後，明朝官員紛紛投降了清朝。上朝時，便有滿臣和漢臣兩班官員。這兩班官員的穿戴打扮大不相同。滿族官員剃髮留辮，身著滿服；漢族官員束髮戴冠，身著漢服。儘管服飾裝扮迥異，而兩班官員並無異議。在滿族官員眼裡，漢族官員的裝扮是順眼的，漢族官員雖覺得滿族官員腦後的一條鞭子有些扎眼，卻也無傷大雅。作為滿人的順治皇帝，對漢族官員的裝束也能接受。因此，自入關後的一年多來，滿漢兩臣和氣共處，相安無事。

然而，一個叫孫之獬的官員，突然提出了官員衣冠束髮的問題。孫之獬為何要提出這個問題？他的居心何在？這也是清王朝很多滿族官員心中的疑問。

孫之獬原是明朝天啟的進士，他做官時正是魏忠賢當權的時期。當時，閹黨吃香，他便成為閹黨成員，著實過了一段好日子。清軍入關以後，孫之獬立即俯首乞降，自己帶頭與家人奴僕一起剃頭留了辮子，並換上了滿裝，一心一意在山東等待清軍的到來。大清朝廷為收攬人心，接納並讓他當了禮部侍郎。

然而，很多滿臣卻不認為孫之獬是一個忠臣。理由很簡單，孫之獬是一個漢人。滿臣們認為「非我族類，其心必異」。孫之獬越是渴望站到滿臣行列中，滿臣們就越排斥他。

孫之獬碰了一鼻子灰，感到委屈，轉而想回到漢臣的行列。孰料，漢臣也排斥他。因為他剃髮留辮，被一些漢臣視為「漢奸」。

孫之獬被孤立了，這種孤立讓他憤怒。憤怒之下，孫之獬向順治皇帝上疏。順治皇帝當時年僅七歲，他並不知道，孫之獬上疏的真正原因。但孫之獬的一句「中國從陛下也」，讓這位少年天子萬分感動，且熱血沸騰。同時，攝政王多爾袞也認為，應該頒佈「剃髮令」。

剃髮令規定：凡是清軍所掌握的地區，在十日之內，盡行剃髮蓄辮；凡不剃者、遲疑者、上表章請求保存者，一律殺無赦。

此令一出，天下譁然，滿漢民族矛盾激化。

中國的儒家思想認為「身體髮膚、受之父母，不可毀傷，孝之始也」，因此，反抗清朝統治者「剃髮令」的大有人在，但是大部分人還是不得不剃髮蓄辮，以求保命。用一句話來概括，就是「怕死者涕泣而剃，不怕死者寧死不剃」。

當時，「剃髮令」下達到各地官府後，官府的官員們便命令「剃匠」，擔著剃頭挑子，遊行於街市之中，強行剃髮。

所謂「剃匠」，都是頭戴紅纓帽的八旗兵，一組三至四人。一個手拿剃頭刀，其餘兩、三個人，抱著鬼頭刀。接受剃髮者，用剃頭刀剃髮，並享受熱水、手巾的待遇；抗拒剃髮者，則享受砍頭的待遇，被鬼頭刀砍下的頭顱，被「剃匠」掛在十字架形狀的豎杆上。

一個王朝初建，首要的問題，是穩定人心，所謂得人心者得天下。而清朝初期「剃髮令」的實施，帶來的卻是動亂。在順治皇帝頒佈「剃髮令」之前，反抗清軍的主要是明朝的殘餘部隊；當「剃髮令」頒佈之後，很多老百姓也站在了清政府的對立面。

剃髮與留髮的對抗，實質上是兩種文化傳統的對抗。在這場對抗中，最慘烈的一幕，發生在江陰縣（今江蘇省南部）。

順治二年（一六四五年），「剃髮令」下達到江陰。江陰的眾多老百姓與鄉紳，向知縣方亨請願，跪請留髮。方亨不但不接受，反將請願者罵走。第二天，一個叫許用的秀才聚集了一批人，在江陰的孔廟立誓：頭可斷、髮絕不可剃！

當日下午，一隊鄉兵手持武器衝進縣衙，把知縣方亨抓進了監獄。然後推舉典史（縣衙管緝捕和監獄的官員）閻應元和陳明遇為首領，共同商議抗清守城大事。

清廷方面，獲悉江陰造反，火速派大兵前往鎮壓。江陰百姓與官兵堅守城池八十一天，殺死清兵七萬五千餘。最後，終因兵力懸殊，城破。清軍攻進江陰，下令「滿城殺盡，然後封刀」。於是，在接下來的十天裡，清軍對江陰城進行慘絕人寰的瘋狂殺戮，城中百姓遇難人數多達十七萬餘人。江陰城幾乎變為了一座「鬼城」。

有一首悼念江陰死難者的詩詞，這樣寫道：「八十日戴髮效忠，表太祖十七朝人物。十萬人同心死義，留大明三百里江山。」

這一段剃髮與留髮的對抗，在歷史上被稱為「江陰十日」。接下來，又發生了「嘉定三屠」。嘉定在江陰的東南面，也展開了反剃髮鬥爭。

順治二年七月初一，清廷派明朝降將李成棟率兵前去鎮壓。嘉定百姓推舉當地士紳黃淳耀和侯峒曾主持城防，在城牆懸起「嘉定恢剿義師」的大旗，城中的男女老幼，都被組織起來抵抗清軍。清軍圍城猛攻，在外援斷絕的情況下，嘉定軍民堅守了十餘天。後因連日大雨，將土城牆沖破，清軍趁勢用大炮猛烈轟擊，終於攻入城內。李成棟下令屠城，嘉定城內「浮屍滿河，舟行無下篙處」，被屠殺者約三萬餘人。

不過，嘉定百姓並沒有被恐怖的殺戮嚇倒。李成棟離開後，四處逃散的民眾再一次聚集起來。反清義士朱瑛率領五十人進城，集合百姓，再次控制了嘉定。李成棟派部將徐元吉率兵前往鎮壓。居住在嘉定城內的百姓，聽到消息後，紛紛逃離。因此，清軍的鎮壓行動便放在了城郊，城郊數十里內，草木盡毀，積屍成丘，民間炊煙斷絕。

之後，明朝綠營把總吳之璠在江東起兵，反攻嘉定，不幸慘遭失敗，起義軍全軍覆沒。李成棟惱羞成怒，下令屠城，嘉定再遭浩劫，嘉定城內外又有兩萬餘人被殺害。

這三次對嘉定的屠殺，被稱為「嘉定三屠」。

然而，江陰和嘉定的叛亂雖然平息，但江南地區的許多城市，如常州、無錫、宜興、嘉興、紹興等地的民眾，也先後起義，進行反剃髮鬥爭。這些鬥爭都遭到了清軍的血腥鎮壓。繁華的江南地區受到嚴重破壞，到處是斷井頹垣，一片破敗景象。

用今天的話說，這是由髮型引發的血案。那麼，人們會提出一個問題，清朝的滿人為什麼要剃髮留辮子？

這要從滿族的祖先說起，滿族發源於中國東北地區長白山、黑龍江一帶，以打獵捕魚為生。剃去前額和四周的頭髮，將留存的頭髮編成辮子垂在腦後，行動會更方便。能夠避免穿山越嶺的時候枝騰刮傷頭髮，也能夠避免射箭的時候亂髮遮擋視線。

其實，剃髮留辮不僅僅是滿族人的習俗，中國北方遊牧民族大多都會把前面的頭髮剃掉，使騎馬打獵時更方便。蒙古族在成吉思汗的時代也是剃一部分，留一部分。日本（和族）在明治維新以前，男子的髮型與成吉思汗時期的髮型相類似，從浮世繪上可以看出，這種習俗可能與南洋群島鑿門齒的習俗是同一起源，是有意造成身體某一部分殘缺的成人禮。

一個地域有一個地域的文化，一個地方有一個地方的習俗，這原本是無可厚非的。然而，清軍入關以後，要求漢人遵循他們的文化習俗，下令「留髮不留頭，留頭不留髮」。這引起了漢族民族強烈地反抗。這種反抗持續不斷，是清朝統治者始料未及的。他們實在不明白，頭髮難道比腦袋更重要嗎？

當時，清軍雖然入關，但全國尚未真正統一，一些地方的反清情緒還很高漲。而為了一個髮式問題，導致民族矛盾激化是得不償失的。此時，一個叫洪承疇的人，為了緩和這種矛盾，提出了自己的主張，並上疏順治皇帝。

洪承疇本是明朝的一位重臣，後投降了清王朝，成為清王朝的開國功臣之一。清朝官修史書中，有一本極其特色的史書——《貳臣傳》，該書是乾隆四十一年開始編纂的。書中的人物，都是在明清交際之際，先為明朝效力，後投降清朝的「貳臣」，共有一百二十人之多，洪承疇便是其中之一。

洪承疇從「忠臣」到「貳臣」的人生轉折，發生在明朝崇禎十五年（一六四二年）。當時，皇太極集中大軍攻打遼東重鎮錦州，洪承疇以督師身分率軍救援，雙方相峙在錦州周邊的塔山、杏山一帶。

面對清軍強大的攻勢，洪承疇主張步步為營，以守為攻，雙方相持近一年，清軍進退兩難。但是關鍵時刻，明朝兵部尚書陳新甲向崇禎皇帝進言，懷疑洪承疇有「擁兵自重」嫌疑。崇禎多疑，數次發詔書催促洪承疇與清軍決戰。無奈之下，洪承疇只得主動出擊，卻被清軍斷絕糧道，致使十三萬大軍全軍覆沒。這就是歷史上著名的「松錦之戰」。

松錦之戰後，坊間傳言洪承疇已戰死，向來對功臣刻薄的崇禎皇帝也悲歎不已，曾輟朝三日以示悼念，卻不料洪承疇竟然在兵敗後投降了清王朝。

有關洪承疇的叛變，歷史上流傳的說法是，本來洪承疇意圖絕食，但皇太極親自接見，噓寒問暖，終於感動了原本打算殺身成仁的洪承疇。另外還有一種比較「懸乎」的說法是，皇太極派自己的寵妃莊妃勾引洪承疇，終把洪承疇拉下了水。

這兩種說法，皆未得到確切地證實。而有一個事實不容忽視：洪承疇鎮壓農民軍時，就常被崇禎的寵臣楊嗣昌刁難，後來的松錦大戰，與其說敗於清軍，不如說被是崇禎皇帝的瞎指揮坑死的。明朝遺民王邦稷對此評價說：「洪承疇非不忠，乃心死也。」

招降「心死」的洪承疇，不但明朝方面一片譁然，連清朝內部也群起反對。皇太極卻說：「洪承疇乃我進中原之嚮導也。」儘管如此，皇太極在世時，洪承疇也只得到一份閒職，並未受到重用。他真正大展拳腳，是在皇太極病逝，多爾袞成為攝政王以後。

多爾袞對洪承疇分外倚重，「引以為師」。明朝滅亡後，正是洪承疇向多爾袞建議，將境內十五歲以上男丁盡皆編入部隊，集中二十萬大軍入京。清軍趕走李自成，奪取北京後，也是洪承疇提出出榜安民，嚴肅軍紀，同時主動出面，大力招降前明的漢族官員，使清王朝很快在北方站穩了腳跟。

洪承疇對清王朝的忠心不容置疑，在清王朝頒佈了「剃髮令」，引起全國各地風起雲湧的民變時，洪承疇向順治皇帝提出了「三從三不從」的主張。

這一主張的主要內容是：男從女不從，官從吏不從，生從死不從。順治皇帝批准了他的請求。也正是洪承疇的這道奏書，讓此後大清朝的漢族女人可以穿明代衣裙，梳漢式髮髻，衙署的吏役可以穿漢式差服；死人入殮也可以打開髮辮，穿上漢式的衣衫。

這樣一來，在很大程度上，緩和了平民百姓對異族習俗的抵觸情緒。實際上，清王朝推行「剃髮令」，絕不僅僅是維護本民族風俗習慣，而是想通過剃髮易服來打擊、摧垮漢人，特別是上層人士的民族精神，使滿族的統治地位更加穩固。從之後的歷史可以看出，這一措施所起到的效果還是很明顯的。漢人不再執著於本民族服飾，他們漸漸習慣了滿族的髮式和服裝。而滿族人也受到漢人孝悌觀念的影響，認為身體髮膚受之父母，是不可以毀壞的。滿族戰士如果戰死沙場，他們屍骨被埋在外地，但辮子都會剪下來，附上姓名籍貫送回老家，招魂安葬。

儘管兩個民族的文化習俗不斷融合，但清王朝「剃髮易服」政策的影響，非常深遠。縱觀大清近三百年的歷史，每一次發生的農民武裝暴動，所提出的口號，大都是「復我大漢衣冠」。康熙皇帝削三藩時，吳三桂反清，提出的口號是「反清復明，恢復衣冠，散辮留髮。」白蓮教起義，上百萬教眾打開髮辮，橫行江南數省，讓當時已經是太上皇的乾隆皇帝死難瞑目。乾隆皇帝臨終的那一年，在山莊林下戲題碑上還留下了一句「二豎獲日指，一章捷望天」的哀鳴。

到了晚清咸豐同治年間（一八五一—一八七四年），天王洪秀全帶領太平軍造反的時候，辮子又成了重點打擊對象。後來，太平天國頒佈了一道同樣嚴厲的「蓄髮令」，不過這次成了「剃髮不留頭，留頭不剃髮」，意思是想保住頸上的腦袋，就得留起長髮，太平軍的「長毛」綽號就由此而來。最可憐的是有些人像阿Q一樣，因為腦袋上長了癩痢或者生了蝨子被剃了頭，結果也被認為是違令不遵給殺了。

但是，太平軍的地盤並不穩固，每次都是打了跑，跑了打。結果後面的湘軍趕來，看誰背叛朝廷留了髮，抓住也要殺頭，這下弄得老百姓苦不堪言。聰明的人，就搞兩面派，讓額頭上的頭髮長出一點點，弄得不倫不類，兩邊應付。說來好笑，太平軍按資排輩時，就看額頭前面的頭髮，頭髮長的自然參加起義早，起義晚的自然頭髮短，一目了然。

中華民國成立後，第二十九號公報中就發佈了《剪辮令》：令到之日，限二十日內，全民一律剪辮，有不遵者按違法論。這次雖然沒有以殺頭相威脅，但回應者甚眾。一時間，大街上滿是丟棄的辮子。有少數對新政權心存疑慮者，偷偷把辮子藏在帽子裡，鬼鬼祟祟上街。革命少年一發現了他們，往往立刻撲上前去，掀翻帽子，扯出長辮，「咔嚓」一聲，辮子就被剪沒了。

最有趣的是，被剪者還沒弄明白是怎麼回事，只覺得腦後一陣涼風襲來，用手一摸，腦後的辮子已經沒了。倘若是清朝的遺老，定要當街大哭大罵。而那些「肇事」的革命少年，則在這場惡作劇一般的剪辮子行動中一哄而散。

一九一一年，舊曆辛亥年，武昌起義爆發，在這場翻天覆地的革命之初，國父孫中山提出的口號是「驅除韃虜，恢復中華」，其最明顯的標誌就是剪髮辮。「留頭不留髮，留髮不留頭」的鐵血口號，變成了「留辮不留頭，留頭不留辮」的宣言。

辛亥革命後，本來辮子的歷史也該壽終正寢了，但還有個迴光返照。一九一七的時候，「辮帥」張勳趁北京政局不穩，便率領自己的「辮子軍」殺到北京，擁溥儀推行復辟。這下「辮子」又神氣活現起來了，那些剪了辮子的，又慌忙到處裝假辮子，一時間假貨橫行，滿街的辮子都使用的是物理嫁接術。辮子竟然成了北京城的搶手貨。不過，假辮子也就流行了十二天。張勳的倒施逆行引起了全國人民的義憤。討逆軍在北京上空扔了幾顆炸彈，把沒見過世面的「辮子軍」嚇得半死。討逆軍攻入北京，張勳和他的「辮子軍」抱頭鼠竄，溥儀也只得再次退位。至此，辮子也就正式退出了歷史的舞臺。

縱觀這些風起雲湧的起義、革命。清王朝似乎從未有過安寧的時候。但是，我們不得不承認一點，清王朝能以二十餘萬人口統治中國近三百年，在很多大政策上是高於明王朝的。從清朝初期的撤遼餉、練餉、剿餉的政策，到康乾盛世的「滋生人丁永不加賦」；從不修長城到平定準噶爾，收復臺灣，滿族人都站在大中華的立場為君為國的。他們犧牲了本民族的語言，文字的代價，而融入到中華大家庭中。可是，偏偏在比語言、文字次要的剃髮和衣冠問題上，固執己見。

或許可以這樣說，「辮子問題」是大清王朝覆滅的因素之一。歷史上，曾有「一根稻草壓垮明王朝」的說法，那麼，是不是也可以說「一根辮子拖垮清王朝」呢？

歷史總是充滿了戲劇性，誰能想到「剃髮令」的始作俑者，其實是一個漢族官員，他就是向順治皇帝上疏的官員孫之獬。在清王朝頒佈「剃髮令」的三年後，孫之獬因為受人錢財賣官，而遭革職，被遣返回老家淄川。他回到老家的時候，剛好趕上山東謝遷起義，謝遷率領起義軍攻入淄川後，殺了孫之獬的全家。為了給天下人解恨，謝遷說：貪得一官，編天下之髮。我現在就給你梳上頭髮。於是，在孫之獬的腦袋上鑿了個洞，插了幾根頭髮，孫之獬疼痛難忍，昏死過去。而起義軍仍不解氣，又把他活剮了。

孫之獬是歷史上的一個小人物，剃髮的主張雖然是由他提出，但真正將「剃髮令」落到實處的，是順治皇帝和攝政王多爾袞。從這裡，也可以發現一個歷史的規律，小人物往往會改變大歷史，而小人物的下場也注定比大人物悲慘得多。

二、皇權鬥爭

前面說到「剃髮令」，事實上，頒佈「剃髮令」的並不是順治皇帝，而是攝政王多爾袞。一六四三年，順治皇帝登基，年僅六歲，由於年齡尚幼，尚未親政。一六四八年，多爾袞被封為「皇父攝政王」，這個怪異的稱呼，引起了人們特別的關注。不少人認為，只有皇帝的母親屈尊下嫁，多爾袞才能獲得這種尊稱。久而久之，孝莊太后是否下嫁多爾袞，成為清朝歷史中的一大謎案。

歷史上，有一種觀點是說，孝莊為了保住順治皇帝的皇位，因此，才被迫下嫁多爾袞。也有一種觀點，說是順治皇帝孝順，考慮到母親與多爾袞多年的情誼，以及多爾袞擁立自己繼承皇位的恩情，在大臣的提議下，議請多爾袞與母親結合。

還有一點很重要，在當時的滿洲，父死子娶其庶母；兄死弟娶其嫂，是再正常不過的一件事情了。而孝莊死後，並沒有和皇太極葬在一起，而是被葬到清東陵，於是有後人猜測，孝莊因為下嫁了多爾袞，覺得對不住皇太極，有失皇家顏面，所以沒有與皇太極合葬一處。

其實這些觀點和理由，都很牽強。原因很簡單，順治皇帝繼承皇位是經過非常複雜而激烈的鬥爭才確定的，並不是孝莊嫁給多爾袞就能解決的，這要從皇太極駕崩說起——

崇德八年（一六四三年）八月初，皇太極像往常一樣，忙碌了一天。當天晚上亥時，他端坐在清寧宮南炕上，突然駕崩，時年五十三歲。

噩耗來得如此突然，令人無比震驚。皇太極去世的當天，實在看不出他有什麼毛病。就在前一天，還在崇政殿為第五個女兒固倫公主下嫁內大臣和碩額駙恩格德里之子索爾哈舉行盛大的儀式。

再往前追溯三個月，皇太極都沒有出現特別明顯的病症。

在清代官修的史書中，幾乎都記載說，清太宗皇太極死時，是「無疾而終」；這種說法，不符合實際，也給後人留下了一個不解之謎。因而產生了種種推測。

有一點可以肯定，皇太極之死，絕非「無疾而終」，事實上，他是因病而亡的，只是清代官方史書沒有公開而已。那麼，皇太極到底死於什麼病呢？清朝官方史書中，沒有透露任何蛛絲馬跡。而朝鮮史書《李朝實錄》記載：四月初六，清人向長住瀋陽的國王之子問藥，認為皇上得的是風眩病，希望朝鮮提供中草藥竹瀝，而且要請名醫給皇太極治病。

按《李朝實錄》用竹瀝治療風眩病，竹瀝主治化痰、去熱、解煩悶等病症。皇太極一生勞累，去世前幾年國事更加繁重，加上宸妃之死，精神受到打擊，導致情志不舒，痰火上升，血熱上湧，頭昏眩。這些症狀容易引起中風症，血壓升高，而猝然死亡。皇太極所患病症，應該不出這個範圍，而且這些病症是導致他死亡的主要原因。

一些史書上，說皇太極是患「痰疾」而死，恐怕不夠準確。痰是其他病症引起的，僅僅一個「痰」還構不成重病。也有人認為，皇太極是因懷念宸妃過度傷感而死。根據是宸妃去世前，皇太極已經患病。宸妃之死無疑加重了他的病情。

皇太極一生，極為勤勉，既馳騁於疆場，又日理繁重政務。由於長期處於高度緊張狀態，沒有放鬆的時刻，嚴重損害了健康，致使他積勞成疾，當潛伏的重病一朝突發時，他便頃刻喪命。據此推斷，皇太極因中風而亡的可能性非常大。

皇太極死得太突然，沒有留下任何遺言，也沒有交代由誰繼承皇位。諸王貝勒們一點準備也沒有，在經過一段時間的忙亂和哀悼後，一場激烈的皇位爭奪戰打響了。

關於皇位的繼承問題，太祖努爾哈赤曾留有遺詔，按照規定，皇位的繼承要滿洲貴族來討論、決議。

皇太極死後的第六天，一六四三年八月十四日，在皇宮崇政殿內，滿洲親王、郡王們展開關於皇位繼承問題的討論。其中有幾位親王和郡王的意見尤為關鍵。他們是禮親王代善、鄭親王濟爾哈朗、睿親王多爾袞、肅親王豪格；還有三位郡王，分別是英郡王阿濟格，豫郡王多鐸和穎郡王阿達禮。

在這幾個人之中，最有實力繼承皇位的，是肅親王豪格和睿親王多爾袞。

豪格是皇太極的長子，人才出眾，久經沙場，屢建軍功。他的擁護者是正黃、鑲黃和正藍旗的大臣。尤其是兩黃旗的貝勒大臣，誓死效忠豪格。

多爾袞是努爾哈赤的第十四子，是皇太極之弟。他的擁護者是正白旗和鑲白旗的旗主貝勒，英郡王阿濟格，豫郡王多鐸又是他的同胞兄弟，而且多爾袞多次統軍出征，屢立大功。

這樣一對比，就很清晰了。滿洲八旗中，正黃、鑲黃和正藍旗擁戴豪格；正白旗和鑲白旗擁戴多爾袞。那麼，掌管正紅旗和鑲紅旗的代善，以及掌管鑲藍旗的濟爾哈朗，他們的意見就變得至關重要了。

在崇政殿，代善提出豪格為「帝之長子，當承大統」。如此一來，兩黃、正藍和兩紅旗都支持豪格，讓豪格分外欣喜，他認為自己繼承皇位的大局已定，於是就假意謙讓，說「福少德薄，非所堪當。」

這是一句客氣話，豪格假意推辭，目的是讓眾人再三請求，然後自己順勢登上皇位，這樣既顯得既謙恭，又是眾望所歸。

哪知道，正白旗和鑲白旗的旗主貝勒並不跟他客氣，他們一臉憤懣，拒不相讓。在激烈地爭執下，支持豪格的兩黃旗大臣，手握佩劍說：「我們這些人吃先帝的，穿先帝的，先帝對我們的恩情如天大，如果不立先帝的兒子，我們寧願一死追隨先帝於地下。」看這架勢，是要以死相拼了。此時，禮親王代善見形勢不對，以年老多病為藉口退席而去。隨後，英郡王阿濟格，以不立多爾袞而退出，豫郡王多鐸則沉默不發一言。這兩位都是多爾袞的同胞兄弟。他們的立場很明確，就是要讓多爾袞繼承皇位。

就在豪格陣營和多爾袞陣營劍拔弩張，互不相讓的緊要關頭，表面憨厚內心機敏的鄭親王濟爾哈朗，提出了一個折中的方案：既不讓多爾袞繼承皇位，也不讓豪格繼承皇位，而是讓皇太極的第九子福臨繼承皇位。

多爾袞迅速權衡利弊，如果自己強行繼位，勢必會引起兩白旗與兩黃旗火拼，其後果肯定是兩敗俱傷；而讓豪格登基，自己又不甘心，而且還會遭到豪格的報復，如果讓年幼的福臨繼位，則可以收一石三鳥之利——打擊豪格、自己攝政、避免內訌。

於是，多爾袞站出來說，我贊成由皇子繼位，皇子當中，豪格提出他不繼位，那就請福臨繼位。福臨年紀尚幼，就由我與鄭親王濟爾哈朗輔政。

豪格想反對，卻提不出反對的理由，支持他的兩黃旗，都提出要立先帝之子，而福臨也是先帝之子。也許，他很後悔自己的假意謙讓，這一謙讓就真的讓出了皇位。

就這樣，年僅六歲的福臨意外地坐上了大清帝國的皇帝寶座，改國號為順治。

說起來，福臨能繼承皇位，也有多爾袞的功勞。畢竟，在皇位繼承人的問題上，他毅然支持了福臨。然而，在他死後，已成為順治皇帝的福臨，卻掘開墓鞭屍，焚骨揚灰，而且不准任何人上墳祭掃——這是對死人最嚴酷的刑罰，目的是讓其下輩子不能投胎轉世，讓其永世不得翻身。

順治皇帝福臨為什麼要這樣做？他和多爾袞之間到底有多深的仇怨？這要從順治即位後說起——

崇德八年（一六四三年）八月二十六日，順治皇帝福臨在瀋陽即位。作為滿族人入關後的第一代皇帝，天下歸屬在福臨名下，但福臨卻掌握在多爾袞手中。多爾袞在經過一番經營後，從「叔父攝政王」變成了「皇叔父攝政王」，再到後來的「皇父攝政王」，距離真正的九五之尊稱號，僅一步之遙。

大權獨攬的多爾袞，開始排除異己，首先清除的是另一位攝政王濟爾哈朗。入關後的濟爾哈朗，基本不過問國家大事，甚至還沉溺於享樂中。但這不僅沒讓多爾袞放心，反倒讓多爾袞抓住了把柄——多爾袞為了讓自己的親弟弟多鐸做輔政王，給濟爾哈朗安了一個「王府規格超標」的罪名，強行把濟爾哈朗的攝政王爵位給剝奪了。過了一年，多爾袞又把與他爭奪皇位的豪格定了罪，豪格最後死在了牢獄之中。

隨著權力的迅速增長，多爾袞愈發霸道專橫，頤指氣使，生活窮奢極欲。他的妻妾究竟有多少，難以統計，有名分可查的至少有十個妃子。而且，多爾袞還曾逼迫朝鮮送公主來成婚，公主送來了，他玩弄一番之後，又嫌其不美，讓朝鮮再選美女，搞得朝鮮國內雞犬不寧。

而身為天子的順治皇帝則戰戰兢兢，仰人鼻息，任人擺佈。儘管如此，順治皇帝在年紀尚幼時，就表現出一個帝王應有的氣質和不可冒犯的尊嚴，並且隨著年齡的增長，越來越明顯。

史料曾記載了他登基前的一件小事。當時，迎接他前往篤恭殿舉行登基大典的儀仗隊，正要整裝待發的時候，他的乳母提出要與他一起乘坐僅供皇帝專用的輦車。這個表面放肆的要求，其實是乳母覺得他年紀太小，為他擔心。但順治皇帝卻堅持一個人乘坐，他認為，這輛看似普通的輦車，代表了一個皇帝的尊嚴，沒有人可以與皇帝平起平坐。由此可見，順治皇帝的成熟儼然超過了他的年齡。

試想，自小便認為皇權尊嚴至高無上的順治皇帝，對於多爾袞的妄自尊大，蠻橫專權，怎能不心生記恨？

關於多爾袞的狂妄自大，《中國史稿》中曾有這樣的記載：「隨著權勢的急劇膨脹，多爾袞對順治的表面尊崇也無影無蹤。順治四年（一六四七年），他以體有風疾，跪拜不便為由，對順治帝不再行跪拜禮。」

而《清史稿》中也有相應的記載：「四年十二月，王以風疾不勝跪拜，從諸王大臣議，獨賀正旦上前行禮，他悉免。」

順治七年（一六五〇年）十一月，皇父攝政王多爾袞在古北口外圍獵，不慎墜馬受傷，於十二月初九去世，年僅三十九歲。噩耗傳到京城，順治皇帝下詔，舉行國喪。次年正月，順治皇帝親政，一個月後，他就迫不及待地宣佈了多爾袞的十大罪狀。沒收了多爾袞的家產，罷免剝奪了多爾袞的爵位和獎賞，並誅殺追隨多爾袞的黨羽。接著，又掘開多爾袞的陵墓，割下其頭顱，用棍子和皮鞭抽打蹂躪後，拋置於荒野。

關於這一段「鞭屍」之說，來自於當時在北京居住過的兩名外國傳教士，他們回國後，寫了一本書名叫《韃靼戰記》，書中記載說：「順治帝福臨命令毀掉阿瑪王（多爾袞）華麗的陵墓，把屍體挖出來，用棍子打，又用鞭子抽，最後砍掉腦袋，暴屍示眾，多爾袞雄偉壯麗的陵墓化為塵土。」

無論《韃靼戰記》的記錄是否完全屬實，有一點是不容置疑的——多爾袞的陵墓確實是被毀壞了多次。

另外，順治皇帝當時也曾下旨，任何人不得為多爾袞掃墓祭祀，讓其不得享血食，這算是封建時代最為嚴厲的懲罰了。致使此後的一百多年間，無人敢論及多爾袞，直到乾隆四十三年，乾隆皇帝為多爾袞「平反」，多爾袞的五世孫淳穎繼承了睿親王爵位。

而關於多爾袞攝政七年後，突然去世的確切死因，官方的史書記載卻很含糊。多爾袞死時，正值壯年，一個長年馳騁沙場的壯年男子，怎麼會在圍獵時，不慎墜馬就命喪黃泉了呢？到底是什麼導致他的英年早逝？

其實，多爾袞的身體一直都不好。《多爾袞攝政日記》中說，入關之後，多爾袞「機務日繁，疲於裁應，頭昏目脹，體中時復不快。還「素患風疾」，即腦血管病。

豪格曾詛咒多爾袞說：他是個「有病無福」之人。

另外，久病纏身的多爾袞，縱欲過度也是他猝死的原因之一。還有一個重要的原因是，順治六年（一六四九年）三月，多爾袞年僅三十六的親弟弟多鐸出天花而死，兩個弟妹堅持一同殉死，接著，他的兩位嫂子（阿濟格的福晉）也因出天花而相繼去世。

不久，多爾袞的元妃博爾濟吉特氏又因出天花去世。親人們的接連死去，讓本就多病的多爾袞，心頭籠罩了巨大的陰影，這無疑加劇了他的病情。

然而，對於多爾袞來說，無論自己的身體狀況如何欠佳，有多嚴重的病症，他在權力的追逐中，從未沒有停息過自己的腳步。

回顧他與兄長皇太極的恩怨，便能更清楚這一點——

西元一六二六年，努爾哈赤去世，多爾袞的母親被逼殉葬，而此時的多爾袞還不滿十五歲，當然無力爭奪汗位。成年後的多爾袞一直對皇太極不滿，但皇太極是同父異母的兄長，又是皇上。所以多爾袞不敢犯上作亂。但多爾袞是一位難得的將領，他作戰勇猛，殺敵無數，皇太極需要像多爾袞這樣的帥才。

崇德四年（一六三九年）二月，皇太極投入十餘萬兵力發動松錦大戰。錦州城是遼西的重鎮，皇太極視此役為統一華夏的生死之戰，於是命多爾袞親自掛帥。皇太極的戰略意圖是，派重兵強攻錦州，斷絕錦州的外部通道，逼迫錦州城投降。

當時，守衛錦州的總兵祖大壽，是袁崇煥手下的一員驍將。他指揮錦州軍民堅守城關。關於此戰的戰術運用和想法，皇太極已對圍城的兵士將領做了詳細說明，尤其叮囑過主帥多爾袞，但多爾袞不願意強攻。他和皇太極的長子豪格商量，決定讓兵士和軍官輪流回瀋陽探親，一次每一編隊放五人回家，每個旗放副首領一名回家。

兵士回家，營中兵員減少，多爾袞擔心祖大壽出兵反攻，就下令全軍從現有包圍圈後退三十里安營，這下激怒了皇太極，他立即命令兵部參政譚拜率兵替換多爾袞。同時，命令多爾袞駐紮遼河，沒有指令不准進入瀋陽。

多爾袞見皇太極大發雷霆，只好駐軍遼河。這之後，皇太極派范文程等人訓斥多爾袞不聽命令，又定了豪格一個不加勸諫的罪。此事共牽涉了十餘名將領。後來，多爾袞上書申訴，說讓士兵回家是為了修治盔甲、器械、屯兵養馬。

皇太極聽了之後，更加震怒，認為多爾袞是巧言強辯，有了過錯不知改正，還敢欺上，於是讓多爾袞自己議罪。范文程面見多爾袞，向他傳達了皇太極的諭旨。多爾袞對范文程說，我不逼迫眾兵強攻錦州城，反而遣兵回鄉探親，違抗了聖旨，耽誤了攻克錦州的時間，我是總理兵權的主帥，發號令的人是我，遣兵回家的人也是我，按軍法，違抗聖旨者罪該當斬。

多爾袞這麼說，顯然是看出了皇太極的心思。他很清楚，皇太極是想藉機除掉他的這個勁敵。同時，豪格也看出父親皇太極的意圖，他對皇太極說，睿親王是王，我也是王，只是睿親王是我叔，才總握兵權，但他制定的作戰計畫也和我有關，所以我也當死。

最終，皇太極只好免了多爾袞的死罪，把多爾袞降為郡王，不讓他議政帶兵，以示懲戒。

一個月之後，皇太極又重新啟用多爾袞。經過上一次的教訓，多爾袞變得服貼了不少。皇太極在處理與多爾袞關係的問題上，曾說過這樣一句話：「我們既是兄弟，更是君臣。」

這件事讓多爾袞深刻地明白，權力有多麼重要。在後來的歲月裡，他當上了「皇父攝政王」，大權獨攬，而後又從權力的巔峰墜落到萬劫不復的深淵。但無論怎樣，權力都是一個男人的鐵骨鋼刀。權力，可使猛男屈服，可讓美女脫衣，可收錢財入囊，可享優越之感，可為祖宗增光，可被後代稱頌。古往今來，無數人等追之、逐之、爭之、奪之。為此，不惜流血犧牲，化身白骨，腐為骷髏，不惜背信棄義，聲名狼藉，遺臭萬年。縱然人生如夢幻如泡影，如露亦如電，一切不過是短暫的機緣巧合，而擁有權力的人生，終究不同，曇花一現總還現過，君不見眾多人的一生永遠是含苞欲放，卻始終也沒綻放開嗎？

三、前清的宦官與言官

多爾袞死後，順治皇帝親政。執政期間，順治總結了明朝宦官專權的經驗教訓，為避免重蹈明王朝的覆轍，鞏固自己的統治，採取了一系列的防範措施，其中，「宦官不許干政」，就是重要的內容之一。

在中國歷史上，太監有很多種稱呼，譬如宦官、閹官、宦者、寺人、內管、內監等。而據考證，中國早在殷商時期，就有了「寺人」，甲骨文中曾有相關的記載。

明朝人唐甄在其著作《潛論》中，曾用四句話描繪了太監——「望之不似人身，相之不似人面，聽之不似人聲，察之不近人情。」根據唐甄的描述，太監似乎是這樣一種怪物：身材臃腫、彎曲，長著男人的頰骨卻不是男人，沒有鬍鬚卻不是女人，雖然面如美玉，卻沒有一點生氣，因此不像人的面容；他們的聲音像兒童一樣稚嫩卻不清脆，像女人一樣尖細卻不柔媚，他們可以很愛一個人，也能下毒手害人，當他們憐憫你時流涕而語，而當他們憎惡你時，則斬殺如草，因此不像人的感情。

唐甄《潛論》中對太監的描述，有一定的道理。畢竟，太監大都自知身分低下，以逢迎主子為能事；他們處於帝王身邊，關係親密，也比較容易施影響於帝王。他們一旦深受庸主寵信，就會成為狐假虎威、口含天憲的特殊人物，形成一種特別強大的腐朽勢力，甚至干預或左右朝政。東漢和唐代的宦官之禍，就是這樣頻頻發生的。

據史料記載，清時宮中太監多達上千，最多時有兩千八百餘人。這些太監除了少量的戰爭俘虜或年幼的宮刑罪犯外，大部分是從民間招募而來的。這些招募而來的，基本都是漢人。

當時，直隸以及京城近郊的昌平、平谷、大興、宛平等處都是出太監的地方。按照清廷規定，太監進宮後，可以得到一筆安家費，所以，報名做太監的都是窮苦農民的孩子，他們的父母為生活所迫，就把自己的兒子賣進宮中。

在進宮之前，準備當太監的孩子要做「淨身」手術。做手術前，要簽署一份契約，表示自己是自願接受「淨身」手術，若有生命危險完全由自己負全部責任。簽完契約，孩子就被送上一塊四角都裝著鐵環的門板的手術臺，「淨身師」把他們的四肢牢牢地捆綁在鐵環上，然後蒙上一塊黑布，灌上一碗具有麻醉功效的大麻湯，接著一盆涼水潑向他們的下身，趁著孩子腦袋發懵，身子發麻之際，手起刀落。

明太祖朱元璋曾對各個朝代太監禍國的歷史很有研究，對往昔帝王在太監包圍下大權旁落，深懷戒懼。因此，在大明帝國建國之初，朱元璋曾制定嚴格管理太監的制度，特別嚴禁其干預政事。這自然是高明之舉。但封建制度實施的是人治，而非法治，朱元璋死後，成祖（朱棣）永樂年間，太監就逐漸受到重用，幾次下西洋的鄭和就是太監，由此可知太監在當時所被重視的程度。

到了明憲宗時期，太監得到寵幸，開始干預朝政，最後竟然涉及到了邊城鎮守，京營掌兵，提督營造、銀礦、甚至連染織等事都參與管理。隨著外差的日益增多，太監的地位也越來越高，身價也一躍而起。到最後，太監開始欺壓起朝官來。到了明朝天啟年間，魏忠賢把太監的地位抬到了天上，他自稱「九千歲」，下有「五虎」、「五彪」、「十狗」等追隨者，從內閣六部到四方督撫，均有他的黨羽。

這些歷史教訓，順治皇帝不會不知道，相反，他十分清楚太監得勢的因由。因此，即便他身邊的太監對他百依百順，百般照顧，但他告訴自己，不能讓太監得勢，他們一旦得勢，輕則上房揭瓦，重則傾覆國家。

於是，順治皇帝決定，依靠強有力的制度來約束宮內的太監。

開國之初，順治就將「宦官不許干預朝政」的敕諭，鑄成大小一樣的三塊鐵牌，分別立於交泰殿、內務府和慎刑司三處。

三塊鐵牌均為長廊形，上鑄有滿漢文字，滿文從左至右，漢文從右至左。鐵牌周圍鑲有木框，高一百三十四釐米、寬七十釐米、厚六點五釐米，斜置於木座之上。鐵牌的粗糙與宮殿的金碧輝煌很不協調，但也因為鐵牌的笨重、醜陋才顯得異常醒目，時時告誡皇帝以及臣僚不忘祖制。

鐵牌鑄銘全文為：「皇帝敕諭：中官之設，雖自古不廢，然任使失宜，遂貽禍亂。近如明朝王振、汪直、曹吉祥、劉謹、魏忠賢，專擅威權，干預朝政，開廠緝事，枉殺無辜，出鎮典兵，流毒邊境，甚至謀為不軌，陷害忠良，煽引黨類，稱功頌德，以致國事日非，覆敗相尋，足為鑒戒。朕今裁定內官衙門及員數職掌，法制甚明。以後但有犯法干政，竊權納賄，囑內外衙門，交結滿漢官員，越分擅奏外時，上言管理賢否者，即行凌遲處死，定不姑貸。特立鐵牌，世世遵守。」

這是順治十二年的事情，後來，總管內務府大臣奉上諭，又將鐵牌文字錄製多份，懸掛在執事太監各處。

順治以後的幾代皇帝，陸續地又給太監們的許可權職掌做了嚴格的限制。譬如《國朝宮史》、《宮中現行則例》、《內務府現行則例》以及無數的「聖諭」，特別是康熙、雍正、乾隆三朝，大至禮法綱常，小到舉止言談，無不有所規定。太監們在清朝的那段時期，完全成了皇帝的木偶，任憑皇帝們擺佈。

順治的三塊鐵牌的確把大部分太監壓得半死，對於太監們來講，明朝時期祖先們的輝煌時代的確成了過去。在他們中間，也許有人以為滿清對自己同類的做法是外來野蠻民族的本性。可事實上，順治是從歷史裡得出的結論，而實施用鐵牌壓制他們的。

三塊鐵牌的祖制一直到慈禧時才算拋棄了。清朝晚期，隨著政治上的腐朽，老佛爺當權後，宦官安得海、李蓮英一時成為朝廷的「紅人」。其許可權、行為已經徹底違反了鐵牌精神。太監們終於找回了點明朝時的感覺，可惜這感覺只是剎那的溫柔，過了不久，隨著清朝的滅亡，太監們就慢慢地消失了。

值得一提的是，順治皇帝自己立的規矩，差點被自己破了——他在位的最後十年，寵信宦官吳良輔。吳良輔除了結交大臣，收受賄賂外，做的最出格的事情，就是在順治的支持下，設立了宦官「十三衙門」。內設的機構與明朝時期相仿，如：司禮監、御用監、御馬監、內宮監、尚衣監、尚膳監、尚寶監等等，設立這「十三衙門」的藉口，按照吳良輔的說法，是為了更好地給皇宮裡的貴族們服務，實際上是說明宦官們更好地打聽消息，收受賄賂。好在順治十八年的時候，順治皇帝廢除了宦官「十三衙門」。

順治皇帝活著的時候，吳良輔就曾被人揭發貪污受賄，但事情卻被順治給壓了下來，直到康熙皇帝即位後，才以「改變祖制」的罪名，將吳良輔斬首。

不過「吳良輔事件」是一個特殊的事件。總的來看，清朝後期，雖然出現了違背順治的鐵牌精神，出了大名鼎鼎如安得海、李蓮英這樣的太監，但他們並沒有如明朝的太監一樣干預朝政。從這點來看，太監禍國，大半原因要歸罪於皇帝。明朝的幾位皇帝比豬還懶，朱批的執筆權都交給了太監，太監不干預朝政真是「上對不起祖宗，下對不起百姓」。

而順治皇帝以「三塊鐵牌」壓制、震懾太監的做法，對清朝歷史具有深遠的影響。除此針對宦官之外，他還做了這幾件看似微不足道的「小事」，而這幾件「小事」同樣影響深遠，那就是壓制言官。

這幾年小事記錄在《清實錄》裡：第一件事，是在順治六年的時候，順治皇帝精簡了各科給事中的官職，將六科中的「副理事」一職裁撤。所謂「給事中」，就是負責「諫言、監察」的官員。

第二件事，是在順治八年的時候，順治皇帝又下詔規定了給事中的人數，規定六科滿漢給事中各一人。比起明朝的時候，給事中這個官職，從人數到管制上都大大縮水。

第三件事，是順治十二年的時候，規定大臣們的奏摺，內閣有代替官員上奏摺，以及票擬處理意見的權力。給事中在其中的職責，只能是在皇帝閱讀過奏摺後參加批改，然後轉給各部門。而且在內閣上奏之前，給事中更無權得知奏摺的內容。

第四件事，是順治十八年時，順治皇帝又強調說，各地監察御史必須要進行三年一次的「京察」，而考核的方式，就是審閱御史曾經寫過的奏摺，按照其內容的品質來打分。同時言官的奏摺，如果其中的內容在邏輯上出現疏漏，就要罰半年的俸祿。

這幾件事情連起來，不難看出一個事實：第一、第二件事，是把給事中官職大批裁撤，削弱他們的力量；第三件事，是廢掉原本給事中所特有的封駁批改大臣奏章的權力；第四件事，是強化對言官的管理，把言官個人政績的評判權和升遷依據，都控制在皇權手裡。這四件事情，歸根結柢一句話：改變明朝時代言官權力過大的局面，以確立皇權獨一無二的地位。如此一來，明朝時期敢跟皇帝頂牛，和權臣叫板的言官們，到了清王朝，基本都被徹底廢掉了武功。

四、順治「罪己詔」

順治十八年（一六六一年）正月初三，順治皇帝染上天花，臥病不起。四天後，病死於養心殿。在他躺在病床上的四天裡，做了兩件事。第一件事，是在立太子的人選上，他派人徵求自己最敬重的西洋傳教士湯若望的意見。湯若望認為，玄燁出過天花，已具有免疫力，因此應立玄燁。身染天花的順治皇帝就立了玄燁為太子；第二件事，是辭世的前一天，他召禮部侍郎兼翰林院掌院學士王熙入養心殿面諭遺詔。

順治皇帝是滿清入關後的第一位皇帝，六歲登基，十四歲親政，二十四歲去世，打理朝政，主持軍國大事十年，政績頗多。他以皇帝之尊，極其刻苦地學習漢族文化，天未亮就起床讀書，為了背誦一些名篇名著，徹夜不眠。在每日處理大量的軍務政務的同時，汲取大量的文化知識，不斷完善自己的統治方法和手段。

在軍事上，面對全國蜂起的戰亂，順治皇帝廣泛聽取各方面的意見，制定了重撫輕剿的策略，大膽放手任用漢族的降官，不斷取得軍事上的勝利，穩定了國內局勢。在政治上，他整頓吏治，嚴懲貪官，力求建立廉潔，高效的行政機構。當時的順治皇帝，年僅十幾歲，以我們今天的實際情況來看，他不過是個孩子，但那時的他就能有這般見識，這般作為，實屬難能可貴。而他在臨終前的一份遺詔，也讓人無限感慨。因為這份遺詔，被稱為「罪己詔」，其中的內容，除了最後交代了帝位的繼承人和輔政大臣名單外，其餘全部是順治皇帝檢討自己執政以來的「過失」，達十四條之多——

奉天承運，皇帝詔曰：朕以涼德承嗣丕基，十八年於茲矣。自親政以來，紀綱法度、用人行政，不能仰法太祖、太宗謨烈，因循悠乎，苟安目前，且漸習漢俗，於淳樸舊制日有更張，以致國治未臻，民生未遂，是朕之罪一也。

這一條，順治檢討自己說，自己並無高厚的德行，卻繼承了祖宗的大業，但卻沒有治理好國家，沒有造福於百姓，這是自己的一條罪過。

朕自弱齡即遇皇考太宗皇帝上賓，教訓撫養，惟聖母皇太后慈育是依，大恩罔極，高厚莫酬，惟朝夕趨承，冀盡孝養，今不幸子道不終，誠悃未遂，是朕之罪一也。

這一條，順治皇帝先自己的母親去世，不能孝養母親，是自己的罪過。

皇考賓天時，朕止六歲，不能衰經行三年喪，終天抱恨，帷事奉皇太后，順志承顏，且冀萬年之後，庶盡子職，少抒前憾，今永違膝下，反上廑聖母哀痛，是朕之罪一也。

這一條，強調父親皇太極去世時，自己因尚年幼，未盡孝儀，本應在母親去世時給予彌補，但今不能承歡母后，反給母親帶來痛苦，是自己的罪過。

宗皇諸王貝勒等，皆係太祖、太宗子孫，為國藩翰，理應優遇，以示展親。朕於諸王貝勒等，晉接既正東，恩惠復鮮，以致情誼睽隔，友愛之道未周，是朕之罪一也。

這一條說，對宗室諸王貝勒等滿洲親貴未能照應周全，是自己的罪過。

滿洲諸臣，或歷世竭忠，或累年效力，宣加倚託，盡厥猷為，朕不能信任，有才莫展。且明季失國，多由偏用文臣，朕不以為戒，反委任漢官，即部院印信，間亦令漢官掌管，以致滿臣無心任事，精力懈弛，是朕之罪一也。

這一條說，在施政之中，偏向任用漢族官員，疏遠了滿洲官員，是自己的罪過。

朕夙性好高，不能虛己延納，於用人之際，務求其德於己相侔，未能隨材器使，以致每歎乏人。若捨短錄長，則人有微技，亦獲見用，豈遂至於舉世無材，是朕之罪一也。

這一條說，自己用人所持的標準過高，沒有很好地發現人才，使用人才，是自己的罪過。

設官分職，惟德是用，進退黜陟不可忽視，朕於廷臣中，有明知其不肖，刀不即行罷斥，仍復優容姑息，如劉正宗者，偏私躁忌，朕已洞悉於心，乃容其久任政地，誠可謂見賢而不能舉，見不肖而不能退，是朕之罪一也。

這一條說，自己對不稱職的官員，未能及時撤換，是自己的罪過。

國用浩繁，兵餉不足，然金花錢糧，盡給宮中之費，未常節省發施，及度支告匱，每令會議，即諸王大臣會議，豈能別有奇策，只得議及裁減俸祿，以贍軍需，厚己薄人，益上損下，是朕之罪一也。

這一條說，自己在宮中花費過多，影響了官員的俸祿，是自己的罪過。

經營殿宇，造作器具，務極精工，求為前代後人所不及，無益之地，糜費甚多，乃不自省察，罔體民艱，是朕之罪一也。

這一條說，自己在宮殿建造和器具使用上花錢太多，未能體諒百姓生活的艱辛，是自己的罪過。

端敬皇后於皇太后克盡孝道，輔佐朕躬，內政聿修，朕仰奉慈綸，追念賢淑，喪祭典禮概從優厚，然不能以禮止情，諸事太過，豈濫不經，是朕之罪一也。

這一條說，自己寵愛的董鄂妃去世時，自己不能控制自己的感情，喪葬之禮違反定制，過於鋪張，是自己的罪過。

朕性閒靜，常圖安逸，燕處深宮，御朝絕少，以致與廷臣接見稀疏，上下情誼否塞，是朕之罪一也。

這一條說，自己圖清閒，很少上朝，致使與大臣們缺少聯繫，是自己的罪過。

人之行事，孰能無過，在朕日御萬機，自然多有違錯，惟肯聽言納諫，則有過必知。朕每自恃聰明，不能聽言納諫。古云，良賈深藏若虛，君子盛德，容貌若愚。朕於斯言，大相違背，以致臣士緘然，不肯進言，是朕之罪一也。

這一條說，自己自以為聰明，聽不得不同意見，致使大臣們不肯進言，是自己的罪過。

朕既知過，每自剋責生悔，乃徒尚虛文，未能者改，以致過端日積，愆戾逾多，是朕之罪一也。

這一條說，自己知錯，而未能改錯，致使過錯越來越多，是自己的罪過。

太祖、太宗創垂基業，所關至重，元良儲嗣，不可久虛，朕子玄燁，佟氏妃所生也，年八歲，岐嶷穎慧，克承宗祧，茲立為皇太子，即遵典制，持服二十七日，釋服，即皇帝位。特命內大臣索尼、蘇克薩哈、遏必隆、鰲拜為輔臣，伊等皆勳舊重臣朕以腹心寄託，其勉天忠盡，保翊沖主，佐理政務，而告中外，咸使聞知。

這一條說，傳位於玄燁，也就是後來的康熙。

曾經有人認為，順治皇帝的這份遺詔，在他去世後，被皇太后和滿洲矯改過。但即使有改動之處，也不過是四、五條與滿洲親貴們利益相關的內容。而我們現在看到的整個遺詔，其中所體現的深刻的自責精神，還有原汁原味的。結合順治皇帝生前一系列的表現，與遺詔中所體現的精神是完全一致的。

五、雄主康熙的大手筆

順治皇帝死後，他的兒子玄燁即位。許多人都知道，玄燁就是康熙皇帝，而「玄燁」這個名字又有何含義呢？這要從四百多年前紫禁城裡的一位西洋人說起。

這位洋人可以在紫禁城自由出入，他帶來了西方最精密的西洋鐘，以及望遠鏡。他是中國欽天監第一個洋監正。他的工作是觀象測天，這一工作是幾千來中國心目中通神通天的職業。大清朝廷居然讓一個洋人，來坐這個行當的第一把交椅，這是出人意料的。這位洋人官居一品，三代榮受皇封，並且可以世襲，孝莊皇太后還尊他為義父。而這位「義父」一生都沒有結婚，他篤信天主教，生於西方，殞於中土，葬於北京，他就是前清歷史中的著名人物湯若望。

康熙皇帝玄燁生於順治十一年（一六五四年），在玄燁出生前後的那幾年，正是西洋天文、機械之學在清初的朝廷中最走紅的時期。「玄」字代表的是湯若望傳授的包括天文、曆法、機械以及天主教信仰在內的學說。這套學說，令順治皇帝深深折服。

順治十年時，順治皇帝賜予湯若望「通玄法師」的封號，加俸一級。順治十四年，順治又為湯若望御筆撰寫《天主堂碑記》一文，並賜予「通玄佳境」的堂額。

順治皇帝給兒子取的名字裡帶著「玄」字，給「洋爺爺」湯若望的賜物裡也兩次帶有「玄」字，可見這個「玄」字，在順治皇帝心中的地位是十分重要的。從這個「玄」字也可以看出，順治對自己的兒子玄燁給予了厚望。

而玄燁也確實沒有辜負順治皇帝的厚望，他登基以後，裡裡外外忙活了不少事。同父親一樣，康熙皇帝玄燁登基時也是兒童皇帝。當時的大清，朝雖立而國未盛，民未安，守成和創業同等重要。上繼父祖鴻業，下開後世太平，實現民眾康寧、國家熙盛，是康熙皇帝面臨的時代課題。

事實證明，康熙皇帝承擔起了這樣艱巨的歷史使命，他在外期間，完成了很多件後世人熟悉的大事——除鰲拜、平三藩、統一臺灣，以及征討噶爾丹。

這些事情，每一件都稱得上是大手筆。

先說除鰲拜。

康熙皇帝即位時年僅八歲。因為年紀尚小，所以國家大事索尼、蘇克薩哈、遏必隆、鰲拜四位重臣輔政。

索尼死後，鰲拜成為首席輔政大臣，他欺君擅權，清除異己，殺害了與他作對的蘇克薩哈。此時，康熙雖然親政，但輔政大臣已經輔政七年，形成了強大的勢力，而鰲拜專權的問題越來越嚴重，康熙忍無可忍，在祖母孝莊皇太后的支持和策劃下，開始實施擒鰲拜的計畫。

孝莊先讓康熙廣泛求言，製造輿論，通過各種措施，糾正輔政大臣政治上的失誤和弊端。這使朝廷上下人心振奮，康熙的威望日益增強，鰲拜逐漸走向孤立。與此同時，康熙身邊聚集起一批年輕的滿洲貴族成員。他們朝氣勃勃，索額圖就是其中的突出代表。索額圖是索尼的兒子，孝莊選中他的侄女赫舍里氏做皇后，加深索尼家族與清皇室的關係，也加強了正黃旗對皇室的向心力，並影響到鑲黃旗。索額圖對康熙十分忠誠，在清除鰲拜集團的過程中，成為康熙最得力的助手。

鰲拜集團的附庸眾多，盤根錯節，已經控制了中央機構的各個重要部門。為了最大限度地減少動盪和不必要的損失，孝莊幫助康熙制定了「擒賊先擒王」，迅速打擊主要黨羽，震懾其他成員，穩妥解決問題的基本策略。根據這個策略，康熙命索額圖秘密地組織起一支善於撲擊的少年衛隊。康熙經常故意當著鰲拜的面，和少年衛隊摔跤滾打。在鰲拜看來，康熙和這些少年只知道玩，因此便逐漸放鬆了警惕。

時機成熟，行動之前，又將鰲拜的部分黨羽派遣往外地，以分散鰲拜集團的力量。同時，康熙還採取了其他一些周密的部署。

康熙八年（一六六九年）五月十六日，鰲拜奉詔進宮，當即就被少年衛隊擒拿，其主要成員黨羽先後被逮捕歸案。考慮到鰲拜以往為清朝所做的貢獻，康熙對他予以寬大處理，免死，沒收家產，終身監禁；對鰲拜的眾多追隨者，也只處死最主要的一些人，其餘一律寬免；就連遏必隆也被免罪，僅革去太師的官職，後又將公爵還給了遏必隆，恢復了對遏必隆的信任，從而團結了鑲黃旗。

剷除鰲拜集團的政治較量，是康熙即位後，孝莊對他的一次關鍵性指導和幫助。當時，康熙年僅十六歲，還缺乏足夠的智謀與經驗。如果沒有祖母的指教和授計，他很難在親政第三年，就一舉粉碎把持朝政多年，勢力強大的鰲拜集團。

另一方面，在對鰲拜集團的鬥爭過程中，孝莊和康熙祖孫互相加深了了解，感情更為深厚。孝莊的言傳身教，使康熙逐步具備了一代名君應有的寬闊心胸與氣度。孝莊指導康熙寬大處理鰲拜集團，既是對當年兩黃旗大臣同心合力，擁立幼主福臨的回報，也是為清朝的長遠統治著想。

清除鰲拜集團，排除了威脅皇權的潛在危險，掃除了清朝向前發展的絆腳石，康熙真正掌握了清朝大權。他在「首推滿洲」的原則下，努力改善滿漢關係，崇儒重道，發揮漢族官員的積極性，發展生產，恢復經濟。在短短幾年時間內，政局進一步穩定，得到漢族地主階級更廣泛的擁護，經濟也開始有了起色。但是，此時天下的形勢並不是一片大好。清朝雖然統一了中國的大部分地區，卻仍然危機四伏。北有羅剎國（俄國）不斷侵擾，西面有噶爾丹擅自稱王，南面有「三藩」離心離德，東面還有臺灣孤島自居。

康熙親政後，書寫了一張「以三藩及河務、漕運為三大事」的條幅，懸掛在宮中的柱子上，時刻提醒自己。其中「三藩」是康熙面臨的主要問題，也是治國安邦的頭等大事。因為南方的「三藩」，擁兵自重，已經發展成危害國家統一的割據勢力。其中，平西王吳三桂的兵力達到七萬人。朝廷多次要求他裁軍，吳三桂的軍隊卻有增無減。朝廷每年要撥給「三藩」軍餉兩千多萬。佔了整個清政府財政收入的一半。「三藩」勢力的發展，成為朝廷的心腹大患。

康熙知道，要統一政令，「三藩」是最大的障礙。這時候，正好平南王尚可喜年老，想回遼東老家，他上了一道奏摺，要求讓他的兒子尚之信繼承王位，留在廣東。康熙批准尚可喜告老還鄉，但卻不讓他兒子接替平南王爵位。這樣一來，觸動了吳三桂和靖南王耿精忠，他們想試探一下康熙的態度，假惺惺主動提出撤除藩王爵位，許多大臣認為，如果批准了他們的請求，吳三桂一定會造反。而康熙果斷地下詔答覆吳三桂和耿精忠，同意他們撤藩，詔令一下，吳三桂果然坐不住了。

康熙十二年（一六七三年）底，以平西王吳三桂為首的「三藩」發生叛亂。首先，吳三桂在雲南起兵，接著，冒充「朱三太子」的楊起隆在京舉事；次年三月，靖南王耿精忠在福建造反。康熙十五年，尚之信在廣東造反。與此同時，有些地方原已降清的明朝官員紛紛響應。叛軍氣勢凶猛很快控制了南方廣大地區，並延伸至陝西、甘肅等地。孝莊和康熙都面臨著嚴峻的考驗。

此前，吳三桂等人的反叛之心已經露出了端倪，政治嗅覺敏銳的孝莊有所預感。康熙十一年（一六七二年）十二月十六日，孝莊提醒康熙，在天下太平之際，應不忘武備，居安思危；隨後，又通過其他措施，如令儒臣翻譯儒家經典，賞賜諸臣等。孝莊幫助康熙加強統治，進一步搞好了君臣關係。因此，當三藩之亂突然發生，清朝統治面臨巨大威脅的時刻。孝莊和康熙都表現得異常鎮靜。

康熙十三年（一六七四年）元旦，吳三桂起兵反叛的消息傳到京城。清廷仍然和以往一樣，舉行盛大的朝賀和筵宴，以此向臣民顯示最高決策者無所畏懼的氣概，以及與叛軍決戰決勝的信念，起到了安定朝野，鼓舞士氣的作用。

吳三桂在雲南起兵時，為了籠絡民心，他脫下清朝的官服，換上明朝將軍的盔甲，在明永曆皇帝的墓前，痛哭了一番，說是要替明王朝報仇雪恨。但是，人們都記得很清楚，引領清兵入關的是吳三桂；殺死永曆皇帝的，還是吳三桂。

吳三桂在西南一代的勢力很大，所以戰爭開始時，叛軍打得很順利，一直打到湖南一帶。此時，吳三桂派人跟廣東的尚之信和福建的耿精忠聯繫，約他們一起叛變，這兩個藩王同意出兵造反。歷史上把這個事件稱為「三藩之亂」。

三藩之亂的戰火愈加蔓延。康熙十三年（一六七四年）十二月，陝西提督王輔臣回應吳三桂起兵叛亂，並迅速佔據漢中、興安之地，阻絕川陝棧道。康熙任命都統大學士圖海為撫遠大將軍，急速趕赴陝西，總轄全省滿漢大兵，以剿滅王輔臣。

圖海收復平涼後，王輔臣投降，清朝西北戰場出現轉機。叛軍大為震動。尚之信、耿精忠看到形勢對吳三桂不利，便也投降了。吳三桂開始打了一些勝仗，可另外兩個藩王背叛他，使他的力量漸漸削弱，處境十分孤立，戰爭進行了八年，吳三桂的形勢沒有好轉。康熙十七年（一六七八年）三月，七十四歲的吳三桂在湖南衡州（今湖南衡陽）稱帝，國號大周。可是，就在這年秋天，吳三桂暴病身亡，他死後，清軍對吳軍進行猛烈地進攻。吳三桂的孫子吳世藩服毒自殺，吳軍投降，「三藩之亂」平定。

「三藩之亂」平定後，康熙採取了一系列緩和民族矛盾的措施。國家各方面的實力增強。康熙為收復臺灣積極地做準備。

西元一六六二年，鄭成功從荷蘭人手中收復了臺灣。他病逝後，在臺灣的黃昭、蕭拱辰等人，擁立鄭成功的五弟鄭襲代理招討大將軍。另一方面，鄭經也在廈門宣佈自己為嗣封世子，和鄭襲等人抗衡，鄭氏王朝從此一分為二。後來，鄭經準備向清朝稱臣納貢，以保持「半獨立」或「獨立」的地位。可是，「三藩之亂」時，鄭經受吳三桂煽動，在廣東反叛，後被平定，於西元一六八〇年暴病身亡。他死後，臺灣島局勢混亂。此時，康熙做好了收復臺灣的準備。他果斷地決定，武力收回臺灣。朝中大臣雖然提出了不同的意見，但康熙力排眾議，起用施琅為清軍水師主將。同時任命姚啟聖為福建總督。姚啟聖原任廣東知縣，「三藩之亂」時，投靠到康親王的軍中。他在福建漳州特設會館，實行安撫政策，給予從臺灣返回家鄉的鄭氏官兵厚待。半年內，前來歸降的鄭氏官兵就有四萬多人，這大大削弱了鄭氏軍隊的實力。

施琅是福建晉江人，順治三年（一六四六年）隨明朝原總兵鄭芝龍投降清朝。由於鄭成功的招攬，又加入鄭成功的抗清隊伍，成為鄭成功部下中最為年少、善戰的得力驍將。可是，施琅個性倔強，不小心觸怒了鄭成功。鄭成功將施琅父子等三人都逮捕關押。施琅的父親和弟弟都被鄭成功殺害了，幸虧有部下相救，施琅才得以逃脫。之後，施琅投降了清廷，立志要打敗鄭成功，以報家仇。

早在康熙七年（一六六八年），施琅就秘密上疏朝廷，主張武力收回臺灣。那時康熙剛剛親政，他召施琅進京，施琅提出了具體的實施辦法。康熙十分讚賞。但由於當時朝政大權掌握在鰲拜集團手中，還是少年天子的康熙無法實施施琅的計畫。

康熙二十年（一六八一年），大權在握的康熙再次召見施琅。施琅向康熙細談了如何訓練水師，如何利用風向變化等具體方略。康熙當即任命施琅為福建水師提督，命令他操練水師，伺機攻取臺灣。

康熙二十二年（一六八三年）六月，清軍在施琅的率領下，開始向澎湖開進。澎湖位於臺灣海峽的中央，由六十四個島嶼組成。澎湖與白沙島、西嶼島呈環狀連接，三島中間就是著名的澎湖灣。

六月十六日，清軍向澎湖的守軍發動第一次進攻。兩天後，施琅派遣戰船攻取了澎湖灣外的虎井島和桶盤島。周邊被掃清了。可是，此時颶風襲擊，清軍的戰船被鄭軍圍困，只得撤退。出戰首告失敗。

六月二十二日，施琅命清軍水師兵分三路，發動第二次進攻。這一次，施琅親自率領五十艘戰船，組成東線攻擊部隊，從澎湖寇東側突襲雞籠嶼。以配合主攻部隊夾擊娘媽宮；另外，西線進攻部隊由總兵董義率領，這支部隊也是由五十艘戰船組成，從港口西側進入牛心灣，以牽制西面的鄭軍。此外，還有八十艘戰船組成的預備隊，隨主攻部隊跟進。

雙方交戰七天七夜，施琅利用有利的西南風向，手舞紅旗，採取「五點梅花陣」（即用多艘戰船圍攻一艘戰船，集中兵力作戰）。與鄭軍展開廝殺。清軍戰艦陣勢整齊，可分可合，作戰英勇，一舉攻克了澎湖列島。鄭軍的大小戰船被擊毀近兩百艘。被炮火射死，跳水溺死的鄭軍士兵多達一萬兩千多人，近五千名士兵和一百六十多名將領投降。

攻克澎湖後，施琅不殺島上一兵一卒，使臺灣民心歸順。同年七月二十七日，鄭克爽開城投降。

康熙二十三年（一六八四年），大清朝廷在臺灣設立臺灣府，隸屬福建省，駐兵一萬人，築城守戍。至此，寶島臺灣終於得以統一於清朝政府之下，臺灣的行政建制與內地完全統一。

接著，再說說，康熙皇帝的第四個大手筆——征討噶爾丹。

明朝以來，沙皇俄國就開始向中國東北部的黑龍江流域擴張。明朝末年，滿清忙於入關，放鬆了北方邊境的戒備，沙皇俄國趁機進犯黑龍江地區。他們在那裡掠奪財物，殺害居民，遭到當地各族人民的反抗。

康熙即位初期，鰲拜專權，政局十分混亂，沙皇俄國的侵略軍乘虛而入，又潛入中國領土，佔領了雅克薩。雅克薩在今天的黑龍江呼瑪西北，漠河以東的黑龍江北岸。俄軍佔領雅克薩後，在尼布楚（貝加爾湖以東地區）修建碉堡，向當地居民徵收大量的賦稅，建立了殖民據點。沙皇俄國採用了兩面手法：一方面，派侵略軍蠶食中國領土，一方面派使臣到北京進行恐嚇和訛詐。康熙對此不予理睬。

「三藩之亂」的時候，沙皇俄國又佔領了黑龍江的大片土地，到處建立侵略據點，掠奪了大量的當地土特產和礦產資源。同時，又於康熙十五年（一六七六年）派使團來北京訛詐。俄國使團在北京的耶穌教會的傳教士那裡竊取了大量的情報。回國後，他們向沙皇建議，派出兩千名正規軍進駐貝加爾湖以東的黑龍江流域。沙皇接受了這個建議，立即增兵遠東，以雅克薩為巢穴，派兵分路侵擾，擴大在黑龍江流域的侵略範圍，建立了更多的侵略據點。

對於沙皇俄國無恥的侵略行為，在平定三藩叛亂後，康熙實施了有條不紊的計畫。他採取先禮後兵的辦法，派大理寺卿明愛去東北與雅克薩的俄軍交涉。但俄軍方面根本不講道理。於是，在西元一六八二年，康熙皇帝親自到邊境了解情況，實地考察，摸清了對方的實力。回京後，康熙又派兵偵察。偵察的結果使康熙認為，俄軍是很容易擊敗的，但又怕他們捲土重來。因此，康熙認為，應該在邊地建城築兵，屯田開墾，並修通水陸交通。

康熙派出一千多官兵帶著家眷去屯墾駐防，做好戰前準備。邊區的各族人民看到朝廷抵抗沙俄侵略的決心，受到了很大的鼓舞，積極支援清軍備戰。

一切準備就緒。康熙二十四年（一六八五年）春，康熙下令，對俄軍的據點雅克薩發動進攻。清軍直抵雅克薩城下。他們遵照康熙皇帝的旨意，先警告沙俄軍。沙俄軍卻置之不理。於是，清軍把雅克薩包圍起來。在觀察地形後，清軍在城南築起土山，讓兵士站在土山上往城裡放冷箭，城裡的俄軍以為清兵要進攻城南，就把兵力都拉到城南。而清軍卻出其不意在城北隱蔽，趁城北敵人防守空虛，突然以火炮發起攻擊，炮彈擊中城樓，清軍又在城下堆放柴草，準備放火燒城，俄軍在慌亂中舉白旗投降，並帶著殘兵敗將逃走。清軍佔領雅克薩後，收繳了大量的俄軍武器。

但是，俄軍並沒有死心。就在當年，沙俄侵略軍的增援部隊趁清軍撤回休整的時機，又帶兵開進雅克薩。康熙決定，這一次要徹底消滅沙俄軍。於是，清軍又一次包圍了雅克薩，用猛烈火炮進攻。這一次沙俄進行了頑強的抵抗。幾次出城反撲，都被清軍打了回去，戰鬥持續了三個多月，沙俄守城的將領托爾布津中彈身亡，俄軍最後只剩下一百五十多人，清軍終於攻克了雅克薩。

兩次雅克薩之戰都以失敗告終，沙俄政府不得不派出使者到尼布楚，請求談判。

康熙二十八年（一六八九年）八月，雙方代表集中到了黑龍江柳絮的尼布楚城，開始了有歷史意義的邊界問題談判。沙俄方的代表戈洛文首先提出土地的問題，要求黑龍江北岸劃歸俄羅斯帝國，南岸屬於中華帝國。而清朝方面，在康熙的旨意下，索額圖表示可以以尼布楚為界。戈洛文卻不領情，使談判陷入僵局。戈洛文為了進行武力恐嚇，在尼布楚哨卡增派了三百名火槍手，但清朝官員不卑不亢。

第二天，清朝使團又一次做出讓步，提出以格爾必齊河為界。但是戈洛文提出，要索取雅克薩，拒絕了清朝方面的建議。這樣一來，引來了尼布楚周圍的布里亞特人和溫科特人的不滿，他們紛紛起義。清政府的堅定立場和人民的起義，讓戈洛文慌了手腳。在他們查明清廷割讓給沙皇俄國的那些土地具有豐富礦藏的時候，終於同意以額爾古納河為界，再沿外興安嶺向東直到海邊為中俄邊界，河東嶺南屬於清政府，河西嶺北屬俄國。沙皇俄國還保證要拆毀雅克薩城堡，把軍隊撤離中國領土。

康熙二十八年（一六八九年）九月七日晚，索額圖和戈洛文分別代表中、俄雙方在條約上簽字，這就是著名的《中俄尼布楚條約》。

《中俄尼布楚條約》簽定以後，沙俄方面並不安分，就在條約簽定的第二年，即一六九〇年，沙俄唆使蒙古準噶爾部的首領噶爾丹進攻漠北蒙古，挑起叛亂。

康熙時期，蒙古分為漠南蒙古、漠北蒙古和漠西蒙古三個部分，這三個地區都陸續歸順了清政府。噶爾丹統治準噶爾部後，野心勃勃，先兼併了漠西的其他部落，又向東進攻漠北蒙古。漠北蒙古被攻破後，幾十萬漠北蒙古人逃到漠南，哀求清政府給予保護。康熙派使者來到噶爾丹那裡，要求噶爾丹將侵佔的地方交還給漠北蒙古。噶爾丹的幕後是沙俄政府唆使策劃。因此，噶爾丹認為，自己又有沙俄政府撐腰，根本不理睬康熙的勸說，不但不肯退兵，還大舉侵犯漠南，氣焰十分囂張。

談判失敗，康熙認為，噶爾丹野心不小，不可小視。於是，他決定親自征討噶爾丹。康熙二十九年（一六九〇年），康熙兵分兩路，左路由撫遠大將軍福全率領，出古北口；右路由安北大將軍常寧率領，出喜峰口。康熙則親自帶兵在後面指揮。

右路清軍最先接觸到噶爾丹軍，打了敗仗，噶爾丹更加得意，派使者向清軍要求交出他們的仇人，噶爾丹又把幾萬騎兵集中在大紅山下，後面有樹林掩護，前面又有河流阻擋。又將上萬隻駱駝，綁住四條腿躺在地上，駝背上架上箱子，用濕氈毯裹住，擺成了一個長長的「駝城」。企圖阻止清軍進攻。康熙下令反擊，福全以炮火分段擊破。「駝城」被轟開一個大缺口，上萬名清軍騎兵衝殺過去。福全又派兵繞到山後夾擊山下的騎兵，叛軍猝不及防，被裡外夾攻，損傷大半，剩下紛紛逃命。噶爾丹見形勢不利，急忙派人向康熙求和。實際上，這是緩兵之計，等清軍奉命追擊的時候，噶爾丹已經帶著殘兵敗將逃到漠北去了。

噶爾丹回到漠北後，繼續招兵買馬。康熙三十三年（一六九四年），康熙約噶爾丹會見，以訂立盟約。噶爾丹不但不來，反而暗地派人到漠南煽動叛亂，並揚言沙俄將支援六萬名槍兵，來對付清軍。

面對噶爾丹的陰謀，康熙決定再次征討噶爾丹。康熙三十五年（一六九六年），康熙第二次親征。分三路出擊：黑龍江將領薩布素從東路進兵；大將軍費揚古率陝西、甘肅大軍，從西路出擊，截擊噶爾丹的後路；康熙親自帶領中路軍，從獨石口出發。三路大軍約定好時間準備夾攻。

康熙帶領的中路軍先期到達科圖，遇到了敵軍前鋒，但東西兩路軍還沒有到達。康熙當即決定繼續進攻克魯倫河，並派使者去見噶爾丹，告訴他康熙親征的消息。噶爾丹得知後，連夜拔營撤退，在三路大軍的夾攻下，噶爾丹只帶著幾十名騎兵逃脫。

經過兩次大戰，噶爾丹的勢力已土崩瓦解。康熙要噶爾丹投降，但是噶爾丹繼續頑抗，過了一年，康熙又帶兵渡過黃河親征。此時，噶爾丹軍隊已經人心渙散，很多人紛紛投降，甚至願意做清軍的嚮導，噶爾丹走投無路，最後只好服毒自殺。

自此之後，清政府重新控制了阿爾泰山以東的漠北蒙古，給當地蒙古貴族各種封號和官職。清政府又在烏里雅蘇臺設立將軍，統轄漠北蒙古。後來，噶爾丹的侄兒策妄阿拉布坦攻佔西藏。

康熙五十九年（一七二〇年），康熙又派兵遠征西藏，驅逐了策妄阿拉布坦，護送達賴喇嘛六世入藏。之後，清政府又在拉薩設置了駐藏代表，代表清政府同達賴班禪共同管理西藏。國家內部逐漸穩定，使天下由大亂走向大治。開創了中國歷史上為數不多的「升平盛世」。

六、盛世經濟與曆法之爭

康熙皇帝即位後，前前後後忙活了不少事，擒鰲拜，平三藩，收臺灣，征服噶爾丹，澄清吏治，減輕賦役，招納賢士。而完成這些大事，都需要國家經濟的支撐。

眾所周知，中國封建社會的經濟基礎，來自農業。農業是國家存亡的根本，百姓的生命之源。清朝的歷代皇帝都十分重視農業生產。雖然，滿族起源於遊牧，善騎射，不善農事，但從建國時起，在努爾哈赤宣導下，已把農業生產列為重要的部門。特別是皇太極時期，把農業置於社會經濟的首要地位，反覆開導他的不善農業的兄弟子侄及其本族臣民，灌輸重視農業的思想，具體講解農業之重要及耕作方式。

這之後，以農為國本的思想，已成為歷朝皇帝及統治集團的傳統國策。如順治帝與多爾袞，都不忘農業這個根本，在進行統一戰爭中，仍不廢農業生產，攻克一地，便迅速恢復當地的農業生產。

入關以後，順治皇帝效仿歷代帝王，在京南設立先農壇，把祭先農列為國家重要的祭祀活動之一。同時，在先農壇東南還開闢了一畝農田，叫做籍田，專供皇帝每年春天到這裡來行「籍禮」。

而在清朝的十二位皇帝中，若論重視農業生產，並將其付諸實踐，並做得最好的，非康熙皇帝莫屬。康熙皇帝並沒有像以往的皇帝那樣，把重農僅僅體現在每年春天的「籍禮」上，而是切切實實地對某些植物、土壤及栽培技術進行調查研究，並做了一些有效的實驗。

據記載，康熙皇帝研究考察過的植物多達二十餘種，如黑龍江麥，御稻、吐魯番西瓜、葡萄、果單、菱角、楊柳、楓樹、竹子等。他對這些植物的產地、生長期及根、莖、葉、花、果的性能、用途、味道等，都做過比較深入的考察。在考察過的二十多種植物中，親自試種過的有十來種，如稻麥、人參、花木等。

康熙皇帝南巡時，十分喜愛江南的香稻和菱角，他便帶了一些種子回京試種。結果沒有收穫，試種失敗了。他總結失敗的教訓，悟出種莊稼不能生搬硬套，「南方雖有霜雪，然地氣溫高，無損於田苗。」之後，康熙留心改良土壤，提高地溫水溫，他的栽培試驗終於取得了成功。

在康熙皇帝進行的苦幹栽培試驗中，最有成效的是御稻的培育。他花費了近二十年的時間試種御稻，到晚年時，還曾命江寧織造曹寅、蘇州織造李煦在江寧、蘇州等地進行推廣。據史書記載，御稻第一季畝產在四石左右，與當時蘇州稻田的畝產量接近，第二季畝產量一般都在二石至二石五斗，兩季加起來，比原來增長了五成左右，所以受到當地百姓的歡迎。御稻在江南曾流行過一段時期，但當時還沒有解決在一塊土地上不倒茬、連種的弊端，同時農民也缺乏長期栽種雙季稻的積極性，御稻慢慢就絕跡了。

康熙重視農業、關注農民，不僅體現在他親自參加農業勞動上，還體現在他的農業政策上。眾所周知，清初實行的圈地政策就是在康熙朝徹底廢止的。當時還規定，獎勵墾荒，地方官如能招來墾荒者晉升，否則罷黜。實行「更名田」，將明藩王土地給予種地的農戶，耕種藩田的農民成為自耕農。實行蠲免政策，鼓勵農業生產。康熙朝曾先後將河南、直隸、湖北等九省田賦普免一周；又將全國各省錢糧分三年輪免一周，這在中國古代史上是罕見的。由於實施重農政策，全國耕田面積由順治時代的五點五億畝發展到康熙時代的八億畝，農業得到顯著發展。人口隨之迅速增長，國力顯著增強。

康熙皇帝還有一個鮮為人知的大功業，就是大規模整治黃河。

清初的水患，主要集中在黃河流域的蘇北地區，當時水患的主要特點，不僅是黃河頻繁氾濫，淹沒大批良田，更導致了連接南北的京杭大運河阻斷。

當時主持治河的，是十七世紀中國最傑出的水力學家靳輔。靳輔的治河理念，延續了明朝人潘季馴的「束水沖沙法」，而他別具突破性的創舉在於：他認為應該把黃河當作一個整體去治理，如果僅僅是哪裡鬧水災，就去治哪裡，那無疑於是頭痛醫頭，腳痛醫腳。這種超前眼光的治水理念，也一度引起清王朝的質疑。

靳輔於康熙十七年、康熙二十一年、康熙二十三年、康熙二十五年多次治理黃河。他的壓力巨大，因為他眼光超前的治水思路，是要對黃河進行全面的整修，這勢必就要耗費巨額的投資。而且，這種治水方式最大的問題，是工期長，見效慢。因此在施工過程中，他至少有五次，因為黃河決口，而遭到同時期一些「專家」們的質疑。但最後的結果證明，靳輔是對的。在這次大規模的整修後，黃河大約半個世紀，沒有發生過大型的水患。

康熙不僅在南巡的時候，對治理黃河的工程進行了規劃和檢查，還利用親征噶爾丹的機會，在寧夏從橫城口乘船順黃河而下，體驗黃河的洶湧激蕩。

康熙四十三年，曾派侍衛拉錫等人前往黃河的源頭進行考察。《康熙政要》中，記錄了康熙皇帝對拉錫等人的指示：「黃河之源，雖名古爾班索羅謨，其實發源之處，從來無人到過。爾等務須直窮其源，明白察視其河流至何處入雪山邊內。凡經流等處宜詳閱之。」

根據康熙皇帝的指示，這一年的四月初四，拉錫奉諭旨率隨員西行，到達青海的時候，是五月十三日。他們在當地官員的陪同之下，對黃河發源地的星宿海、扎陵湖和鄂陵湖的大小和形成情況，進行了考察，並繪製了黃河從鄂陵湖流出的路線圖。在此之後，康熙皇帝在拉錫奏報的基礎上，寫了一篇短文《星宿海》，記敘了黃河之源的情況。

從此次考察的奏報可以看出，其考察結果，與現代地質學家對黃河河源的地理環境考察基本是一致的。康熙皇帝在三百多年前組織的一次黃河河源考察，可以算得上中國地理學史上的壯舉。

由此可見，康熙皇帝不僅在安邦治國上，大有作為，還特別提倡自然科學。作為一個封建君主，怎麼會對自然科學感興趣呢？這要從一次曆法之爭說起。

中國古代的科技水準本來是很高的，可到了明末，由於腐朽沒落制度的束縛，科技水準漸漸落後於西方國家。明朝的曆法，用的是大統曆。所謂大統曆，就在是元代科學家郭守敬制定的「授時曆」，到明朝時改稱為大統曆。

大統曆用了二百多年的時間，到明末已經很不準確，需要修訂了。當時，西方到中國的耶穌會傳教士為了贏得中國皇帝的重視，都想方設法傳播西方文藝復興時期的科學精華。

明朝有名的科學家徐光啟從傳教士利瑪竇那裡學了很多東西，又把一個叫湯若望的傳教士推薦給明朝皇帝。前文提到過，這位叫湯若望的傳教士，後來在順治朝受到重用，官居一品，三代榮受皇封，孝莊皇太后還尊他為義父。

湯若望根據比較先進的儀器和數學知識，推算出來的日食、節令都比大統曆準確。明朝決定推行湯若望的新曆法，還讓湯若望主持在北京修起了一座觀象臺。然而，新曆法還沒來得及推行，明朝就滅亡了。觀象臺也在兵荒馬亂之中被毀壞。

清朝入關後，湯若望又寫信給順治皇帝，說用新曆法推算，這年八月初一將出現日食，請求派官員測驗。到了八月初一，攝政王多爾袞派人一看，果然不錯。多爾袞很滿意，馬上宣佈實行新曆法，還讓湯若望當了負責天文、曆算的欽天監監正。

順治皇帝親政後，更加信任湯若望，授給他「通玄法師」的稱號。而欽天監那些靠推行大統曆混飯吃的守舊派官員，都被冷落到一邊去了。有一個叫楊光先的官員，認為只要靠祖宗傳下來東西就什麼都好，外國傳進來的就什麼都不好。於是，他上疏說，清朝要子子孫孫傳下去，可是湯若望推行的新曆法只有二百年，可見他居心不良。

康熙皇帝即位初期，輔政大臣鰲拜等人當權，他們認為，凡事按祖宗的老一套辦法做，才穩妥。就下令嚴懲主張推行新曆的一派人。湯若望因為有康熙的祖母，孝莊太后講情，才被免除了死刑。年老多病的湯若望，不久後就死在了獄中。其餘的外國傳教士被驅逐出境，負責新曆的漢族官員也受牽連被處死。楊先光一躍成為欽天監監正。

康熙皇帝除掉鰲拜後，發現楊光先推算節令常常出錯。可是，究竟是舊曆好，還是新曆好，康熙皇帝一時難以決斷。

康熙七年（一六六八年）十一月的一天，康熙皇帝讓楊光先和比利時傳教士南懷仁，一同參加了御前會議。康熙皇帝讓二人分別拿出證據，來證明舊曆和新曆哪一個更好。

楊光先拿不出證據。而南懷仁卻胸有成竹，說：請皇上擺出兩個日晷（用日影來測定時刻的儀器），讓楊監正和我分別算出明天正午日晷投影的位置，看看誰的準確。

康熙皇帝認可了，讓禮部尚書等人到時當場驗視。次日，禮部尚書帶領眾官員到達午門，等待驗證。

楊光先本來不懂曆算，推算節令要依靠別人。這時候雖然標出了一個投影的位置，但心裡根本沒有把握，南懷仁懂得代數、幾何，因此很鎮靜。

到了正午時分，日晷果然準確無誤地投影在南懷仁標明的位置上。而楊光先推算的卻差得很遠。楊光先看到這個情況，十分尷尬，卻不服氣，口稱：「寧可無好曆法，也不可使大清國有洋人！」

南懷仁不慌不忙地說，今天是冬至，投影應該在二百四十度這個位置上。繼而又問楊光先：今年應該是十二月閏月，可是按您的曆法，卻在明年一月。除此之外，您還把明年算成兩個春分，兩個秋分，不知是何道理。

南懷仁滔滔不絕地講著，前來驗視的官員，包括楊光先，個個呆若木雞，不知如何回答。康熙皇帝很感慨，大清王朝這麼多大小官員，難道都不懂曆法推算？至此，他決定採用新曆法，還下令欽天監的官員學習新曆法。

其實，康熙皇帝下令讓欽天監官員學習之前，自己已經開始學習了。他把南懷仁請到宮裡，詳細地詢問西方科學。南懷仁每天到宮裡，用滿語和漢語給康熙皇帝講解天文學、幾何學和靜力學。

康熙皇帝研究了歐幾里德幾何和阿基米德定律，還學會了使用一些主要的天文學儀器和數學儀器。後來，每逢行軍打仗，康熙皇帝都讓侍衛隨身背著一些儀器，以便隨時測量太陽子午線的高度，和周圍地形地物的高度和方位。

康熙皇帝還組織編纂了一本《數學精蘊》。這部書集中了當時中國和外國數學的代表作，成為清朝最重要的數學著作。有一次，康熙皇帝到南方巡視，有人把數學家、天文學家梅文鼎的一部數學著作獻給康熙。兩天以後，康熙皇帝對獻書的人說：這本書寫得很細緻，議論也公平，朕要帶回宮裡去仔細研究。

後來，康熙皇帝再次南巡，就指名要見梅文鼎。梅文鼎當時已經年逾七十，被請上龍舟，連續三天，從早到晚和康熙一起研究數學。梅文鼎辭別的時候，康熙皇帝依依不捨，說朕留心天文曆算，像您這樣有學問的人，實在太少了。可惜您年紀太大了，不然朕一定把您留在身邊，早晚向您請教。說罷，又提筆當場寫下「積學參微」四個大字，賜予梅文鼎。

次年，康熙皇帝把梅文鼎的孫子梅瑴成召到北京，留在自己身邊學數學。過了幾年，康熙皇帝又編纂了介紹音律知識的《律呂正義》，書剛印好，康熙皇帝就拿出一部拿給梅瑴成說，你祖父學識淵博，把這部書寄給他，讓他看看，能指出錯處就更好了。

梅瑴成出生在數學世家，本來就有家學的底子，再經康熙皇帝指點，學問長進很快。康熙皇帝親自把從傳教士那裡學來的代數「借根法」傳授給他。

雖然，康熙皇帝推崇西方先進的天文、曆法、數學，但是又絕不墨守成規。每到一個節令的頭一天，只要有條件，他都拿日晷親自驗證。那次曆法之爭過去四十多年以後，到了康熙五十年（一七一一年）夏至午時三刻，康熙皇帝親自驗看日晷投影，發現了誤差。他對周圍人說：西方曆法大致準確，但時間久了也不能沒有差錯。你們看，今年夏至按西方曆法應該是午時三刻，實際是午時三刻九分，再過幾十年就會差得更多了。

康熙皇帝對待科學和科學家，能高度重視並採取嚴肅認真的態度，這在中國歷代帝王中是很少見的。在康熙年間，中國的科學技術有了一些發展，出現了一批有成就的人才。正因如此，在康熙皇帝在位的六十一年中，經濟得到了很好的恢復，清朝成為當時世界上幅員遼闊、人口眾多、經濟富庶的國家。康熙在位期間，除了繼續採取輕徭薄賦，與民生息的政策之外，康熙認為「家給人足，而後世濟」，他對民生問題的關注充分展現了其聖明的一面。而清朝正史的史料中，還有一個對他普遍的評價，那就是「寬容」。

《清史稿》中，曾記載了這樣一個例子：有大臣認為，在徵糧食的時候，如果不去控制火耗，就會給官員貪污提供便利。康熙回答說，官員們的俸祿本事就比較微薄，適當地給他們一些撈外快的機會，對那些工作努力的官員，也是一種補償。

正是因為這種「寬容」，使吏治鬆懈，腐敗橫生，甚至國家財政也入不敷出。作為一國之君，康熙皇帝使國家經濟繁榮，國力增強，然而到了他晚年的時候，又因為自己的「寬容」使經濟下滑。到了他去世的那一年，國庫僅存銀只有八百萬兩。而就在他去世的前三年，國庫存銀尚有近五千萬兩。

而國家的財政問題，僅僅是康熙皇帝在晚年頭疼的事情之一，還有一件讓他煩惱不堪的事，就是選擇誰來接替他坐天下。

七、皇子奪嫡

康熙皇帝共有三十五個兒子，排序的有二十四人，成年且受冊封的只有二十人。這二十個皇子中，年齡較長的者有十二人。他們是：大阿哥允禔、二阿哥允礽、三阿哥允祉、四阿哥胤禛、五阿哥允祺、七阿哥允祐、八阿哥允禩、九阿哥允禟、十阿哥允䄉、十二阿哥允祹、十三阿哥允祥、十四阿哥允禵。

這些皇子當中，只有二阿哥允礽是孝誠皇后所生。孝誠皇后生下允礽後，當天就病故了。康熙皇帝格外疼愛允礽。

康熙十五年（一六七六年）一月二十七日，康熙皇帝冊立降生十八個月的皇子允礽為太子。從政治上講，此舉頗具意義。

在宣佈立皇太子之前的十個月內，朝廷的軍隊在南部和西部與叛軍交戰時接連受挫，蒙古的一個王公也在北部舉旗造反。為了對付這一挑戰，康熙皇帝接受了熊賜履等漢族大臣們的意見，全面採取漢族的制度，加快滿漢政權的漢化進程，立太子便是康熙沿襲明朝的一個重要舉措。同時，立太子還有雙重目的：穩定政治局勢，確立合法的繼承制。

允礽不到兩歲被立為太子，以後就以這種身分接受教育，處理人際關係及部分政事。允礽頗有才能，不到十歲就跟隨康熙四處巡幸，學習處理政事。康熙皇帝也培養他的威信，給太子制定了儲君的特有制度，體現太子威嚴的著裝、儀仗、用物與皇帝的差不多，國家三大節中的元旦、冬至及太子的千秋節，王公百官要在給皇帝進表、朝賀之後，到太子處所進行同樣的儀式，要行二跪六叩首禮。康熙皇帝三次親征噶爾丹，均令允礽留守京城，處理政事。

如果允礽在處理與父皇和諸兄弟，以及貴冑朝臣的關係上，能夠正確對待和妥善處理，便有利於他的順利登基；反之則會出大亂子，而事情正是沿著後一方向發展的。

允礽雖然年輕，但做太子的歷史卻很長，隨著時間的推移，一部分人就想依附於他求取發跡，遂在他周圍形成了一個小集團，其首要人物是索額圖。

索額圖是允礽生母孝誠皇后的親叔父，即是允礽的叔外公，早在康熙八年就擔任了大學士，二十五年改任領侍衛內大臣，隨後率領使團與沙俄簽訂尼布楚條約，是康熙前期的重臣。

索額圖處心積慮提高皇太子的地位，為使允礽早日登基，竟圖謀推翻康熙。康熙皇帝為保護帝位，對太子黨的蠢蠢欲動自然不能容忍，但投鼠忌器，為保護皇太子，不使事態擴大，只懲治了少數人。康熙三十六年，康熙皇帝親征噶爾丹回到京師附近，康熙下令處死私自在皇太子處行走的內廷人員；康熙四十二年以索額圖「議論國事」為罪名，將他囚禁致死。

太子黨人的活動，勢必將允礽推到與康熙對立的位置。再者，允礽本人的人品也很有問題，他貪婪財貨，性情暴躁，令康熙皇帝深感失望。康熙皇帝認為太子應當具備三個條件：一是要忠於父皇，不可結黨謀位；二是為人仁義，將來為政清明有道；三是孝友為懷，做儲君時能守孝道。

允礽顯然與此標準相距甚遠，康熙皇帝擔心允礽當政會出現「敗壞我國家，戕賊我萬民」的惡果，父子感情日漸疏遠。

隨後，康熙四十七年九月發生的事情，促使康熙做出廢黜太子的決定，並迅速付諸實行。

當時，康熙皇帝出巡塞外，興致很高，把自己最心愛的小兒子胤祄也帶上了。可塞外的畢竟不是皇宮的溫室，一行人在路上餐風露宿，加上氣候變化多端，結果出生在深宮大院的胤祄抗不住風寒，在路上得了重病。康熙皇帝對胤祄十分寵愛，一下子變得手足無措，急令御醫前來診治。在胤祄病重的時候，康熙皇帝甚至不分晝夜地親自照料胤祄，還經常把這個小兒子抱在懷中。但是，胤祄最終還是不治身亡了。

胤祄死後，康熙皇帝痛苦萬分，而更讓他傷心的是，其他的皇子對胤祄的病情漠不關心，甚至根本就是無動於衷，特別是作為兄長的皇太子允礽，在自己的弟弟生病的時候，幾乎不聞不問，就連胤祄病死了，都沒有絲毫哀傷的表示。由此，康熙皇帝對自己的兒子們十分失望，特別是對皇太子允礽，更是失望之至。

這時，又發生了一件「帳殿夜警」的事，更是讓事態火上澆油。原來，在胤祄病死後，康熙皇帝對皇子們大發雷霆，喜怒不定，這讓皇子們感到十分恐慌，而皇太子允礽挨了罵，更是忐忑不安。由於心情緊張，皇太子允礽便派出自己的親信去偵父皇的起居。他本人也曾在夜間偷偷到康熙皇帝的帳前窺視動靜。不巧走漏了消息，其他皇子便把此事密告了康熙。

康熙皇帝得知後，大為震怒，隨後便召集了所有的隨從大臣和武將，並下令將皇太子和其他皇子全部拘押起來。康熙當著大臣們的面，痛罵這些無情無義的兒子們，特別是對皇太子允礽，更是新帳老帳一起清算。康熙痛罵道：你實在是太不像話了！太過分了！你平時奢侈無度，比我的花費還要厲害，倒也算了，派你去南巡，你竟敢向當地的官員索賄納賄，膽子也大過天了！連外邦進貢的物品，你都敢貪入私囊！

又想到最近發生的事情，康熙越說越氣：你幼弟十八阿哥病危，我日夜照料，焦慮萬分，你身為兄長，竟然無動於衷，你這樣毫無孝悌的人，怎麼能當太子？你還在深夜裡向我的帳殿窺視，難道你是想看我死了沒有嗎？你的親信日夜監視我的一舉一動，到底用意何在？

最後，康熙皇帝以皇太子允礽「不法祖德，不尊朕訓，惟肆惡虐眾，暴戾淫亂」為名，宣佈廢除皇太子。當時，康熙皇帝且諭且泣，諭畢，悲痛萬分，憤懣不已，甚至六天六夜，不安寢食，涕泣不止。後來，患上中風，只能用左手批閱奏摺。

而廢除皇太子還引出一個更為嚴重的後果：那些抱有野心的皇子們，結黨專營，謀貪皇位。於是，在太子黨之外，又形成了皇八子集團和皇四子集團。

皇八子集團實力最強，其中，八阿哥允禩是掌門人，九阿哥允禟、十阿哥允䄉、十四阿哥允禵等人，都依附於八阿哥允禩。而且，八阿哥允禩天資聰穎、德才兼備、樂善好施，人稱「八賢王」。當康熙問朝中大臣，應該立誰為太子時，文武百官都推薦八阿哥，由此不難看出八阿哥深得人心。

大阿哥允禔，因為母親出身低微，自知不會被立為太子，也依附於八阿哥允禩。他曾對康熙皇帝說：有個相面的張德海，十分了不起，他斷定允禩將來一定是大貴人，如果要殺允礽，不必出自父親之手。

這話太驚悚了，允禔的意思很明確，就是說，我可以殺掉皇太子允礽，讓八阿哥允禩繼承皇位。

康熙皇帝雖然廢除了允礽。但也不至於糊塗到讓兄弟之間相互殘殺。他聽了大阿哥允禔的話，大罵了允禔一通，又命人把張德海抓起來，砍了頭。不久，三阿哥允祉又跳了出來，他揭發大阿哥允禔收買蒙古喇嘛用邪術詛咒廢太子允礽。康熙皇帝命人搜查，果然查到證據，就立刻下旨將大阿哥允禔關押起來，同時又處罰了八阿哥允禩。

這時候，康熙皇帝預感到日後事情會不好收拾，就考慮再立皇太子。他召集大臣商議，沒想到些大臣早在私底下串通好了，異口同聲地推舉八阿哥允禩。一追查，原來是大學士馬齊等人搞的鬼。

康熙下令把馬齊等人關押起來，然後把皇子們召到身邊說：當初廢黜允礽的時候，朕就說過，眾皇子凡是有鑽營為太子的，就是國賊。允禩陰險成性，結交朝臣，謀害允礽。現在事情暴露，朕要治他的罪。

此時，十四阿哥允禵在九阿哥允禟的支持下，出面為允禩說情。康熙皇帝惱怒，將允禵和允禟都囚禁起來。一連囚禁了三個兒子，康熙皇帝心中不忍，隨後生了病。在病中，他特意把允礽和允禩叫來伺候，心情舒暢些後，他對大臣們說：朕本來就懷疑允礽的過失是受詛咒引起的，現在看到小心謹慎，朕的病也好了許多。

不久，康熙皇帝派人告祭天地，重新宣佈立允礽為皇太子。

然而，皇子之間的互相傾軋和明爭暗鬥，並未因此而結束。四年之後，允礽又因結交大臣被廢，幽禁在咸安宮。從此過了十多年的囚禁生活。

在康熙皇帝的皇子中，比較有作為的是十四阿哥允禵。

允禵與四阿哥胤禛是同母兄弟，可是關係平常，卻與允禩、允禟交好。康熙第一次廢太子時，在乾清宮召見諸皇子，下令鎖拿允禩，指責允禩有圖謀儲位的野心，允禵站出來為允禩說情，說八阿哥沒有奪嫡的心思，康熙聞言大怒，拔出佩刀就要砍允禵，允祺趕快抱住乃父，諸皇子叩首請求父皇息怒，康熙命鞭撻允禵，並驅逐出宮。

允礽復立之後，康熙分封諸皇子，允禵獲得貝子爵位，是受封皇子中最年輕的，得益甚多。當初康熙要砍殺他，很可能是因為喜愛他，卻見他忤逆自己，一時控制不住感情，才有貿然的行動。

康熙五十七年，策妄阿拉布坦屬將策零敦多布率兵入藏，殺掉和碩特拉藏汗，並禁錮後者扶立的達賴六世，控制西藏。為此康熙派西安將軍額倫特到青海經營西藏事務，九月為準噶爾人包圍，全軍覆沒。這時西北的形勢非常嚴峻，準噶爾處於進攻態勢，除佔據新疆、西藏，進而可以影響與它們毗鄰的青海、甘肅、寧夏、蒙古、四川、雲南，不加控制，清朝就不能穩定。

康熙五十六年夏天，康熙皇帝自稱年邁，血氣漸衰，已不能親征。他下令把前線將領的奏疏交給皇子看，有了讓皇子參預西北軍事的打算。青海失利，康熙為了在西藏、新疆兩方面用兵，統一前線指揮，以利戰鬥，需要派遣有權威的統帥。

同年十月，決心用皇子出征，選定允禵，任命為撫遠大將軍，晉封王爵。康熙對這次任命非常重視，採取了許多使允禵順利行使職能的措施：命允禵使用正黃旗旗纛，採用親王規格，允禵自稱及眾人對他稱謂均是「大將軍王」。

同年十二月，允禵自北京出發，乘馬出天安門，諸王貴族及二品以上大臣均到列兵處送行，康熙命令駐防新疆、甘肅、青海的八旗、綠營軍皆聽允禵指揮，當時那裡號稱精兵三十萬，實際有十幾萬人；康熙給西北蒙古王公指示：大將軍王是我皇子，確係良將，故命帶領大軍，掌生殺重任，你們大小事務俱要聽他指揮，就像接受我的諭旨一樣。這一切都說明康熙極端重視允禵的任命及其使命，簡直有代己出征的味道。

允禵出征大獲全勝，立下戰功，於康熙五十四年十月率部回京。次年四月再赴甘州軍營，知道康熙故世，沒有再對新疆作軍事進攻。

允禵一出任大將軍，爭奪儲君的形勢發生了巨大變化。在允禩集團內部，允禩已與儲位無緣允禵的得寵，使眾人又興奮起來，並把奪儲的希望寄託在允禵身上。

允禟早就向親兵說，他和允禩、允禵三人中必有一人當太子，又說允禵才德雙全，其他兄弟皆不如他，將來必然大貴。及至允禵出征令下，允禟說十四阿哥現今出兵，皇上看得很重，將來皇太子非他莫屬。

允禵本人也把當皇太子作為奮鬥目標。他知道遠離京城及康熙年邁對他立儲不利，因此一再要求允禟及時給他通報朝中信息。囑咐允禟「皇父一有欠安，從速帶信給我」。他並非關心康熙健康，而是為了相機而動。允禵為實現目標，「禮賢下士」，招攬人才，特別愛結交文士，以抬高自己聲望。為取得大學士李光地的支持，禮遇他的弟子陳萬策，呼以先生而不直呼其名。又三次派人敦請李學派的首領李塨，還得李塨要以遷居來擺脫他，表明允禵為拉攏人，已不擇手段了。

康熙對允禵一開始應該說是喜愛的、重用的，並且著意培養他，所以允禵將來有被指定為太子的可能。但允禵似乎又不是最理想的、唯一的人選，他還不夠成熟，又有參加允禩集團謀奪儲位的歷史，所以康熙皇帝對他還不是完全信任，還心存疑慮，所以最終沒有立他為儲。

在康熙皇帝的諸皇子中，三阿哥允祉、十三阿哥允祥、五阿哥允祺、十二阿哥允祹等人也較受重視，有必要略作分析，以便探測康熙的立儲意向。

三阿哥允祉，二十歲時從征噶爾丹，執掌鑲紅旗大營，二十二歲受封為誠郡王，一年後因在康熙敏妃病逝百日內剃髮，被削奪王爵，降為貝勒。

允祉與太子允礽關係密切，如果允礽不出事，將來對他是不錯的。允礽當皇太子時，允礽被廢後，允祉能仗義直言，表明在有太子時他是個安分守法的人，並沒有覬覦儲位的非分之望。

允祉愛鑽研學問，尤擅書法，還在二十歲時，詩壇領袖王士禛就說他的字方圓徑寸，遒美妍妙。四阿哥胤禛也說，在他的兄弟中，允祉、允祺工於書法，讓他們給康熙景陵書寫碑額。基於允祉的文才，康熙於五十二年命他在暢春園開設蒙養齋館，負責修書。他吸收原任編修陳夢雷、侍讀學士法海、編修魏廷珍、方苞、楊道昇等參加工作，撰成《律呂正義》、《數理精蘊》、《曆象考成》，又編纂中國第二部大類書《古今圖書集成》，允祉對文化事業的貢獻不小。

允祉受康熙皇帝委派，參與祭祀及處理一些政事。如康熙三十二年重修闕裡孔廟告成，允祉率領胤禛、允禩前往祭祀；五十四年，與康熙及胤禛等討論西北傭兵事；隨從康熙皇帝祭孝莊文皇后陵、順治孝陵、孝東陵。康熙六十年三月，允祉與胤禛等複查會試中式原卷，等等。

康熙同允祉的父子感情比較好。允礽被廢後，允祉每年都請康熙皇帝到京城和熱河的花園聚會，先後達十八次之多。康熙皇帝廢太子、囚長子，缺少天倫之樂，允祉以此為父皇解憂。而康熙皇帝也著實偏袒允祉。

康熙五十六年，發生了允祉的屬人「孟光祖欺詐案」。孟光祖在連續幾年裡，自稱奉允祉之命，到山西、陝西、四川等省活動，結交地方長吏，代表允祉向川撫年羹堯贈送禮品，年回贈馬匹銀兩，贛撫佟國勷送他銀兩緞匹。此事被直隸巡撫趙弘燮告發，康熙皇帝親自過問，將孟光祖處斬，佟國勷革職，年羹堯革職留任。但是，康熙皇帝為了不讓牽連允祉，對魏廷珍說，這事關乎誠親王聲名，你每天同他一處修書，知道他的為人，應當以身命保他。這是有意保護允祉。

上述事實說明，廢太子後，允祉也是不甘寂寞，希望成為新太子。其時，他是諸皇子中能夠自由活動的年齡最大的人，這一點對他很有利。清太祖、太宗歷來注重嫡子，其次是年長的兒子，所以褚英、代善、豪格相繼受重用。

康熙繼承這個傳統，立唯一的嫡子允礽，重用長子允禔。廢太子事件後，允祉、胤禛自然就處於特殊地位，而允祉尤甚。正是在這種情況下，得到康熙的一些信任，允祉就以儲君自命，希望獲得儲位。

不過，允祉儘管抱有幻想，但沒有過多的活動。他身邊只是幾個文人，有一定學術地位，而沒有相應的政治地位。

陳夢雷是耿精忠逆案中人，方苞是《南山集》案中人，他們受過流放和管制，沒有活動能量。允祉在兄弟中也沒有特別要好的人。他沒有競爭能力，很難在儲位鬥爭中取勝。

接著說十三阿哥允祥，生於康熙二十五年，生母敏妃受康熙皇帝寵愛。康熙三十七年至四十八年，即允祥十三歲至二十四歲的十二年中，康熙皇帝南巡、北狩、西幸、謁陵，幾乎每一次都帶著允祥，為其他皇子所不能比擬。康熙皇帝六次南巡，允祥竟隨行四次，可見康熙愛其之深。

允祥與允礽較為接近，或許可以算作太子黨人。在第一次廢允礽時允祥遭了殃，有關史料被雍、乾時期的史官遵照為尊者諱的原則湮沒了，現在能知道的是，《皇清通志綱要》記載：允祥與允礽、允禔同時被圈禁。應該說，在廢太子事件以前，允祥是康熙最喜歡的皇子，不過在廢太子事件中的表現令康熙痛恨，從而失去以後被選擇為皇太子的可能。

五阿哥允祺年長，也得到康熙對年長諸子的共同待遇，參加少量的皇家事務活動，康熙說他心性甚善，為人淳厚，封恆親王。他自幼由皇太后撫養，皇太后病危，他要去料理事務，康熙不允，卻用允祉、胤禛等辦事，說明他沒有能力，關鍵時刻不會得到重用。他對皇太子的位置是無所謂的，不競爭，也不結黨。

十二阿哥允祹於康熙四十八年受封為貝子，當時並不引人注意，以後康熙出行，他往往侍從。康熙五十七年春，皇太后逝世，允祹署理內務府事務。康熙在命允禵出師同時，重視八旗事務，命允祹管理正白旗滿洲、蒙古、漢軍三旗旗務，這是皇子管理旗務制度的開始。

康熙五十九年，裕親王妃死後，允祹奉命去辦理喪事，六十一年正月奉命祭太廟，夏至祭地壇，秋分祭月壇，十一月出任滿洲鑲黃旗都統。看得出來，允祹在康熙心目中的地位在提高，顯然康熙也是把他作為一個有才能的兒子來看待的，但是沒有跡象要立他為皇太子。

康熙皇帝對待皇子的態度，絕非一成不變，總是依據其人的素質、表現調整看法，因而皇子地位有升有降，鍾愛者失寵而沉寂，沒沒無聞者得寵而顯名，年長者總不會吃虧。

在儲位之爭中，皇四子胤禛（即後來的雍正皇帝）參加並不算早，那是在允礽第二次被廢之後。但是，胤禛後來居上。不露聲色，則是他結黨謀位活動的特點。

最初，允礽被廢的時候，允禔非常得意，接著是允禩的被重用和受權貴的保舉，胤禛看得清楚：他自己與儲位無關，不妨表現得超脫一點，維持既得利益，爭取未來處境好一些，為此採取四方討好的策略，周旋於這場嚴重的政治鬥爭中。

他的心腹戴鐸，為他提出了一整套策略——其一，對皇父要誠孝：適當展露才華，若不露才華，英明的父皇瞧不上；若過分展露，便會引起父皇的疑問和猜忌。其二，對兄弟要友愛：大度包容，對事對人要平和忍讓；能和則和，能結則結，能容則容；使有才能的人不嫉恨你，讓沒有才能的人把你當作依附。

胤禛按照這套策略，一步步繞過皇位爭奪中的險灘暗礁，向著皇帝的寶座曲折前行。

胤禛與允礽關係平常，既不像允祉、允祥與之密切，又不像允禔、允禩與之對立，允礽被囚禁後，胤禛作為看管人之一，他揣摩康熙對允礽的態度是恨鐵不成鋼，並不是要把允礽置於死地，所以決定不對允礽落井下石，而要保護允礽的正當利益。

康熙皇帝一度不讓看守人代轉允礽奏言。允礽曾說父皇批評我的話都接受，只是說我弒逆實在冤枉。這話關係重大，胤禛甘冒風險為其轉奏，康熙聽後取消了允礽項上的鎖鏈。這件事允礽直接受益，對康熙正確理解廢太子也有好處，胤禛這一手兩面討好，還令眾人感到他講義氣，獲得好評。

胤禛與允禩關係一般，又不是允禩集團的成員，所以不希望允禩成為太子，但也不想把關係搞得太僵，以免將來遭到打擊，所以對允禩集團持若即若離態度。允禩黨羽瑪爾齊哈與胤禛關係不錯，他成為雙方的連絡人。

胤禛對父皇康熙關心備至，與允祉一道冒死勸康熙治病是最顯著的事例。他在康熙面前給包括允礽在內的諸兄弟說好話，打圓場，企圖獲得康熙的好感和信任。康熙曾說他度量過人，深明大義。

胤禛這樣周旋於父子、兄弟之間，收到了聯絡各方面感情的實效，並被晉封親王。但當康熙說胤禛為允礽保奏是偉人行為時，胤禛卻否認此事。因為允礽的命運尚難預料，如承認此事，可能被認為是太子黨人，那就得不償失了。可見胤禛工於心計。廢太子事件鍛鍊了胤禛，為其日後爭奪儲位積累了鬥爭經驗。

允礽再次被廢之後，更多的皇子參加到謀求儲位的鬥爭中，胤禛便是其中的一個。他認識到這時是「利害攸關，終身榮辱」之際，決心參加儲位的角逐。

胤禛制定了處理父子、兄弟、朝臣、藩屬諸種關係的策略，以爭取各方面的好感和支持，建立、擴大自己的力量。

康熙皇帝英明果斷，胤禛因而認為，自己若表現得愚蠢，必然被輕視，棄置一旁；但鋒芒畢露，又會被認為有野心，可能遭到打擊，這兩種表現都會使自己與儲位無緣。為此，既要表現出有能耐，又不要重蹈允禩的覆轍。對待諸兄弟，要以允礽暴虐為鑒戒，多團結人，使有才能的不嫉妒，無才能的人來依靠。對百官，加意籠絡，無論是親貴、朝官、侍衛、漢人，都要和好相待，以便製造輿論，影響皇帝。對藩邸人員加以培植，造成自己的嫡系勢力，作為鬥爭的核心。

胤禛的活動手段是力圖隱蔽，他三番五次說他對皇位不感興趣，故而不收黨羽，不樹私恩小惠，與舅氏家族、與妻族和姻親關係都很平常，與滿漢大臣、內廷執事人員沒有一個親密往來的，同兄弟也不私相結交，有人要投靠門下，還嚴加拒絕。其實這都是做給人看的假象，在結黨納派方面，胤禛較其兄弟有過之而無不及。

胤禛分封在鑲白旗，按照清朝制度，他得有屬下人，他們之間在名分上是主奴關係，即使其人出任高官，對本門主人講也是附屬。胤禛自決定爭取儲位，就鼓勵、幫助屬人謀求官職。

戴鐸的哥哥戴錦，經胤禛派人到吏部活動，出任河南開歸道，戴鐸在康熙六十一年由廣西按察使升任四川布政使，沈廷正由筆帖式任蘭州府同知；魏經國為湖廣總督。年遐齡曾任湖廣巡撫，又一子年羹堯為川陝總督。胤禛為擴充財力，與他的兄弟一樣做買賣，如同傅鼐到蘇州貿易，還派人到浙江與英國人進行交易。

在藩屬之外，胤禛違法結交官僚，通過瑪爾齊哈、年羹堯聯絡禮部侍郎蔡珽，蔡以學士不便與王府來往辭謝，及其出任川撫，往拜胤禛，並推薦左副都御史李紱。胤禛乘戴鐸往福建赴任之機，命其帶禮物給閩浙總督覺羅滿保。

隆科多原是允禔黨人，後來他的家族轉而支持允禩，隆科多不再結黨，取得康熙信任，五十年取代允礽黨人托合齊職位，任步軍統領，五十九年兼任理藩院尚書，六十一年十月胤禛奉命清查京倉，隆科多為成員之一，可能就在這時成了胤禛的人。

廢太子過後，胤禛與兄弟間交往不多，唯與允祥關係密切。允礽廢後，允祥失寵，兩人仍往來頻繁，宴集唱和，胤禛能隨康熙巡幸，允祥只能留在京城，給胤禛詩詞、書信，後者保存的詩歌就有三十二首。胤禛繼位就重用允祥，說明這搭檔早就建立了。

胤禛對其黨人嚴厲控制，不容對他不忠。年羹堯少年得志，沒把主子看在眼裡，他給胤禛書啟，稱臣而不稱奴才，胤禛回批，大罵他是「儇佻惡少」，用來書中的「今日之不負皇上（指康熙），即異日之不負我（指胤禛）者」的話威脅他，說他引誘自己謀位，拿這個書啟做證據，隨時可以向康熙告發。並令他帶到住所的弟侄、十歲以上的兒子送回京城，以示懲罰。

戴鐸不願在福建做官，想告病回京，胤禛說他沒志氣，鼓勵他：「將來位至督撫，方可揚眉吐氣，若在人宇下，豈能如意乎！」即要他死心塌地跟著主子謀取高位。

胤禛經營的小集團有其特點：形成在康熙季年，比允禩、允禟、允䄉等人的都晚；成員不多，要人也不多，與允禩、允禟無法相比，但是他的人員到時都能安排上場，作用不可低估；活動隱蔽性強，像戴鐸的轉交覺羅滿保禮物，是見其家人，而不做直接的溝通。

特別要指出的是胤禛利用與佛徒交遊掩護他的結黨謀位活動，令康熙產生他不結黨的錯覺，也給對手以無所作為的假象。所以當時允禟、允禩、允䄉被社會輿論傳得沸沸揚揚，大有被冊立之勢，而胤禛則很少有人議論，這看起來似乎對胤禛不利，其實不然，這與戰場上的情形一樣，衝鋒在最前邊的往往容易最先倒下。而胤禛冷眼旁觀、動心忍性，既免受了打擊，又經受了磨練，也鍛鍊了能力。

對於胤禛的品行，康熙在四十七年說他幼年有些喜怒不定，又教誨他遇事「戒急用忍」。喜怒不定與戒急用忍，指出了胤禛的弱點，就是毛躁，容易衝動，感情用事，說過頭話，辦過頭事。

毛躁對於一個人不好；對官員尤其不好，對於一個皇帝，影響更大。康熙皇帝評價胤禛急躁，是按照對皇子的要求而言的。胤禛深知這事的重要，當康熙舊語重提時，回奏說「經父皇教誨，已經改正，而今已過三十歲，這個評語關係生平，請不要記在檔案裡。」康熙皇帝接受了這份請求。

胤禛結黨謀位時動心忍性，真是戒急用忍，喜怒不形於色，他學習禪學，大概也是用它幫助克服這個毛病。他成功了，取得了康熙的諒解，這個缺陷不會影響對他當皇太子的選擇，但是胤禛在做了皇帝以後，自我克制減少，老毛病又犯了。

康熙皇帝和胤禛的父子感情逐漸加深。據《清聖祖實錄》記載，早在四十六年十一月胤禛請乃父臨幸府園進宴。統計《實錄》資料，康熙先後去胤禛的圓明園和熱河獅子園十一次，六十一年冬達三次。有一次是胤禛把乾隆引見給康熙，一時三皇帝交談，後世傳為佳話。

總之，他們父子關係很好，偶有小疙瘩，也能很快消除。允禩失寵後患病，康熙皇帝派胤禛去探視，胤禛錯以為父親寬恕了允禩，因此跑前跑後，表現得過於熱情，康熙大為不滿，欲懲治胤禛。胤禛趕忙認罪，並得到康熙皇帝的諒解。

康熙皇帝對胤禛也著意加以培養，讓他參與管理皇室壽慶喪葬祭祀事務，並參與管理部分國家事務。胤禛辦事特點是認真負責，事無大小，凡康熙交辦的，必恪盡職守，辦理完善。在其辦事中，透露出嚴肅執法的精神，主張獎懲嚴明，對違法者、瀆職者，絕不寬容，為的是嚴肅法紀，澄清吏治，提高行政效率。

他這種作風很得康熙皇帝的賞識，再加上他能領會康熙的意思，有愛戴之心，又能殷勤小心，是個孝順兒子，這一點也符合他立太子的條件。可見，康熙心目中應該是把胤禛作為皇儲的候選人之一。但由於有前面的教訓，再加上康熙對允禵也比較看重，委以重任，因此最終沒有立儲。

康熙皇帝晚年，因其諸皇子爭奪皇位的事而大傷元氣，鬱結成疾，最後悲離人世。他曾說：「日後朕躬考終，必至將朕置乾清宮內，爾等束甲相爭耳！」這段話，是康熙皇帝以春秋五霸之一的齊桓公晚年的境況自喻。齊桓公晚年，五個兒子樹黨爭位。齊桓公剛死，諸子相攻，箭射在他的屍體上，也沒有人顧及，他的屍體在床上躺了六十七天也沒法入殮，以至於長滿了蛆蟲。

由此可見，康熙皇帝晚年的心境是多麼悲苦。

康熙六十一年（一七二二年）冬，康熙皇帝前往北京南郊的南苑狩獵，突然偶感風寒，起駕回到暢春園後，病勢日重，生命垂危。到冬至那天，按照常例，康熙應當去主持祭天儀式，但當時他已經病得起不來了，最後只能派四阿哥胤禛前去代為行禮。

胤禛在主持儀式的時候，忽奉急召，命他立刻趕回暢春園。等胤禛回來後，發現康熙命如遊絲，已在彌留之際了。

當時，有皇子七人及尚書隆科多在旁伺候，康熙皇帝見胤禛回來，即示意宣讀遺詔。遺詔曰：「皇四子人品貴重，深肖朕躬，必能克承大統。」遺詔中的話，很明確，讓胤禛繼承皇位。

這時，其他皇子的反應不一，或驚訝或憤怒，人生百態，盡在此刻。比如八阿哥允禩，本來太子廢後，他繼位的呼聲最高，當聽到遺詔宣佈後，允禩佯作悲痛之狀，當即走出殿外，以掩飾心中的憤懣。

在宣佈完遺詔後，康熙皇帝便魂歸九天。隨後，胤禛為父皇康熙穿好長壽袍，並親視收斂完畢，便立刻回到乾清宮行即位大禮，即為後來的雍正皇帝。這一年，胤禛已經四十五歲了。

但民間對雍正即位卻有多種傳聞。《清朝野史大觀》卷一中說，康熙臨死前，曾經手書遺詔曰：「朕十四皇子即纘承大統。」十四皇子就是允禵，當時正在西北統兵，頗得人心。所以，民間傳說康熙本有意立他為皇位繼承人。但是，胤禛偵得遺詔所在後，將「十」字改為「第」字，然後摒退各位兄弟，一人入暢春園待疾，其他人均不許入內。據說康熙當時已經昏迷，醒來後突然發現只有胤禛一人在側，知道被其欺騙，大怒，用枕頭和念珠投擊胤禛而不中，胤禛則跪而謝罪。過了沒多久，康熙皇帝便撒手人寰，而胤禛持念珠和遺詔出來，並宣佈自己繼位。

也有人說，竊詔篡改一事，其實是大將軍年羹堯的策劃。民間傳說，雍正之母先私通於年羹堯，入宮八月就生下了雍正。因此，年羹堯就抓住機會竊詔篡改，幫助雍正奪取皇位，而年羹堯在雍正時代初期權傾一時就是證明。

雍正皇帝的皇位，是正取，還是逆奪？從胤禛登基至今兩百多年以來，都是學術界激烈爭議的問題。

在今天的深圳市檔案館展廳，一幅存在了兩百多年的「康熙傳位遺詔」似乎能對雍正繼位之謎做一個解答。這幅「遺詔」長一・五五米，寬○・八米，詔書上漢、滿、蒙三種文字書寫的是同一內容。漢文大概共有一千七百多字，最後關鍵的話是：「雍親王四子胤禛人品貴重，深肖朕躬，必能克承大統，著繼朕登基，繼皇帝位……」這短短的三十一個字，似乎可以澄清近三百年的謎團。所以，國內一些學者認為，雍正是根據康熙的遺詔繼位，是合法的，疑案當解。

目前，雖然對於這份遺詔是否出於康熙至少尚有爭議，但雍正繼位的合法性卻逐漸被學術界認同。有一種觀點認為，康熙皇帝認識到自己晚年過於仁慈，官場腐敗現象嚴重。大清王朝需要一位能徹底整治吏治的新皇帝。於是，鐵面無私、政績卓著的皇四子胤禛就成了最佳選擇。另外，康熙很喜歡雍正的兒子弘曆（即後來的乾隆），常帶在身邊親自調教，康熙選擇雍正，也保證了大清能有兩代好皇帝。因此，雍正篡位一說應該是其政敵製造的謠言，並無依據。

八、殘酷文字獄

在清王朝的的十二位皇帝中，雍正皇帝是一位很難準確描述的帝王。他是中國歷史上勤政有為的皇帝，而他的性格中又有殘暴多疑的一面。雍正皇帝在位僅十三年，但從他繼承大統到離奇死亡，一路迷霧重重，這使得他尤為神秘。

正因為如此，關於雍正的猜測、詆毀和謠言始終不斷，甚至被訴諸文字，從而引發了一場驚天動地的文字獄案。

事實上，清朝的「文字獄」由來已久，早在康熙時期就發生過一起著名的文字獄案，歷史上稱為「莊廷鑨案」。

此案要從浙江湖州府的南潯鎮說起，在南潯鎮上，有一戶姓莊的豪門巨族，家資萬貫，家族中的父子兄弟，人人博覽經史，精通詩文。其中有個叫莊廷鑨的，十五歲就進了國子監。可是後來，莊廷鑨生了場怪病，眼睛瞎了，但他毫不氣餒，認為司馬遷有「左丘失明，乃著《國語》」之說，自己為何不能成為一個盲史家，而名留青史呢？

事有湊巧，鄰里中有個明朝天啟宰相朱國楨的後代，因家中貧困，想把家藏朱國楨《明史》稿本出賣。莊廷鑨聞訊，便用一千兩銀子買了下來。

可是，朱國楨的《明史》缺了崇禎一朝的史實，莊廷鑨組織了江、浙名士茅元銘、吳之銘等十多人，對朱氏《明史》加以增補潤色，編成一本《明史輯略》，算是自己的著作。

不久，莊廷鑨死了，他的父親莊允城將此書刻印，花錢請名人李令皙作序，把參與編寫的人都列名書中。為了提高書的身價，又在未徵得本人同意的情況下，將查繼佐、陸圻、范驤作為「參閱者」，也擅自列入。

莊廷鑨的岳父朱佑明，對書的刻印曾贊助不少錢，要求書板刻上「清美堂」三字。清美堂乃是明代大家董其昌的手筆，是給朱國楨家寫的堂匾，朱佑明把自己說成是朱國楨的本家，是為了炫耀。

莊氏《明史輯略》問世後，范驤好友、解任戶部侍郎周亮工，覺得書中有些文字關礙當局，弄不好會吃苦頭，勸范驤等三人向官府出首。三人均等閒視之，不以為然。當然這也是為己沽名釣譽的好機會。湖州地方官與莊氏關係較好，敷衍一番，將此事壓了下去。誰也沒想到，有個因貪贓枉法削職為民的吳之榮，得知了這一消息，認為可以藉機發筆橫財，便上門向莊允城和朱佑明敲詐。莊、朱兩家不但不買他的帳，還買通官兵將他逐出湖州。吳之榮一氣之下就告到京城。

康熙元年（一六六二年）冬，朝廷派羅多等來到湖州府。下車伊始，就逮捕莊允城、朱佑明，追查書板。連人帶物押解刑部大牢。

最初，當事人對此案的嚴重性還認識不足，因為吳之榮告的僅僅是莊、朱二人，交上去的也是撕了序文及參訂者名單的書。莊允城也自認為不會有大問題，因為他曾將此書送往通政司、禮部、都察院三衙門備過案。朱佑明則希望同貪財的府學教授趙君宋談交易，表示若能鼎力相助，願將家產分一半給他。

刑部查出了莊氏《明史》揚明、毀清的八大罪狀，定為逆書。嚴刑拷訊下，莊允城供出了作序人李令皙，李經不起拷掠驚嚇，加上老病，死在獄中。趙君宋也不得不交出完整的《明史輯略》，鐵證如山。

康熙二年正月二十日清晨，湖州城門禁閉，按書內名單挨家搜捕，父子兄弟姐妹祖孫，以及內外奴僕一律擒拿；僅李令皙一家被捕的就有百十口，連前來拜年的親戚和看熱鬧的鄰居也一齊拿下。莊、朱兩家抓了好幾百人不算，不在湖州的還要通緝追拿歸案。

同年五月二十六日，在杭州弼教坊刑場上大開殺戒，有的被凌遲，有的被重辟，有的被處絞。莊廷鑨被掘墳碎屍。書中署名的十八人中得以倖免的只有四人：董二酉在結案前三年身死；查繼佐二十年前無意中接濟過一個乞丐吳六奇，此人現在平南王尚可喜手下任廣東提督，他為查打點疏通，說查與陸圻、范驤三人並未參與，係被莊允城擅自掛名，又屬首告，故無罪開釋。其餘十四人加上莊允城、朱佑明均遭凌遲。莊、朱家族中，男子處斬，婦女幼男有的流放邊區，有的配給旗人為奴。凡與《明史輯略》有關的刻寫、校對、印刷、裝訂者，以及販書賣書、購書藏書的，甚至讀過此書的，不下兩千餘人，全被牽連鋃鐺入獄。

上任才三個月的湖州知府譚希閔、推官李煥寧、庫吏周國泰等以隱匿罪處以絞刑。歸安訓導王兆楨到任不及半月，以放縱看守罪被絞死。趙君宋不僅未因獻書立功，反而被判私藏逆書之罪，砍了腦袋。浙江將軍柯奎受賄包庇，革職為民，原湖州知府陳永命，坐受賄包庇罪，雖已在山東自殺，亦追屍置杭州法場，當眾分屍三十六塊，並株連其弟江寧知縣陳永賴。

事後，吳之榮得到朝廷封賞，撈了莊、朱兩家財產的一半，又起復做了個右僉都御史。有書記載說，康熙四年秋，吳之榮從福建回來路上，突遇狂風，雷電交加，驟得惡疾，肉化於地，骨存於床，人們都說他是遭報應，被天雷劈死的。

與康熙朝恐怖的「莊廷鑨案」相比，發生在雍正朝的「呂留良案」卻有一些黑色幽默的味道，「呂留良案」主角並不是呂留良，而是另一位書生，名叫曾靜。但事情是由呂留良開始的。

呂留良是浙江崇德縣（今浙江省桐鄉市崇福鎮）人。從小聰慧過人，八歲就能賦詩作文。作為明末清初的一個知名學者，在明朝滅亡後，呂留良多次參加了反清鬥爭，但都沒有成功。胳膊擰不過大腿，呂留良造反不成，就在家收學生教書。有人舉薦他做官，他很傲氣地拒絕了。教書也不清淨，此時的呂留良情緒很低落。情緒低落的人，要麼自殺，要麼出家。呂留良選擇的是後者，他到寺院裡當了和尚去了。

在寺院裡，呂留良著書立說，在他的書中，有不少反對清朝的內容，但他的反動讀物，一直沒有公開發表而流傳世間。因此，直到呂留良死後，也沒人注意。

實際上，呂留良在廟裡寫的書，也就是一個對當時社會極度不滿的憤怒文人，在博客上的自言自語。可誰也沒想到，有人在無意中讀到後，竟成了呂留良的粉絲。這位粉絲就是曾靜。曾靜當時身居湖北，是個落第書生，他偶然拾得呂留良的大作，讀後被其思想所強烈感染，對呂留良佩服得五體投地。於是，曾靜決定，要做呂留良的骨灰級粉絲。

所謂骨灰級粉絲，就是要收集到偶像的全部作品，欣賞、收藏，甚至模仿。曾靜就打算這麼幹，但他自個兒不去，支使他的學生張熙去尋找呂留良的全部遺稿。張熙是個好學生，很聽老師的話。就從湖南跑到呂留良的老家浙江去尋找遺稿。

這一去，還真就找到了遺稿，兩本。一本叫《知幾錄》、一本叫《知新錄》。張熙如獲至寶，大老遠來一趟，總算沒辜負曾老師的心願。不僅如此，還有非常意外的收穫。此時，呂留良早就死了。在尋找反動圖書的過程中，張熙還偶遇了呂留良的兩個學生，雙方結識後一聊，十分投機。張熙當即決定，把呂氏的倆學生帶回湖南，給曾老師一個特大號的驚喜。

曾靜果然很驚喜。他和張熙、以及呂氏的倆學生，一起談理想，侃人生，大肆評論清朝政治，越聊越來勁，越聊越憤慨。為什麼憤慨呢？在中國歷史上，每當改朝換代時，總有一些人，尤其是文人、士人，是不願同新朝合作的。伯夷和叔齊在周武王滅掉商朝後，隱居首陽山不食周粟而死。元朝初年的時候，一些宋朝遺臣和文人應召做了新朝的官吏，內心卻很矛盾。有的隱居表示不與新朝合作，他們既彷徨又苦悶。

清朝入關，進入北京後，又以夷制夏，再推行「剃髮、易服、圈地、佔房、投充、捕逃」等「六大弊政」。中原地區的漢人，特別是士人、文人內心深處是相當不滿的。

清王朝以少數民族入主中原，從漢族傳統觀念看，叫「乾坤反覆，中原陸沉」，「天昏地暗，日月無光」，在以儒家文化為正宗的漢族知識份子中間有著相當激烈的民族敵愾情緒。大規模、有組織的抗清武裝鬥爭結束之後，反清思想通過各種形式的文字作品在民間流傳，並與以恢復明朝為目的的反清暴動結合起來，使滿族統治不得安寧。呂留良就是以文字作品詆毀清廷的一個榜樣。

榜樣的力量是無窮的。曾靜等人決心要繼承呂留良的反清思想，以實際行動來推廣呂留良的反清思想，進而推翻清朝政府的統治。

可幾個讀書人，手裡既沒刀又沒槍，且手無縛雞之力，怎麼謀反啊？必須拉攏有兵權的人才行。於是，曾靜下決心，一定要找到這個人。在此之前，曾靜先建立了一套理論，那就是通過各種管道收集雍正的劣跡。而後，他十分八卦地為雍正皇帝總結了十條大罪狀，這些罪狀為：謀父、逼母、弒兄、貪財、好殺、酗酒、淫色、懷疑誅忠、好諛任佞。從人品、性格到私生活，一個都沒落下。曾靜的準備工作做得很充分，找到手握兵權的人，就用這套理論去遊說他，讓他聽自己的，推翻大清朝。

這個機會曾靜等了很久，終於還是來了。雍正五年（一七二七年），張熙帶給曾靜一個振奮人心的消息，手握重兵的川陝總督岳鍾琪上疏斥責雍正帝。這說明，這位爺也對雍正強烈不滿。也不知道張熙是從哪裡弄到的這個消息，是真是假現在我們無從所知。可當時曾靜一聽就信了。當即就有一種找到了組織的感覺。

於是，曾靜立刻決定，派張熙去拉攏岳鍾琪，讓他造反，恢復大明江山。實際上，這師徒倆此刻心裡壓根兒就沒底，但他們決定賭一把，有「雍正的十條罪狀」的理論在，這事兒未必就不能成。

一七二七年九月二十六日，張熙來到西安。他以一種比較雷人的方式求見了岳鍾琪。就在大街上，張熙攔住了乘轎回署的岳鍾琪，向他投遞了一封書函。

岳鍾琪接過書函，打開一看，渾身冒汗。他先以為是誰投錯了書信，可見到書函封面寫著「天吏元帥」，便有些詫異，決定親自拆閱。

書函寫的全是雍正的罪狀，十大條，觸目驚心。岳鍾琪覺得事關重大，立即下令把張熙抓來審問。此時的張熙理直氣壯，大有一副英雄氣概，直言不諱地說明了自己的來意和企圖。

岳鍾琪開始懷疑這人精神有些問題。怎麼能把對雍正個人的攻擊，當作反叛朝廷的藉口呢？到底讀過書沒有？

張熙卻不以為然，和岳鍾琪展開辯論，說你也是漢人，也和滿人有世仇，難道你不想報仇嗎？

這話說得岳鍾琪直犯愣，自己雖是漢人，可自己的祖宗並沒有被滿清屠殺過，不僅如此，雍正還破例重用他，讓他擔任陝甘總督，掌握重兵。他和清朝有什麼世仇啊？

見岳鍾琪疑惑，張熙向他解釋說，將軍姓岳，南宋名將岳飛也姓岳，清朝的先人是金人，岳飛當年就是被秦檜勾結金人給害死的。您是岳飛的後代，這就是世仇，現在您手握重兵，正好報仇！

岳鍾琪聽完，不再疑惑，他確定張熙精神有問題。什麼亂七八糟的都硬往一塊兒扯。岳鍾琪都氣笑了，當即下令，將張熙打入死牢。

在牢中，岳鍾琪拷問張熙，誰是幕後的主謀？沒想到，張熙骨頭硬嘴很緊，堅決不招。於是，岳鍾琪想了個計策。翌日，他把張熙請出牢中，說自己其實早有謀反之心，只不過是試探張熙而已。如果不試，怎麼知道你是真的想反清呢？

張熙很高興，他在牢中就盤算，懷疑是岳鍾琪在試探自己，果不出所料，就是在試探自己。於是，張熙立刻就招出了幕後的策劃人和指使人——他的恩師曾靜。

岳鍾琪得到的供詞，又將張熙打入死牢。而後，一面派人到湖南捉拿曾靜等人，一面寫了一份奏章，把曾靜、張熙等人圖謀造反的事情彙報給了雍正。雍正勃然大怒，立刻下令，命大學士、九卿、詹事、科道、翰林、刑部等將該案細細研審，依據刑律定罪。

幾個部門將案犯逐一提審一遍，經過幾輪的嚴刑審問。曾靜把事情一點不漏地全盤交代了。

案子很容易就破了，此案自然牽連到呂留良，呂留良此時已經過世，於是，雍正下令，將呂留良及其長子呂葆中開棺戮屍。呂留良的第九子和學生被斬立決。

然而，讓人疑惑的是，真正的首犯曾靜卻沒有被處死。按理說，他應該第一個被千刀萬剮，但他卻安然無恙，這是什麼原因呢？

原來，是雍正皇帝下令，暫不處決曾靜，要將他押解回京，再做出處理。

這期間，雍正皇帝曾令朝廷官員並各省總督、巡撫、道府守令、各地學官依次議論曾靜的應得之罪。清廷官員於是紛紛表態，認為曾靜罪大惡極，法不可赦。曾靜到了京師，朝中的大臣們獻上多種處決曾靜的方式。但雍正都沒有予以採納。因為這時的雍正並不想讓曾靜死，要除掉這個頭腦發熱的無能憤青，就像踩死一隻螞蟻那樣容易。雍正心裡另有主意，他要親自會會曾靜。

其實，文字獄案在雍正朝，已不是第一次發生。雍正皇帝即位後不久，翰林徐駿上書奏事，不小心把「陛下」的「陛」字寫成了「狴」，雍正見此奏章，認為這是「辱罵皇帝」立即詔令將徐駿革職。之後，在徐駿詩集中查到「清風不識字，何必亂翻書」兩句詩，雍正牽強附會，認為「清風」影射朝廷，「清風不識字」無疑是誣衊皇帝不識字。於是又下一道聖旨，將徐駿處以死刑。

江西考官查嗣庭，在一年身為考官出試題「維民所止」。試題一出，即有人密告雍正，說查嗣庭試題有影射陛下斷頭之意。雍正不解，經人解釋，「維」字是去了頭的「雍」字，「止」字是去了頭的「正」字。「雍正」是胤禛的年號，去了頭成「維止」，豈不意味陛下斷頭之意嗎？雍正聽信讒言，龍顏大怒，立即下旨把查嗣庭拿解進京，下獄問罪。

因此，對曾靜的這樁文字獄案，雍正自有主張。而此時的曾靜，非常害怕，痛哭流涕，發誓要痛改前非。雍正則饒有興致地和曾靜展開辯論，對呂留良的言論做了全面批駁，對曾靜指責他弒父逼母奪嫡自立之事，逐條進行反駁。曾靜自然不可能與雍正辯駁。雍正徹底反駁曾靜歷數自己的「十條罪狀」每反駁一條，就有人記錄一條，最後彙編成一本類似於訪談的書籍。雍正給這本書取名為《大義覺迷錄》。

曾靜這時候倒挺機靈，他得知了這一點，立刻寫了一本《歸仁錄》，對雍正的仁德大肆吹捧和讚頌。與他歷數雍正的「十大罪」形成鮮明的對比。曾靜是一個好寫手，當權者需要什麼稿子，他就寫什麼稿子。原來，憤青也有一顆柔弱溫順的心。

雍正拜讀了曾靜的新作《歸仁錄》後，心中大喜。他把《歸仁錄》中的內容裝進了《大義覺迷錄》，怎麼裝的呢？就是把自己辯駁「十大罪」的話，用曾靜之口回答出來。這樣，一本詳實、豐厚、擁護清朝統治的全新《大義覺迷錄》就上市了。

雍正決心將此書打造成一本暢銷書。怎麼暢銷？一是走官方配送路線，下令全國學校的教官督促士子閱讀，把閱讀此書當成一次政治任務來完成，怠忽職守者一律治罪；二是做廣告宣傳，嚷嚷得全天下都知道，雍正命曾靜到江寧、蘇州、杭州等地宣傳此書的內容。

《大義覺迷錄》確實暢銷了，曾靜將它廣為傳播。對曾靜來說，傳播此書，就是傳播雍正的仁德。在這個事情上，曾靜做出了卓越的貢獻，算是將功折罪。雍正不但赦免了他的罪過，還給他安排了一份公務員的工作，他下令在曾靜的家鄉湖南成立觀風俗使衙門，曾靜就在觀風俗使衙門上班，繼續配合雍正，在各地宣講雍正的仁德。

雍正認為自己這步棋走得很精，他不殺死曾靜，而是利用他為自己臉上貼金，以為這樣既可安撫民心，又落下一個仁慈的口碑。曾靜也是認真負責，兢兢業業地為雍正打工。

雍正的本意是要在民間肅清影響，宣揚自己的功德，然而結果卻適得其反，造成謠言四起。至此，這起文字獄案並沒有最終結束。雍正死後，乾隆即位。即位之初的乾隆，首先面臨的是，父皇雍正留下的因苛政而導致的緊張政治空氣。

雍正以「嚴猛治國」，而嚴有餘寬不足。政令苛刻且複雜。而乾隆的施政思想是「執中兩用、寬嚴互濟，交相為用」。他曾對大臣說，治天下之道，貴得其中。乾隆認為《禮記》中的「一張一弛，為文武之道」，正是自己應該奉行的為政之道。為政者應該根據實際情況，恩威並施，剛柔並濟。他再三號令大臣們要以此互相勉勵，不許有絲毫懈怠，更不能矯枉過正。乾隆一方面調整統治階級內部的各種關係，擴大自己的統治基礎，另一方面又糾正雍正時期的錯案，以及一些錯誤的政策。其中被糾正的一起錯案就是「呂留良案」。

「呂留良案」源於信徒曾靜與張熙的策反，策反這樣的事任何政權都是不會容忍的，按常規處置本來也很簡單，但是到了雍正手裡，卻掀起軒然大波，變成一件牽動帝國上下，鬧得雞犬不寧的大案，施刑之酷，株連之廣，駭人聽聞，這表明了雍正政權的隨意與殘酷。其實，封建時代獨夫治國，政權的本質便是隨意與殘酷的，只是若干帝王能夠借重別人的智慧，明白「民可覆舟」的道理，在隨意與殘酷方面有所節制。

雍正對呂氏一族的懲處十分殘酷，卻釋放了主犯曾靜和張熙。乾隆即位後，立即下令逮捕曾靜。並將他斬殺。同時收繳、焚毀了《大義覺迷錄》。

曾靜被處決後，「呂留良案」還留下一個呂四娘俠義復仇的民間傳奇。據史書記載，西元一七三五年八月二十日，雍正還在處理政務，晚上得病，次日凌晨便死亡。由於死亡非常突然，於是在官場，在民間，便產生了種種猜想和傳說。民間流傳最廣的就是呂四娘報仇削取了雍正首級。呂四娘就是呂留良的孫女，「呂留良案」案發後，呂四娘因在安徽乳娘家中，因此倖免遇難。年僅十三歲的呂四娘秉性剛強，得知其全家祖孫三代慘遭殺害，悲憤填膺，當即刺破手指，血書「不殺雍正，死不瞑目」八個大字。於是隻身北上京城，決心替全家報仇。途中巧逢高僧甘鳳池，四娘拜之為師。甘鳳池傳授呂四娘飛簷走壁及刀劍武藝。之後，呂四娘輾轉進京，設計潛入清宮，刺殺雍正，削下頭顱，提首級而去。民間又盛傳雍正大葬時只得以金鑄頭代之，葬於河北省易州泰陵地宮。

九、秘密建儲與密摺制度

在「呂留良案」中，曾靜曾給雍正總結了十大罪狀：結了十條大罪狀：謀父、逼母、弒兄、貪財、好殺、酗酒、淫色、懷疑誅忠、好諛任佞。前三條罪狀「謀父、逼母、弒兄」，都是子虛烏有的，其來源是對雍正繼位的猜測。

其實，在清朝前期，確定皇位的繼承人，一直是個大問題。皇太極死的時候，多爾袞和豪格相爭，最後被順治皇帝撿了個大便宜；康熙晚年時，皇子們爭奪皇位，勾心鬥角，幾乎打破了頭，而皇太子也是兩立兩廢。最後雍正上臺，還一直被人懷疑其是否正統。

有這些前車之鑒，雍正皇帝登基後不久，便在乾清宮召集各王公大臣，一起商議立儲的新辦法，以免骨肉相殘的悲劇再次發生。雍正對大臣感歎道：想當年父皇在的時候，太子立了又廢，廢了又立，弄得弟兄們心神不寧，人人覬覦大位。朕想立儲乃是關係到朝廷長治久安的大事，終歸要有個解決的辦法，你們且說說，有什麼好的建議？

大臣們當然不敢對如此重大的事情隨意發表意見，最後還是雍正皇帝自己說了：朕以為，皇太子立了之後，問題很多，但不立又不行。朕現在想了一個變通的法子，那就是把繼位的皇太子名字寫入密封，將其藏在匣內，然後將匣子放在乾清宮正中，世祖皇帝御書的「正大光明」匾額下面。這裡是宮中最高之處，以備不虞。這樣的話，大家也就知道建儲已設，人心安定。就算以後情況有變，到時也可以再拿下來重新修改。

聽了雍正的這番話，大臣們紛紛贊同。隨後，雍正便將一份自己親手寫好的繼位書放進匣子中。又命侍衛當眾將錦匣封好，放在匾額後面。另外，還有一份同樣的內容的繼位書，則由雍正自己隨身攜帶，在死後才能打開。這兩份繼位書必須內容相同，方可確定最後的皇位繼承人。

這就是歷史上所稱的「秘密建儲」。從此以後，「正大光明」這塊匾充滿了神秘的色彩，匾下的那個錦匣子更是讓皇子們日思夜想，魂牽夢縈，因為大家雖然知道皇太子已經確定，但彼此之間並不知道誰有這份幸運。更重要的是，立儲之後還是可以更換人選的，這就加劇了彼此間的長期競爭，各皇子必須時刻注意自己的言行，約束自己，才有機會成為皇位最有力的的競爭者。

其實，雍正皇帝創造的「秘密建儲」，也未必是他首創。早在唐朝時期，波斯人就實行過這樣的制度。據《舊唐書・波斯傳》記載：「波斯國王繼位以後，便密選子才堪承統者，書其名字，封而藏之。王死後，大臣與王子之群子共發封而視之，奉所書名者為主焉。」

從實踐上來看，雍正搞的「秘密建儲」，在後面幾代皇帝的繼承問題上，確實發揮了作用，沒有出現皇子間結黨營私，爭奪皇位的現象，選中的繼承人也都表現不錯。至少，從雍正後來挑選乾隆作為繼承人來說，就是非常成功的。

「秘密建儲」最大的進步是，它給皇帝挑選好的皇位繼承人留下了很大的靈活性，如果選定的太子表現異常的話，可以隨時進行更換，而皇子們並不知曉，不會影響到父子兄弟之間的感情，更不會出現骨肉相殘的事情。

不過，到了清朝最後的幾個皇帝，「秘密建儲」卻沒有了意義，因為愛新覺羅皇族的生育能力，到了後期都在走下坡路，最後的幾代皇帝更是麻煩不斷。譬如咸豐只有一個兒子同治，而同治、光緒根本就沒有子嗣，「秘密建儲」也就無從談起了。

除了「秘密建儲」外，雍正王朝時期，還有一項空前絕後的密摺制度。

在清朝，臣對君的報告沿襲了明朝的制度，有題本和奏本兩種形式。題本是一種非常正式的報告，手續繁複，又很容易洩密；奏本手續相對來說簡單很多，但也要做公文旅行，沒有絲毫的機密可言。

而密摺的關鍵所在便是一個「密」字，由皇上親拆親行，任何第三者都沒有權力拆看，保密性相當強。說穿了，密摺制度實際上就是告密制度。本來告密這種事許多人都以之為恥，但在雍正時期互相告密卻是官員本職工作的一部分。

雍正皇帝剛剛即位，便下了一道諭旨，收繳前朝密摺，密摺逐步成為了一種固定的文書制度。在雍正皇帝欽定的規章裡，從繕摺、裝匣、傳遞、批閱、發回本人，再繳進宮中，都有一定的程序，是絕對不能亂來的。按照密摺的內容，規定分別用素紙、黃紙、黃綾面紙、白綾面紙繕寫，並且有統一規格的封套。密摺必須由本人親筆書寫，加以封套、固封，裝入特製的摺匣中，鎖上宮廷鎖匠特製的銅鎖，派專人送達。

給皇帝上密摺不僅僅是一種特權，更是一種榮譽。根據史料記載，康熙年間密奏者只有百餘人，而雍正朝卻擴大到了一千一百多人，逐步擴大到各省督撫、藩、臬、提、鎮等。在密摺的內容上，較之以前更為豐富了，上到軍國重務，下至身邊瑣事無所不包。雍正朝的密摺不但用陳述事情，還用來推薦人，最重要的是皇帝大臣利用它商討政務。臣下可以將拿不準的問題提出來，請皇帝裁奪；對不了解的或不懂的問題，皇帝則詢問臣下。

雍正朝的許多重大政事，如攤丁入畝的政策，就是在雍正皇帝與黃炳、李維鈞等封疆大吏和中央九卿間，通過密摺反覆籌商而最後定下來的。雍正皇帝授權官員越境奏事，可以越級監視、上下牽制。這種方法使雍正皇帝能夠了解更多的情況，也使得為官者人人震懾，不敢輕易觸犯法紀。

密摺制是雍正皇帝推行專制統治的有效手段之一，通過密摺，皇帝可以直接處理政務，強化其權力，也可以有效控制官員。密摺制度牽涉到君臣間的權力分配，是官僚政治的重大改革。

從「秘密建儲」和「密摺制度」可以看出雍正皇帝的精明強幹，而且，雍正皇帝也算得上是清朝歷史上，甚至是中國古代史上最勤勉的一位皇帝，幾乎事無巨細，必躬親過問，甚至包括賭博、亂收費等問題，他都親自傾力整頓。

十、禁賭風雲與高薪養廉

在中國歷史上，清朝是賭博最為盛行的一個朝代。首先，賭博方式種類繁多，有傳統的賭博方式如投壺、葉子戲、象棋、馬吊、紙牌、骨牌、骰子、搖攤、鬥鵪鶉、花會等；也有不少新創的方式，如「叉麻雀」，成形於清中期，至晚清盛極一時，已經具備了今天麻將牌的基本格局。還有清中葉以後從西方傳入的彩票、賽馬、賽狗、撲克和打彈子等賭博方式，在沿海地區和通都大邑流行一時。其次，參賭人員廣泛，遍及社會各個階層。從高官顯貴到社會底層的販夫走卒，從士大夫到村夫婦幼，參與賭博活動的人數眾多。

而清朝也是禁賭法規最為嚴厲的一個朝代。這種矛盾，無疑表明了清朝時期禁賭措施的失敗。事實上，從順治皇帝開始，清政府就開始禁賭，而到了康熙時期，賭風卻愈演愈烈，康熙皇帝加大了禁賭的力度，禁賭的條例也日漸細化；到了雍正王朝時，禁賭已成為定制。然而，即便如此，清朝的賭博之風卻沒有熄滅。其中的原由很多。不妨從雍正頒佈的一則《禁止賭博諭》說起。

在雍正四年（一七二六年）除夕的這一天，雍正皇帝頒佈了《禁止賭博諭》。

這條《禁止賭博諭》的大致內容是：賭博之事壞人品性。如果下等人賭博，一定會聚眾，作奸犯科由此而起。如果讀書當官的人賭博，一定會誤時誤事。讀書當官的人賭博，哪裡會有高尚的品德？朕多次申明禁止賭博，可是，直到現在也不見成效。實在可恨。如果不禁止生產賭具，就不能除賭博之根。現在，朕命令京城及各省地方官，將紙牌骰子全部封存銷毀，不得再賣，違者重治其罪。如果還有賭窩或者引誘入局賭博的，輸家可自首並檢舉同夥。所輸的錢可追回歸還，並免其無罪。這樣，賭博之風可止。

從這些內容，可以看出，對於禁賭，雍正皇帝是置於維護國家根本的高度來認識，儘管他在位只有十三年，但他在清朝前期堅持禁賭一百餘年不動搖的歷史過程中，發揮了承前啟後的作用。雖然這種作用在後來的歷史中並沒有起到多大的效果，但的確是因為雍正皇帝對賭博的狠抓，才讓後來的幾位皇帝下定決心禁賭的。

然而，決心歸決心，雖然清朝幾代帝王嚴厲打擊賭博，賭卻屢禁不止，反而日益猖獗，其中的原因之一，皇帝們將人們的遊樂活動與危害社會的大規模賭博不加區分，從而一概施予嚴刑峻法，導致禁賭法令難以長期堅持執行，最終成為一紙空文。

雍正皇帝自己也認為「賭牌擲骰雖為貪錢，然始初多以消遣而漸成者，原係適趣之戲具。」將此類「遊戲」與開場設賭及「紮局弄賭」的騙錢把戲不加區分，使得禁賭措施難以具體貫徹。另外，以連坐治罪的形式加強對賭具的查禁，實際執行中也有困難，因為大部分官員害怕被牽連。於是，當各地官員查獲賭具時，並不上報。

禁賭法律的制定與社會實際生活的脫節，導致法令難以執行，這正是清朝禁賭失敗的首要原因。清朝的吏治敗壞到了乾隆皇帝時期已成積重難返之勢，這種的背景下的禁賭法令，在執行過程中自然會大打折扣，甚至成為官吏索賄的籌碼。

在雍正時期，巡察史宋筠就遭遇過一件事情——有一次，宋筠來到一個叫盂縣鴿騰崖的地方，在一個以賣燒餅為生的人家中，看到十多個人在聚賭。宋筠便問那些賭徒：新頒佈的賭博新例那麼嚴，你們就不怕被官捉去受罰嗎？

其中一個賭徒答道：那些官員離這兒有數十里，怎麼會知道。

宋筠又問，那麼衙役稽查來了呢？賭徒又答：送他幾百文錢就完事了。

宋筠再問，如果地方鄉約來查，又怎麼辦？賭徒再答：同在一塊地方住，他們怎麼好意思抓我們。

所謂上有政策，下有對策，從宋筠經歷的這個事情，可以看出，禁賭已經成了表面文章。到乾隆時期以後，查禁賭博的官吏，以索賄為目標，致使所謂的禁賭，成為一些官員非正常收入的個管道。

清朝是中國封建社會人口增長最快的一個朝代，而可耕地面積基本沒有增加，這就導致了大量人口從傳統農業中游離出來，在村鎮間或湧向城鎮地區，從事農業以外的手工、商業和服務業等各種行業。雍正皇帝稱這些為「遊惰」之民。閒散的人員增多，便極易滋生賭博。

到了晚清時期，賭博之風氾濫，已成為嚴重的社會問題。張之洞等封疆大吏主張弛賭博之禁，開徵賭捐，這本是為他們的政治經濟活動籌款的權宜之舉，並非近代意義上的由國家或地方政府統籌和控制賭博業，但在法律上，它卻使禁賭法令走到其自身的反面。至此，清初以來的禁賭律例，在實施的層面上表現為禁小賭，不禁大賭，成為官僚吏胥索賄的一個籌碼，在法律意義上，已經成為一紙空文。

除了禁賭，在雍正朝，還有一種特殊的制度，最後也形同虛設。這就是「養廉銀」制度。這個制度，是雍正元年時，山西巡撫諾敏向朝廷提出的。這個制度立即得了雍正皇帝的同意和支持。「養廉銀」就是指在官員的薪俸之外，增發數額較高的生活補貼金。換句話說，就是高薪養廉。雍正皇帝希望，用這個制度減少貪污的現象。

其實，這種「養廉銀」制度就是現今所謂「高薪養廉」，在中國歷史上，與之類似的制度很多。北魏時期有「以酬廉吏」的嘗試，宋代有「給賜過優」的待遇，明朝實行過「量增官俸」的措施，到了清代，又被稱為「養廉銀」。

清朝實施「養廉銀」的出發點是，朝廷認為官員們之所以貪贓枉法，是因為俸祿比較微薄。據《大清會典》卷二一記載的「文職官之俸」條：「一品歲支銀一百八十兩，二品一百五十兩，三品一百三十兩，四品一百五兩，五品八十兩，六品六十兩，七品四十五兩，八品四十兩，正九品三十三兩有奇，從九品、未入流三十一兩有奇」——這是基本工資，稱為「正俸」；而「京員（中央機關和京城地方官員）例支雙俸」，即在基本工資之外加發同樣數目的津貼，稱為「恩俸」；此外，「每正俸銀一兩兼支米一斛，大學士、六部尚書侍郎加倍支給」，稱「俸米」；三者相加，就是清朝官員的官俸了。

由此可知，即使是清朝的封疆大吏、一品總督，年俸也不過一百八十兩銀子，而七品知縣的官俸折合每月只有三兩七錢銀子。這樣微薄的「工資」大約只能養家糊口，但作為一個朝廷官員，如果只是能夠養家糊口，勉強度日，在任何朝代都是說不過去的。

光緒年進士何剛德在其《春明夢錄》說：「一般大臣坐的都是四人抬的轎子，也有大臣是坐車的。但這只以貧富論，不以官職分。如果大臣坐轎，必須要八個人才好，因為可以輪班倒。路途遙遠，還必須在後面跟隨一大板車，倒班的人坐在上面歇息。這樣下來，一年費用，至少非八百金不可。坐車的花費要比這省一倍，許多京官都喜歡坐車，因為省銀子。」

何剛德任京官十九年，最後做到了五品郎中，他後來說，自己剛到京城做官時，都雇車而坐，幾年後才能二十四金買一騾，雇了一個僕人。後來因為公事較忙，又買了一隻騾子，一個月要支出十金，即使是這樣的生活，「在同官漢員中已算特色，蓋當日京官之儉，實由於俸給之薄也。」五品官年俸銀百二十兩、米六十斛，這百二十兩銀子剛好付每月十兩的騾馬費，何剛德一家人的生活，六十斛米又如何能夠維持，勢不能不於官俸之外另行設法。

《春明夢錄》也多少透露了一些這方面的信息，如云：「京官官俸極薄，所賴以挹注者，則以外省所解之照費、飯食銀，堂、司均分，稍資津貼耳。」何剛德講到他自己，則「有印結銀，福建年約二百金左右（他在吏部分管福建）；有查結費，與同部之同鄉輪年得之，約在印結半數；此外即飯食銀也，每季只兩三金耳；得掌印後，則有解部照會，月可數十金，然每司只一人得之，未得掌印，則不名一錢也。」

何剛德之所以「在同官漢員中已算特色」，就是因為他「得掌印」的緣故。那麼，可想而知，那些沒有「特色」的官員是如何度日的。

清朝的各級官俸到底低到什麼程度，可以與各朝的官員俸祿做一個對比。明朝官員的官俸就已經很低，但與清朝比仍是比較高的。拿一品來講，明朝正一品官的俸額為清朝正一品官的二點七倍，明朝最低的正九品官俸也為清朝正九品官俸的一點三倍。若同唐朝的官俸相比，清朝官俸之低難以想像。經推算，唐正一品的俸額為清的五倍，唐最低的正九品官的俸額也是清的將近四倍。

喜好讀史的清朝皇帝們不會不知道自己官員們的薪水之低，也對貪污現象有了「本質」的認識，這種「本質」的認識讓他們做出推行「養廉銀」制度的決定。

那麼，養廉之資從何而來呢？皇帝絕不會自己掏腰包，更不可能取之於民間，增加人民的負擔。倘若取之於民間，正與朝廷推行養廉銀制度本意相悖。

據史料記載，清朝時期的養廉銀資是從「耗羨」中來的。當時，凡是州、縣官，主要靠徵收錢糧時進行盤剝。錢糧就是田賦，最初徵收實物，後來改成「折色」，即徵收銀子。無論徵收實物或銀子，都有一種「耗羨」陋規，所謂「耗羨」即指在徵收銀糧時，以彌補損耗為由在正額之外加徵的部分。倘若是銀子，就是指將碎銀熔成銀錠時所受的損耗。

一般情況下，徵收的銀兩中，每兩加徵四至五錢作為火耗；糧一石加徵二升到一斗幾升，整個州、縣總量是一筆可觀的數字，實際上這筆耗羨並不歸公，完全入了州、縣官的私囊，成為公開的、照例的好處。由此可知，這所謂的「耗羨」實際上是地方官借耗損為名，而徵收的一種在各種雜派中最苛重的一項的附加稅罷了。

推行「養廉銀」的同時，雍正也推行了「耗羨歸公」制度。他諭令各省把原來被大小官員貪污的耗羨銀兩全部提解歸公，上交藩庫，並從中拿出一部分作為養廉之資。

這部分銀子並非是隨意發放的，而是按照官員的官職高低、政務之繁簡、地方之衝僻以及耗羨之多少來決定。這種做法可謂是「厚俸以養廉」，而不是以往的「儉以養廉」了。官員們領取了「養廉銀」，不許再有亂收胡收之舉，否則就要受到嚴懲。

實行「厚俸以養廉」制的結果，化私費為公款，將原來對百姓的侵奪銀兩變成了制度化的合法收入，各種陋規大受壓制，民眾負擔大為減輕。雍正這種做法被史學家們大為讚賞。

清朝推行「耗羨歸公」和「養廉銀」制度，至少對雍乾二朝發生了三方面的積極作用：一是吏治稍得澄清；二是理足國帑；三是百姓減輕了負擔。在那一段時間，社會矛盾比較緩和，局勢也較為安定。但乾隆後期，這種情況便不存在了，官員們愈發「放肆」起來，貪污現象更加嚴重。

實施「養廉銀」制度後，在外官員其數額往往超過正俸幾十倍，而京官是沒有這個「額外」收入的。提出「養廉銀」制度的山西巡撫諾敏的養廉銀一年高達三萬一千七百兩，為原俸的二百零四點五倍。河南巡撫田文鏡亦達二萬八千九百兩，為原俸的一百八十六點五倍。正俸遂微不足道了。

這並不是最主要的，最主要的就是同為總督，有的高者可達二萬二千兩，而有的卻只有一萬三千兩；同為七品知縣，「養廉銀」也有四百兩至二千兩之別。

這種差距讓許多官員心裡覺得不舒服，所以，他們仍舊在錢糧上打主意。他們可以藉口銀子成色不好，也可以藉口糧食品質不好，而任意設施勒索，而且田賦可以用錢交納，經手官員就任意把錢價壓低。

舉一個簡單的例子，市價二千文合一兩銀子，他可以定為二千五百文合一兩；田賦上繳有一定數量，通常繳到八成就算完成了任務，如果有水災、旱災，明明收成是七成，卻以五成來報，農民實際田賦不少繳。多收的銀糧都到州、縣官和他們爪牙的腰包裡了。

由於乾隆本人對「養廉銀」制度推行得不認真，他又是個喜歡鋪張浪費的人，開銷不斷增大，國家財政不敷，只好轉向加攤派、興捐獻上。在攤派、捐獻中，各級官員層層加碼，各有截留，貪污之風又再颳起，腐敗現象再度從上而下遍及各級官員。乾隆雖也多次懲辦貪污，但都是陣發式的措施，過後又起，難以阻止腐敗的燎原之勢。

倘若刻薄一點講，「養廉銀」制度只不過是曇花一現。它只在特定的歷史環境與特定的歷史人物（雍正）那裡起到了一定的作用，過後，它便凋敝了。

為什麼「養廉銀」不能養廉呢？首先，為官者普遍的貪婪，再多的「養廉銀」也不能滿足其無限膨脹的私欲；另外，官員缺乏有效的監督。雖然雍正設了可以隨時告發貪官的「密摺制」，但在皇帝的一人主掌領導之下，監督的作用是極為有限的。

在專制社會中更可怕的是貪污受賄已形成一個食物鏈。在這個食物欲加之罪中，即使一個官員操守再好，也不得不貪污。在這個貪污的食物鏈中，你不按這些潛規則辦，就在官場混不下去，即使要為民做好事，也必須求助於行賄的手段。要官員廉潔，必須讓他們有能過上與身分相稱的生活的高薪。但高薪只是養廉的必要條件之一，並非充分條件。只有高薪而沒有相應的制度，想讓官員廉潔只能是一句空話。

十一、李衛當官真實版

雍正皇帝自始至終最信任的大臣，一共有四個人，分別是張廷玉、鄂爾泰、李衛和田文鏡。提到李衛，人們會想到多年前曾經紅極一時的一部電視連續劇《李衛當官》。劇中的李衛機智幽默，是四爺的家奴，愛騎馬，愛收藏小玩意兒，是個很招人喜愛的角色。而歷史上真實的李衛，卻並非如此。

歷史上真實的李衛，是江蘇徐州人，生於康熙二十六年（一六八七年），卒於乾隆三年（一七三八年）。李衛當官，並非通過科舉的正途，而是家裡花了不少錢，給他買了一個監生的資格。也就是說，是靠捐錢捐來的。

由於小時候沒怎麼讀書，所以即使後來官做得挺大，李衛還是會鬧出些錯別字之類的笑話。但是，李衛雖然沒什麼文化，但人卻非常聰明，他手下的師爺起草完公文奏章，讀給他聽，他聽後，總能一針見血地指出問題的要害，然後通過口述讓師爺們修改，大家對此都十分服氣。李衛升堂審案的時候，更是才思敏捷，判決如流，絲毫沒有文盲的嫌疑。

《小倉山房文集》裡的《李敏達公衛傳》中說，李衛生來身材魁梧，膀大腰圓，臂力過人，貌似武夫，這和電視劇《李衛當官》中李衛的形象完全不同。歷史上真實的李衛，走在街上很容易辨認，因為他臉大如盆，鼻孔中通，不同凡人。不過，李衛雖然一副武夫的身材，皮膚卻很白皙，只是生就一張麻子臉，委實可惜。

因為體魄強健，李衛自幼就喜好習武。他做官後，曾經自組了一個勇建營，在當地募集了一些壯漢，專門練習搏殺之技。李衛每次帶領勇建營外出捕捉盜賊時，自己也身披金甲，執鐵如意，親自指揮，過上一把癮。不過，雍正皇帝對他的武夫形象頗不以為然。有一次，李衛向雍正皇帝請纓，要上西北戰場去拼殺。雍正皇帝不屑地說，我知道你不是這塊料，別多事了。

《清代名人軼事》裡說，雍正皇帝上臺後不久，發現各省錢糧虧欠甚多，便下詔清查，各省官員聞訊十分恐慌。李衛當時任浙江總督，立刻召集幕僚們來商議對策，可手下那些人也想不出什麼好辦法。李衛便說：不請欽差大臣來吧，皇上一定不相信我們；可要是欽差大臣來了，而我們這些做督撫的，又無權干涉清查，恐怕虧欠的事情就要敗露。不如我主動上奏朝廷，說「浙省錢糧廢弛日久，正好趁著欽差大臣清查的機會，好好整治一下。不過，欽差大臣初到地方，一時恐怕不得要領，臣身任地方官，理應協同辦理，請皇上裁處。」

隨後，李衛謊稱自己要過生日，讓浙省七十二州縣的有關官員都速來祝賀。生日筵席吃到一半的時候，李衛把這些人召到密室，說：朝廷負責清查錢糧的欽差大臣，馬上就要來了，你們要是有虧欠的話，千萬別欺瞞我，我能救你們，你們要不聽話，等查出問題被抓被殺的話，到時候可別怪沒給你們機會。

眾官員一聽這話，都害怕，連忙說：願聽大人吩咐。

官員們回去後，不管有無虧欠，都老老實實地造冊登記後交給李衛，讓李衛心裡有數。

再說雍正皇帝接到李衛的奏摺後，同意了他的提議，隨後便派了戶部尚書彭維新前去浙江清查，並批准李衛協助清查工作。彭維新當時已經在江南其他各省清查，彭維新做事認真細緻，加上江南各督撫都不敢干擾他的工作，結果查下來的問題很多。很多官員被他抓住了辮子，彭維新還準備上報朝廷，以流放、斬首、監禁、追究財產等手段懲處這些有問題的官員，一時間弄得江南等地人心惶惶，怨聲載道。

查完其他省後，彭維新又奉命來到浙江。不料，李衛一見面便拿出雍正皇帝的批示，說：朝廷讓我協助清查工作，請大人一起商量怎麼辦好。彭維新見李衛手裡有雍正的批示，氣焰一下就小多了。

隨後，李衛便為彭維新設宴接風，酒過三巡，李衛歎道：凡是共事，從來就沒有不起爭執的。我性子急，喜歡和人爭辯，屢次被皇上批評。這次和大人共事，我倒是希望不要有爭執，但就不知道怎樣才能沒有爭執呢？

彭維新聽後，提出一個建議，說我們分縣清查。李衛非常贊同，立即讓隨從把浙江各州縣的名字寫在紙上，然後把紙捏成團，放在盤子裡，李衛和彭維新各拿一半。彭維新沒有料到的是，這些紙團其實都讓李衛做了手腳，李衛把那些虧欠了錢糧的州縣，大部分都拿到了自己手裡，那些問題不大的，都分給了彭維新。

因此，彭維新雖然極其認真地清查，最後卻一無所獲。李衛在清查的時候，則讓那些虧欠了錢糧的州縣盡快設法彌補，把事情擺平。清查結束後，李衛和彭維新碰頭，問道：怎麼樣，各地可有虧欠的？彭維新說，沒有。李衛裝出一副很意外，但又很開心的樣子說，恭喜恭喜，我這裡也沒有呢。

於是兩人皆大歡喜，一起奏明朝廷說浙江沒有虧欠。雍正皇帝接到奏報後大喜，說：別人都講清查麻煩事多，唯獨李衛那裡什麼事情也沒有，看來這小子的確有一手。隨後，雍正便加封李衛為太子太保，大加賞賜，浙江的其他各級官員也各升一級。

從此，手下的那些官員也對李衛徹底地服服帖帖了。

李衛這個人脾氣倔，但有一次碰到一個比他還倔的手下。這個手下名叫田芳，是李衛的幕僚。有一天，李衛讓田芳給雍正寫奏摺，請求雍正封他五代。田芳不肯寫，說人家請求封典的最多三代，從來就沒聽說過封五代的，這個摺子我不能寫。

李衛說，你別管，照寫就是。

田芳還是不肯寫，惹得李衛大怒，罵道：你這狗娘養的，我要你寫你就寫，沒有先例，我來創造先例，干你何事？

田芳挨了罵，也憤怒，說我看是大人你自己昏了頭，你仗著皇上對你一時的寵愛，把朝廷都不放在眼裡了。我好心好意地勸導你，你不感謝我，居然還辱罵我。大人為人子孫，封三代還嫌不夠，我也為人子孫，一代也未曾封過，你卻罵我狗娘養的，這還有天理嗎？我就是不服！不服！

李衛從來就沒有碰到手下這麼跟他說話的，一時間面子下不來，只好說，就算我錯了，你不服，又能怎麼樣？

田芳說，你是大人，我是小吏，不要大人罵我，就算你把我打死，我也不能怎麼樣！只可惜大人之威，能強加到小人的身上，但小吏之理，還是直於大人！說完，田芳扭頭走了。

李衛站在原地，愣愣地半晌沒出聲。當天晚上，李衛又派人把田芳叫來。田芳下午回去後，想了想，覺得自己當時確實太衝動了，聽到李衛叫他，以為要殺他，進去的時候雙腳發抖，臉色如土，不想李衛走上前握著他的手，笑道：你小子有點膽識，做個小吏實在可惜了，不如我借你一千二百兩銀子，你去買個縣丞當當，以後做了官，也要像今天這樣，正直當官，好好做事。

田芳萬萬沒想到，李衛會如此對待自己，於是千恩萬謝。後來，田芳做了富平縣丞和鳳翔縣令，為官期間名聲非常好。

雍正皇帝曾將自己最寵信的四個大臣——鄂爾泰、李衛、田文鏡、張廷玉，樹立為「模範督撫」。但是，這四個人裡面，田文鏡心眼比較小，他看到李衛受寵，難免有些妒忌，便暗地裡再雍正面前說李衛的壞話。但雍正不為所動。田文鏡一計不成，便轉而去巴結李衛。

這一天，李衛的母親病逝，田文鏡故作高姿態，特意派人前去弔唁，並向李衛贈以厚禮。李衛得知後，大罵道：我老母雖死，但我也不飲小人一勺水也！

隨後，李衛命手下將田文鏡的使者擋於大門之外，並將田文鏡送來的東西丟進了豬圈，以示不齒與田文鏡結交。

李衛就是這樣一個獨特的官員，他最獨特的地方，還不在於他的個性和為官之道，而在於他並非科舉出身。一個非科舉出身的人，能夠得到重用，主要是還是取決於雍正皇帝的遴選人才的標準。康熙皇帝晚年選官，最重視官員的操守，才幹倒是其次，結果弄得各地官員只顧清廉的虛名，以至於「遍地清官」，卻不做實事。殊不知，世上清官貪官本就難以分辨，一味地追求清官，反而弄出很多弊政。

雍正皇帝上臺後，常跟李衛說，這清官如同「木偶」，中看不中用，對社稷民生毫無裨益。因此，雍正皇帝用人，首先在才幹，至於什麼資歷或者科舉出身之類，倒是其次。恰如李衛的謚號「敏達」一樣，既反映了李衛的為官之道，也反映了雍正皇帝的選官標準。正因為如此，李衛才脫穎而出，成為雍正王朝的能臣。

李衛生逢其世，恰逢貴人，真可謂是人生的一大幸運。而在雍正王朝時期，另一位比李衛更有才能的人，卻沒那麼幸運，他的結局，甚至可以用悲慘來形容，他就是下面要說到的年羹堯。

十二、年羹堯的官場沉浮

看過電視連續劇《雍正王朝》的，一定會對年羹堯留下深刻的印象。這位顯赫一時的年大將軍曾經屢立戰功、威鎮西陲，滿朝文武無不服其神勇，同時也得到雍正帝的特殊寵遇，可謂春風得意。然而，過了不久，風雲驟變，彈劾奏章連篇累牘，各種打擊接踵而至，直至被雍正帝削官奪爵，列大罪九十二條，賜自盡。

一個曾經叱吒風雲的大將軍最終落此下場，實在令人扼腕歎息。那麼，歷史上的年大將軍究竟是一個什麼樣的人？又是什麼原因，導致雍正皇帝要下決心除掉這個自己曾經倚為心腹的寵臣？

年羹堯，字亮工，號雙峰，漢軍鑲黃旗人，生年不詳（一說生於康熙十八年，即一六七九年）。其父年遐齡官至工部侍郎、湖北巡撫，其兄年希堯也曾任工部侍郎。他的妹妹是胤禛的側福晉，雍正即位後封為貴妃。年羹堯的妻子是宗室輔國公蘇燕之女。所以，年家可謂是地位顯貴的皇親國戚、官宦之家。

人們都知道年羹堯後來建功沙場，以武功著稱，但很少有人知道他還是自幼讀書，頗有才識。康熙三十九年（一七〇〇年）年羹堯考中進士，不久授職翰林院檢討。翰林院號稱「玉堂清望之地」，庶吉士和院中各官，絕大多數是由漢族士子中的佼佼者充任，年羹堯能夠躋身其中，已經是非同凡響了。

康熙四十八年（一七〇九年），年羹堯遷內閣學士，不久升任四川巡撫，成為封疆大吏。這時的年羹堯還不到三十歲。

對於康熙的格外賞識和破格提拔，年羹堯感激涕零，在奏摺中表示自己「以一介庸愚，三世受恩」，一定要「竭力圖報」。

到四川上任以後，年羹堯很快就熟悉了四川通省的大概情形，提出了很多興利除弊的措施。而他自己也帶頭做出表率，拒收節禮。康熙對他在四川的作為非常讚賞，並寄以厚望，希望他「始終固守，做一好官」。

年羹堯也沒有辜負康熙帝的厚望，在擊敗準噶爾部首領策妄阿拉布坦入侵西藏的戰爭中，為保障清軍的後勤供給，再次顯示出卓越才幹。康熙五十七年（一七一八年），授年羹堯為四川總督，兼巡撫事，統領軍政和民事。

康熙六十年（一七二一年），年羹堯進京入覲，康熙御賜弓矢，並升為川陝總督，成為西陲的重臣要員。

同年九月，青海郭羅克地方叛亂，在全面進攻的同時，年羹堯又利用當地部落土司之間的矛盾，輔之以「以番攻番」之策，迅速平定了這場叛亂。

康熙六十一年十一月，撫遠大將軍、貝子允禵被召回京，年羹堯受命與代管理撫遠大將軍職務的延信共同執掌軍務。

雍正即位之後，年羹堯更是倍受倚重，和隆科多並稱雍正的左膀右臂。年羹堯是雍正皇帝的親郎舅，在雍正繼位前已為他效力多年，二人的親密程度非同一般。

雍正元年（一七二三年）五月，雍正發出上諭：「若有調遣軍兵、動用糧餉之處，著邊防辦餉大臣及川陝、雲南督撫提鎮等，俱照年羹堯辦理。」

這樣，年羹堯遂總攬西部一切事務，實際上成為雍正在西陲前線的親信代理人，權勢地位實際上在撫遠大將軍延信和其他總督之上。雍正還告誡雲、貴、川的地方官員要秉命於年羹堯。同年十月，青海發生羅卜藏丹津叛亂。青海局勢頓時大亂，西陲再起戰火。雍正命年羹堯接任撫遠大將軍，駐西寧坐鎮指揮平叛。

到了雍正二年初，戰爭的最後階段到來，年羹堯下令諸將「分道深入，搗其巢穴」。各路兵馬遂頂風冒雪、晝夜兼進，迅猛地橫掃敵軍殘部。在這突如其來的猛攻面前，叛軍魂飛膽喪，毫無抵抗之力，立時土崩瓦解。

羅卜藏丹津僅率兩百餘人倉皇出逃，清軍追擊至烏蘭伯克地方，擒獲羅卜藏丹津之母和另一叛軍頭目吹拉克諾木齊，盡獲其人畜部眾。羅卜藏丹津本人因為化裝成婦人而得逃脫，投奔策妄阿拉布坦。這次戰役歷時短短十五天（從二月八日至二十二日），大軍縱橫千里，以迅雷不及掩耳之勢橫掃敵營，犁庭掃穴，大獲全勝。「年大將軍」的威名也從此震懾西陲，朝野聞名。

平定青海戰事的成功，令雍正喜出望外。在此之前，年羹堯因為平定西藏和平定郭羅克之亂的軍功，已經先後受封三等公和二等公。此次又以籌畫周詳、出奇制勝。雍正晉升年羹堯為一等公。此外，再賞給一個子爵，由其子年斌承襲；其父年遐齡則被封為一等公，外加太傅銜。此時的年羹堯威鎮西北，又可參與雲南政務，成為雍正在外省的主要心腹大臣。

年羹堯的權力越來越大，不僅在涉及西部的一切問題上大權獨攬，而且還一直奉命直接參與朝政。他有權向雍正打小報告，把諸如內外官員的優劣、有關國家吏治民生的利弊興革等事，隨時上奏。他還經常參與朝中大事的磋商定奪。

雍正皇帝也對年羹堯寵信到無以復加的地步，年羹堯所受的恩遇之隆，也是古來人臣極少有能相匹敵的。對於政務方面的事情，雍正皇帝常常徵求年羹堯的意見，在用人和吏治方面，也給了年羹堯極大的權力。在生活上，年羹堯的手腕、臂膀有疾，以及妻子生病，雍正都再三垂詢，賜送藥品。雍正也時常以手諭告知年羹堯，其父親在京的情況。賞賜美食珍寶更是常事。有一次，雍正皇帝賜給年羹堯荔枝，為保存鮮美，雍正皇帝令驛站六天內從京師送到西安，這種待遇堪與唐代的楊貴妃相比。

年羹堯的失寵和被整肅是在雍正二年（一七二四年）十月，這是年羹堯第二次進京覲見，在赴京途中，他令總督李維均、巡撫范時捷等跪道迎送。到京時，黃韁紫騮，郊迎的王公以下官員跪接，年羹堯安然坐在馬上行過，看都不看一眼。王公大臣下馬向他問候，他也只是點點頭而已。

在封建時代最注重名分，君臣大義是不可違背的，做臣子的就要恪守為臣之道，不要做超越本分的。事實上正是由於雍正帝寵信過度，讚譽過高，徵詢過多，致使年羹堯權力膨脹。而年羹堯驕橫傲慢，忘乎所以，不守臣節，則漸漸引起了群臣的側目和雍正的警覺不滿，終於下決心懲治年羹堯。

分析年羹堯失寵獲罪的原因，大致有以幾點：

第一，擅作威福。年羹堯自恃功高蓋世，驕橫跋扈之風日甚一日。他在官場往來中趾高氣揚、氣勢凌人；贈送給屬下官員物件，「令北向叩頭謝恩」；發給總督、將軍的文書，本屬平行公文，卻擅稱「令諭」，把同官視為下屬；甚至蒙古札薩克郡王額附阿寶見他，也要行跪拜禮，這簡直是凌辱皇親。

對於朝廷派來的御前侍衛，理應接待，但年羹堯把他們留在身邊當作「前後導引，執鞭墜鐙」的奴僕使用。按照清代的制度，凡上諭到達地方，地方大員必須迎詔，行三跪九叩大禮，跪請聖安，但雍正的恩詔兩次到西寧，年羹堯竟「不行宣讀曉諭」，這是對雍正皇帝權威的蔑視。更有甚者，他曾向雍正進呈其出資刻印的《陸宣公奏議》，雍正打算親自撰寫序言，尚未寫出，年羹堯自己竟擬出一篇，並要雍正帝認可。年羹堯在雍正面前也行止失儀，「御前箕坐，無人臣禮」，雍正心中頗為不快。

第二，結黨營私。當時在文武官員的選任上，凡是年羹堯所保舉之人，吏、兵二部一律優先錄用，號稱「年選」。這與康熙初年吳三桂的「西選」似有相似之處。他還排斥異己，任用私人，形成了一個以他為首，以陝甘四川官員為骨幹，包括其他地區官員在內的小集團。許多混跡官場的拍馬鑽營之輩眼見年羹堯勢頭正勁、權力日益膨脹，遂競相奔走其門。而年羹堯也是個注重培植私人勢力的人，每有肥缺美差必定安插其私人親信，「異己者屏斥，趨赴著薦拔」。比如他彈劾直隸巡撫趙之垣「庸劣紈絝」、「斷不可令為巡撫」，而舉薦其私人李維鈞。趙之垣因此而丟官，於是轉而投靠年羹堯門下，先後送給他價值達二十萬兩之巨的珠寶。年羹堯就藉雍正二年進京之機，特地將趙帶到北京，「再四懇求引見」，力保其人可用。

被年羹堯參劾降職的江蘇按察使葛繼孔，也兩次送上各種珍貴古玩，年羹堯於是答應日後對他「留心照看。」此外，年羹堯還藉用兵之機，虛冒軍功，使其未出籍的家奴桑成鼎、魏之耀分別當上了直隸道員和署理副將的官職。

第三，貪斂財富。年羹堯貪贓受賄、侵蝕錢糧，累計達數百萬兩之多。雍正朝初年，整頓吏治、懲治貪贓枉法是一項重要改革措施。在這種節骨眼上，一貫標榜廉政的雍正是不會輕易放過的。

而雍正皇帝對年羹堯的懲處是有計劃，有步驟逐漸進行的。

第一步是在雍正二年十一月年羹堯覲見離京前後，此時雍正已做出決定，要打擊年羹堯。年羹堯離京後接到的那份朱諭就是對他的暗示。

第二步是給有關官員打招呼。一是雍正的親信，要求他們要與年羹堯劃清界限，揭發年的劣跡，以爭取保全自身；一是年羹堯不喜歡的人，使他們知道皇帝要整治年了，讓他們站穩立場；一是與年關係一般的人，讓他們提高警惕，疏遠和擺脫年羹堯，不要投錯了陣營。這就是為了公開處治年羹堯做好了準備。

第三步把矛頭直指向年羹堯，將其調離西安老巢。到了雍正三年正月，雍正對年羹堯的不滿開始公開化。年指使陝西巡撫胡期恆參奏陝西驛道金南瑛一事，雍正說這是年任用私人、亂結朋黨的做法，不予准奏。

年羹堯曾經參劾四川巡撫蔡珽，以使其私人王景灝得以出任四川巡撫。這時雍正已經暗下決心要打擊年羹堯，蔡珽被押到北京後，雍正不同意刑部把他監禁起來，反而特地召見他。蔡珽陳述了自己在任時因對抗年羹堯而遭誣陷的情況，又上奏了年羹堯「貪暴」的種種情形。雍正於是傳諭說：「蔡珽是年羹堯參奏的，若把他繩之以法，人們一定會認為是朕聽了年羹堯的話才殺他的。

這樣就讓年羹堯操持了朝廷威福之柄」。因此，雍正不僅沒有給蔡珽治罪，而且升任他做了左都御史，成為對付年羹堯的得力工具。

雍正三年三月，出現了「日月合璧，五星聯珠」的所謂「祥瑞」，群臣稱賀，年羹堯也上賀表稱頌雍正夙興夜寐，勵精圖治。

但是，表中字跡潦草，又一時疏忽把「朝乾夕惕」誤寫為「夕惕朝乾」。雍正抓住這個把柄借題發揮，說年羹堯本來不是一個辦事精心的人，這次是故意不把「朝乾夕惕」四個字「歸之於朕耳」。並認為這是他「自恃己功，顯露不敬之意」，所以對他在青海立的戰功，「亦在朕許與不許之間」。接著雍正更換了四川和陝西的官員，先將年羹堯的親信甘肅巡撫胡期恆革職，署理四川提督納泰調回京，使其不能在任所作亂。四月，解除年羹堯川陝總督職，命他交出撫遠大將軍印，調任杭州將軍。

最後一步是勒令年羹堯自裁。年羹堯調職後，內外官員更加看清形勢，紛紛揭發其罪狀。雍正以俯從群臣所請為名，盡削年羹堯官職，並於當年九月下令捕拿年羹堯押送北京會審。十二月，朝廷議政大臣向雍正提交審判結果，給年羹堯開列九十二款大罪，請求立正典刑。其罪狀分別是：大逆罪五條，欺罔罪九條，僭越罪十六條，狂悖罪十三條，專擅罪六條，忌刻罪六條，殘忍罪四條，貪婪罪十八條，侵蝕罪十五條。

雍正皇帝說，這九十二款中應服極刑及立斬的就有三十多條，但念及年羹堯功勳卓著、名噪一時，「年大將軍」的威名舉國皆知，如果對其加以刑誅，恐怕天下人心不服，自己也難免要背上心狠手辣、殺戮功臣的罪名，於是表示開恩，賜其獄中自裁。年羹堯父兄族中任官者俱革職，嫡親子孫發遣邊地充軍，家產抄沒入官。叱吒一時的撫遠大將軍以身敗名裂、家破人亡告終。

雍正皇帝僅僅用了十四個月的時間，就讓年羹堯就從權力的顛峰跌入死囚牢中，不僅他本人做夢也想不到，就是許多王公大臣也覺得奇怪：年羹堯的九十二大罪狀可謂件件有據可查，難道這是新發現的嗎？顯然這是秋後算帳的結果。那麼，他獲罪失寵的真正原因是什麼？他送命的癥結又在哪裡？

雍正公佈的這些罪狀，任選一條就可以把年羹堯扳倒，何況他有九十二條大罪狀？然而，也有人不同意這種說法。認為即使這些罪名全部成立，以年羹堯對皇帝的忠誠，特別是他曾立下撫平西北的不世之功，雍正也不至於這麼快就把他罷黜，更不會下狠心將其處死。因此，年羹堯落到這個下場，完全在於另外的原因。

一是欲擒故縱的傳說。康熙本想立十四子胤禎（和胤禛的名字相似，改名為胤禵）為帝，四子胤禛夥同年羹堯、鄂爾泰、隆科多等人，趁康熙臨終之時矯詔篡立，年羹堯以手中重兵箝制了胤禎，熟知宮變內幕。因此，雍正剛登帝位，對年羹堯大加恩賞，使其穩定陣腳，繼而西北動亂，又需年大將軍帶兵抵抗。待他平定了叛亂，雍正也坐穩了江山，便騰出手來卸磨殺驢，網羅罪名除掉這個重要知情人。

但是，當時胤禎並未受到年羹堯的箝制。因為胤禎繼位這一高度機密，隆科多手握京師兵權，康熙駕崩之後連續六天封鎖京城九門，消息無法外洩；而雍正繼位的時候，年羹堯尚在四川平亂，並未參加篡立之事，不可能知曉內情，故欲擒故縱，殺人滅口之說難以成立。

二是情報失靈說。雍正登基以後，為了加強中央集權，粉碎結黨行為，曾派侍衛細心搜訪顯要大員的情況。據說，雍正的手段非常厲害。但是令雍正感到特別是，他派去監視年羹堯的特務，竟然給年羹堯牽馬，充作下人。雍正感到特別痛心，想不到自己最信任、最重用的人，竟然是最有負於他的人。此說雖有一定的道理，但只能算年羹堯倒臺的原因之一。而且較之以上列舉的其他罪行，這也不是主要原因。

三是說年羹堯的殺身之禍是因為他有做皇帝的念頭，可是觀天相說不可，雍正知道了當然不能讓他活命。乾隆時期的一名學者在《永憲錄》中提到：年羹堯與靜一道人、占象人鄒魯都曾商談過圖謀不軌的事。有的學者也持此說，認為「羹堯妄想做皇帝，最難令人君忍受，所以難逃一死」。而《清代軼聞》一書則記載了年羹堯失寵被奪兵權後，「當時其幕客有勸其叛者，年黯然久之，夜觀天象，浩然長歎曰：不諧矣。始改就臣節」。說明年確有稱帝之心，只因「事不諧」，方作罷「就臣節」。其實這種說法是沒有充分依據的。

四是兔死狗烹說。有一種觀點認為，年羹堯參與了雍正奪位的活動，雍正帝即位後反遭猜忌以至被殺。不只是稗官野史，一些學者也持這種看法。據說，康熙帝原已指定皇十四子胤禎繼位，雍正帝矯詔奪位，年羹堯也曾參與其中。他受雍正帝指使，擁兵威懾在四川的皇十四子，使其無法興兵爭位。雍正帝登基之初，對年羹堯大加恩賞，實際上是欲擒故縱，待時機成熟，即羅織罪名，卸磨殺驢，處死年羹堯這個知情之人。有人不同意此說，主要理由是雍正帝繼位時，年羹堯遠在西北，並未參與矯詔奪位，亦未必知曉其中內情。但客觀上講，當時年羹堯在其任內確有阻斷胤禎起兵東進的作用。

關於雍正篡改遺詔奪取皇位的情況，許多著述都進行了闡釋，各家說法，見仁見智，莫衷一是。雍正即位一事，確實疑點很多。而他即位後，又先後處置了原來最為得力的助手隆科多和年羹堯，讓人更不禁要懷疑這是作賊心虛、殺人滅口。當然，這只能算是合理推定，尚無鐵的資料作為支撐。所以，這種懷疑套句俗語說就是：「事出有因，查無實據。」

綜觀年羹堯的人生經歷，尤其雍正對他的恩寵怨恨，真像演戲一般。像他這樣大起大落的例子，在歷史上並不多見，作為功臣，不管建有多大的功勳，一旦作威作福，恣意妄為，就會晚節不保。如果再遇上猜忌心重，難以容忍的帝王，則必然導致身敗名裂的悲慘下場。年羹堯的所作所為，的確引起了雍正的極度不滿和某種猜疑。年羹堯本來就職高權重，又妄自尊大、違法亂紀、不守臣道，招來群臣的側目和皇帝的不滿與猜疑也是不可避免的。雍正是個自尊心很強的人，又喜歡表現自己，年羹堯的居功擅權將使皇帝落個受人支配的惡名，這是雍正所不能容忍的，也是雍正最痛恨的。

雍正並沒有懼怕年羹堯之意，他一步一步地整治年羹堯，而年也只能俯首就範，一點也沒有反抗甚至防衛的能力，只有幻想雍正能看著往日的情分而法外施恩。所以，他是反叛不了的。雍正曾說：「朕之不防年羹堯，非不為也，實有所不必也。」至於年羹堯圖謀不軌之事，明顯是給年羅織的罪名，既不能表示年要造反，也不能說明雍正真相信年要謀反。年羹堯的敗亡，就是在種種複雜矛盾交織下的犧牲品。

十三、雍正猝死之謎

雍正十三年（一七三五年）八月二十三日，雍正皇帝在圓明園去世。雍正皇帝死得很突然，不管是皇后皇子，還是身邊的寵臣，都毫無心理準備。

清宮檔案中雍正的《起居注》記載：雍正十三年八月十八，雍正住在圓明園，與大臣們商量處理少數民族事務；八月二十一日，雍正感覺身體有些不適，但仍召見百官。八月二十二日，雍正沒有再召見百官，皇子和親王終日守在身旁，以防有什麼不測。到了戌時（午後七時至九時），雍正皇帝病情突然加重，宮中傳出急詔，召諸王、內大臣及大學士覲見。八月二十三日子時（夜十一時至翌日一時），雍正皇帝駕崩。

清朝的官方正史的記錄很簡單，並未言明雍正皇帝到底是患了什麼疾病。而且，雍正皇帝的靈柩在清宮停放了十九天，然後移到雍和宮永佑殿。雍正的靈柩為何如此匆忙地從皇宮移到寺廟裡，難道雍正皇帝的死真有不正常的地方？

因為這些緣故，關於雍正死因的種種說法便隨之產生了。

第一種說法，也是民間流傳最為廣泛的說法——雍正皇帝是被呂四娘砍了頭死的。傳說呂四娘是呂留良的女兒，有的說是呂留良的孫女。因為文字獄，呂氏一門或被處死或被流放，呂四娘逃跑，沒有被殺掉。後來，呂四娘拜師學藝，學藝有成後，喬裝改扮，混入深宮，乘機砍掉了雍正的腦袋。雍正沒有頭，無法發喪，傳說做了一個金頭，埋在了泰陵。這個傳說很生動，但畢竟只是傳說。歷史學者認為，呂留良之案，呂氏一門，男女老幼，全部被監禁，不可能逃逸。就連呂留良父子的墳墓，都嚴加監視了起來，呂女怎麼可能逃脫。因此，呂四娘行刺雍正皇帝一說，純屬子虛烏有，絕不可信。

第二種說法，更為荒誕，說是《紅樓夢》作者曹雪芹有個戀人叫竺香玉，是林黛玉的化身。竺香玉後被雍正霸佔，成為皇后。曹雪芹想念戀人，就混入宮中，與竺香玉合謀，用丹藥將雍正毒死。還有的野史傳聞，說宮女與太監串通一氣，用繩子把雍正勒死了。這些傳說表明，雍正生前因治國嚴厲招致許多人的怨恨。但是民間傳說不是歷史事實，這些說法並不可信。

此外，還有第三種說法，說雍正皇帝是死於丹藥中毒。

雍正皇帝崇尚方術，為求長生，經常服用道士們進獻的丹藥。史料記載，在雍正沒當皇帝的時候，就對丹藥產生了興趣。他曾寫過一首《燒丹》詩：「鉛砂和藥物，松柏繞雲壇。爐運陰陽火，功兼內外丹。」從中可以看出，雍正早年就對煉丹有了相當的研究和興趣。

在朝鮮的史籍中，也有關於雍正皇帝沉迷於方術，以至病入膏肓，自腰以下不能動的記載。

從雍正四年（一七二六年）開始，雍正皇帝就經常吃道士煉製的一種叫「既濟丹」的丹藥。從他對田文鏡奏摺的批語中，可以知道他感覺服後有效，還把丹藥作為禮品賞賜給鄂爾泰、田文鏡等大臣。

雍正八年（一七三〇年）春，雍正生了一場大病。為治病，他命令百官大規模訪求名醫和術士。這份諭旨沒有讓負責抄錄的大臣代筆，而是皇帝一份份親自書寫，足見他對這件事的高度重視。

很快，四川巡撫憲德寫摺子說，當地有個人叫龔倫，有長生之術，八十六歲時還得了個兒子。雍正立即諭令此人進宮，但此時龔倫卻死去了。為此，雍正十分惋惜。

浙江總督李衛秘奏說，民間傳聞河南道士賈士芳有神仙之稱，特推薦此人進京為皇上治病。賈士芳原是北京白雲觀道士，後來浪跡河南。賈士芳進宮初期，雍正還覺得治療挺見效，可後來他漸漸發現，賈士芳用按摩、咒語等方術控制了自己的健康。天子豈能容他人擺佈，雍正於是下令將賈道士斬首。

雍正雖然殺了賈士芳，但他並沒有因此失去對道士的信任。據清宮檔案記載，雍正從鬧病到死去的大約五年時間裡，他一直頻繁地參加道教活動。此外，他還在主要宮殿安放道神符板，甚至在御花園建了幾間房子讓道士婁近垣等人居住。雍正在蘇州給道士還訂做了法衣，一次就是六十件。北京故宮博物院還收藏有雍正當年穿道教服裝的畫像。所有這些都說明雍正確實信奉道教。

雍正如此尊崇道教，用他自己的話說，就是要「治病驅邪」。

清宮《活計檔》是專門記載皇宮日用物品的內務府帳本，裡面披露了雍正煉丹的一些情況。最早的記載是在雍正八年（一七三〇年），其主要內容是：十一月十七，內務府總管海望和太醫院使劉勝芳一同傳令：往圓明園秀清村送去桑柴七百五十公斤，白炭兩百公斤。十二月初七，海望、劉勝芳傳令：往圓明園秀清村送去口徑一尺八寸、高一尺五寸的鐵火盆罩一件，紅爐炭一百公斤。十二月十五，海望、劉勝芳和四執事侍李進忠一同傳令：往圓明園秀清村送去礦銀十兩、黑炭五十公斤、好煤一百公斤。十二月二十二，海望和李進忠又一同傳令：圓明園秀清村正在煉銀，要用白炭五百公斤、渣煤五百公斤。

檔案中提到的秀清村位於圓明園東南角，依山傍水，是一個進行秘事活動的好地方。根據檔案記載，在一個多月的時間裡，往秀清村送的木柴、煤炭就有兩千多公斤。清代皇家宮苑取暖做飯所用燃料都是定量供應，並有專門帳本，從不記入《活計檔》。同時，操辦這件事情的海望是雍正心腹，劉勝芳則是雍正醫療保健的總管太醫院院使。而檔案中的「礦銀」、「化銀」等，是煉丹所用必需品。由此可以得出結論，從雍正八年末，雍正就在圓明園秀清村開始煉丹了。

專家從《活計檔》中發現，從雍正八年到十三年這五年間，雍正先後一百五十七次下旨向圓明園運送煉丹所需物品，其中光為煉丹用的煤炭就有兩百三十四噸，此外還有大量礦銀、紅銅、黑鉛、硫磺等礦產品，由此可以想見幾年間秀清村煉丹的情景。

當時在圓明園內為雍正煉丹的道士有好幾個，其中最主要的是張太虛和王定乾。他們沒有辜負雍正的期望，真的煉出一爐又一爐所謂的金丹大藥。

雍正吃了道士煉製的丹藥，自我感覺良好，所以他不但自己吃丹藥，還拿出一部分賞賜給親信官員。

在雍正十二年三四月間，雍正曾經兩次賞發丹藥，對此《活計檔》裡是這樣記錄的：

第一次三月二十一，內大臣海望交丹藥四匣，按雍正旨意，分別賞給署理大將軍查郎阿、副將張廣泗、參贊穆登、提督樊廷等四位大臣。

第二次是四月初一，內大臣海望交丹藥一盒，按雍正的旨意，用盒裝好賞賜給散秩大臣達奈。

這兩次賞賜旨意都是從圓明園來的帖子傳發，又是內務府總管海望親手交出。由此可知，這些御賜「丹藥」，就是在圓明園的御用煉丹爐裡煉製的。

事實上，煉丹所用的鉛、汞、硫、砷等礦物質都具有毒性，對大腦和五臟侵害相當大。

雍正死前的十二天，《活計檔》中曾記錄：「總管太監陳久卿、首領太監王守貴一同傳話：圓明園要用牛舌頭黑鉛二百斤。」

黑鉛是有毒金屬，過量服食可使人致死。一百公斤黑鉛運入圓明園，之後不久雍正在這個園子內突然死去，史學家認為這不是偶然巧合，而是直接證明了雍正之死，完全有可能是丹藥中毒造成的。

隨著雍正檔案發掘和研究，雍正服丹致死說法越來越引起一些史學家的關注和認同。因為從清宮檔案看，雍正確實長期服食丹藥。那麼，丹藥的有毒成分在他體內長期積累，最終發作，導致了他的暴亡，這是極有可能的，不少專家都通過著作對此進行了詳細的推斷。

學者們還普遍注意到，雍正的兒子乾隆對煉丹道士的處理露出了許多破綻。就在雍正死後的第二天，剛剛即位的乾隆便下令驅逐煉丹道士張太虛、王定乾。如果不是他們惹下彌天大禍，在這種非常時刻乾隆哪至於大發肝火，還專門為兩個小小的道士發一道上諭呢？

乾隆在諭旨中還特別強調，雍正喜好「爐火修煉」是有的，但只是作為遊戲，並沒有吃用丹藥。如果真的沒有吃丹藥又何必辯解呢？

就在驅逐道士的同一天，乾隆還告誡宮內太監、宮女不許亂傳「閒話」，免得讓皇太后「心煩」。雍正剛死，究竟能有什麼「閒話」？皇太后為什麼聽了「心煩」？所有這些，不能不讓人推測雍正就是死於服用有毒的丹藥，死於煉丹道士之手。

人們或許會問，雍正既然是因吃丹藥喪命，那麼煉丹道士是應該殺頭的，可是乾隆為什麼僅僅把他們趕走就算完了？對此研究者以往大多解釋說，乾隆這樣做主要是因為大喪期間不宜殺人。

有意思的是，歷史上的唐高宗與乾隆皇帝處理道士的方法十分相類，給了我們一些啟示。據《舊唐書》記載，唐太宗李世民就是吃了古印度國方士的丹藥突然死去的，當時朝中大臣們都堅決要求把這個胡人殺掉，但是剛剛登基的唐高宗卻擔心，大唐天子吃丹藥死去，這不是一件好事，傳出去會讓天下人笑話，真的殺了那位胡人，肯定會鬧得風風雨雨，所以最後還是將那個印度方士趕回去了事。

乾隆「驅逐」煉丹道士與唐高宗的做法竟然如出一轍，難道是一種偶然巧合？所謂人同此心，心同此理，在為父皇遮醜這一點上，乾隆與唐高宗使用的方法是一模一樣的。

雍正皇帝在執掌朝政方面，以求真務實治天下，這是值得肯定的。然而，他的悲劇是不懂生與死的自然規律，迷戀於煉仙丹、吃仙藥，一心想長生不老，最後僅以五十八歲享年，就突然拋棄了金鑾殿，永遠躺在了泰陵的地宮裡。

十四、乾隆的身世與文治武功

乾隆皇帝名愛新覺羅・弘曆，在位六十年，自稱十全武功，十全老人，是中國歷史上最長壽的皇帝。細看清代歷代皇帝的畫像，乾隆的相貌酷似漢人，因而民間一直有傳聞說，乾隆是漢人之子。而乾隆的生母，正史記載為「原任四品典儀官、加封一等承恩公淩柱女」；野史傳說則有多種說法，如熱河宮女李金桂、內務府包衣女子、傻大姐、「村姑」、海寧陳夫人等。

乾隆的生母到底是誰，這成了一樁歷史疑案，這在清朝十二帝中是僅有的，在中國歷史上也是罕見的。

據《清代外史》記載，康熙年間，當時的雍親王胤禛（即後來的雍正皇帝）和一位陳姓官員關係特別好。湊巧的是，兩家在同年同月同日生小孩，胤禛聽後大喜，便命人把陳姓嬰兒抱來看看，同喜同賀。

等到陳家人把嬰兒接回去的時候，一看傻了眼，這個抱回來的嬰兒被掉了包，由男孩變成女孩。陳家心中憤懣，卻又敢怒不敢言，根本不敢得罪胤禛。只是自己嚴守這個秘密，絕不對外聲張。

後來，雍正皇帝胤禛即位後，對陳家也還不錯，陳家的幾個家人都得到了升遷。到了乾隆朝時候，朝廷對陳家更是優禮有加，這裡面的緣故，恐怕只有當事人才清楚。

陳氏的老家是浙江海寧，乾隆遊江南的時候，便住到了陳家，並對陳家的家世非常感興趣，問得非常詳細。臨走前，乾隆還指著中門對陳家人說，今後把這個門封了，除非天子臨幸，此門一般不要開。陳家人聽後，便將此門封閉了。

關於這件事，有人提出了辯駁。光緒三十二年時，曾出版了一本書，叫做《皇室見聞錄》，該書的作者叫富察敦崇，生於咸豐五年，曾任東三省道員。他在自己的著作《皇室見聞錄・辯誣》裡說：「民間所謂雍正在藩邸時，王妃誕生一女，恐失王眷，適有鄰居海寧陳氏恰生一男，命太監取而觀之，既送出則易女矣，男即乾隆也。夫以雍正之英明，豈能任後宮以女易男？且皇孫誕生，應由本邸差派太監面見內奏事先行口奏，再由宗人府專摺奏聞，以備命名，豈能遲至數月數日方始聲報耶？其誣可知。」

這段的意思很明確，以雍正皇帝的英明，怎麼可能任憑後宮將王妃之女，與鄰家陳氏生的男孩調換呢？而且，皇孫誕生了，應該派太監口頭奏報，再由宗人府向當時的康熙皇帝上奏摺，以準備為皇孫取名，怎麼可能延遲了幾個月才奏報呢？可見，關於「雍正王妃易子」一事，完全是謠言和誣陷。

但是，也有人認為，「雍正王妃易子」之事，連雍正本人也不知道，其實那是一筆糊塗帳。倒是乾隆皇帝自己覺得像漢人，在宮中屢屢試穿漢服，還問身邊的親隨：朕像漢人嗎？旁邊的一個老臣則跪在地上回答：皇上只是像漢人，但對滿人來說，就不僅僅是像了。

那麼，這個老家在海寧的陳家人，到底是何許人也呢？

海寧在清朝有「陳氏三宰相」——順治朝大學士陳之遴、康熙朝大學士陳元龍、雍正朝大學士陳世倌，他們都不是靠裙帶關係，而是靠自身能力當上大學士的。按照「雍正王妃易子」的說法，乾隆生母是浙江海寧大學士陳世倌的夫人。

陳世倌，俗稱陳閣老，在康熙年間入朝為官。傳說陳世倌與雍親王一家常有來往，今天陳閣老的舊宅，還保存有一塊九龍匾，據說是雍正親筆書寫的。那一年恰好雍親王的福晉和陳閣老的夫人，同月同日分別生了孩子。雍親王就讓陳家把孩子抱入王府看看。可是，等孩子再送出來時，陳家的男孩竟變成了個女孩。陳閣老意識到此事性命攸關，不敢作聲。那換入宮中的男孩，就是後來的乾隆皇帝。

當代香港小說家金庸也是浙江海寧人，他的武俠小說《書劍恩仇錄》便是圍繞乾隆身世之謎展開的。

金庸在小說中有聲有色地寫道：陳世倌的小孩抱進雍親王府，哪知抱進去的是兒子，抱出來的卻是女兒。陳世倌知是皇四子掉的包，大駭之下，一句都不敢洩露出去。

這個故事一出籠，乾隆是陳閣老的兒子的傳說，便越傳越廣，越講越真。實際上，關於「調包」的故事，清朝中期就有傳說。先說康熙出自陳家，後來這個傳說不攻自破，就又移花接木，安在乾隆皇帝的頭上。

其實，乾隆出生時，雍正的長子、次子雖已幼年早死，但第三子已經八歲，另一個妃子又即將臨產。且這時雍正才三十四歲，正當壯年，他怎麼會在已經有一個八歲兒子的情況下，急急忙忙、偷偷摸摸地用自己的女兒去換陳家的兒子？這從情理上也是說不通的。退一步說，其時雍正並不知道自己將來能否登上皇位，又怎麼會知道陳家兒子是有大福之人呢？

然而，「雍正王妃易子」一事，僅僅是關於乾隆身世的傳聞之一。

還有一種傳聞，是晚清長沙湘潭的一位著名詩人、學者王闓運提出的。王闓運是曾國藩的幕友，做過大學士肅順的西席（家庭教師），也是晚清著名的詩人。他在《湘綺樓文集》裡提到了乾隆的母親：「始在母家，居承德城中，家貧無奴婢，六七歲時父母遣詣市買漿酒粟麵，所至店肆大售，市人敬異焉。十三歲時入京師，值中外姐妹當選入宮。孝聖容體端頎中選，分皇子邸，得在雍府。」

後來雍親王生病，此女日夜服侍。數月雍親王病癒，她懷孕生下了乾隆。這一說法富於傳奇色彩。清朝的遺老金梁認為：清朝選秀女制度是非常嚴格的，從清宮《欽定宮中現行則例》中，可以看到當時清宮的一些有關規定。清宮的門衛制度更是森嚴，怎麼可能讓承德地方一個女子混進皇宮並入選秀女呢？所以這種傳聞是靠不住的。

而比這個傳聞還離譜的，是另一個傳聞，說雍正在做雍親王時，一年秋天在熱河打獵，射中一隻梅花鹿，雍正喝了鹿血。鹿血壯陽，雍正喝後躁急，身邊又沒有王妃，就隨便拉上山莊內一位很醜的李姓漢族宮女幸之。

第二年，康熙父子又到山莊，聽說這個李家女子懷上了「龍種」，就要臨產。康熙發怒，追問：「種玉者何人？」雍正承認是自己做的事。康熙怕家醜外揚，就派人把她帶到草棚。醜女在草棚裡生下一個男孩，就是後來的乾隆。

臺灣學者莊練（蘇同炳）在《乾隆出生之謎》文中、臺灣小說家高陽在《清朝的皇帝》書中，都認同這一說法，甚至於提出李氏名叫金桂，因為她「出身微賤」，而旨令鈕祜祿氏收養這個男孩，於是乾隆之母便為鈕祜祿氏。儘管乾隆生在草棚的傳說流傳很廣、故事生動、影響也很大，但那畢竟是野史，是靠不住的。

另外，晚清文人天嘏在《清代外史》中，說乾隆知道自己不是滿族人，因此在宮中常常穿漢服，還問身邊的寵臣看自己是否像漢人。乾隆的確在宮中經常穿漢服，現在故宮還保存著不少乾隆穿漢服的畫像，也許這就是引起傳聞的原因之一。如果僅根據穿的衣服而確定乾隆的出身，其結論肯定是荒唐的。

乾隆即位後，加強對邊疆地區的控制，以鞏固國家的統一。這也是乾隆一生中重要的實踐活動。他先後領導了十次重大軍事行動：兩次平定準噶爾之役，兩次金川之役，以及平定大小和卓之亂，鎮壓臺灣林爽文起義，緬甸之役，安南之役及兩次抗擊廓爾喀之役。因此，乾隆曾自我總結一生有「十全武功」，他自稱為「十全老人」。

準噶爾部是中國西北地方的厄魯特蒙古諸部之一。康熙中期以後，該部崛起，先後興兵進犯喀爾喀、青海和西藏等地。為了維護國家的安定和統一，康熙、雍正兩朝都曾先後對西北用兵。康熙曾三次親征噶爾丹。噶爾丹被擊敗後，他的侄子策妄阿拉布坦在西北仍然擁有很大的勢力，控制了新疆、西藏和青海等地。策妄阿拉布坦死後，他的兒子噶爾丹策零繼續統帥準噶爾部。由於清政府的軍事打擊，準噶爾部的進犯活動有所收斂。可是，到了乾隆十五年（一七五〇年）後，準噶爾上層貴族發生了爭奪汗位的內亂。在這種情況下，乾隆趁機攻佔了伊犁。噶爾丹策零的外甥阿睦爾撒納先是向清廷投降，後來又反叛。於是，清軍第二次出兵，徹底清除了準噶爾部的反叛勢力。

在平定了準噶爾部上層貴族的叛亂後，從乾隆二十二年到二十四年，乾隆又進行了平定天山南路維吾爾族宗教首領，大和卓木與小和卓木的叛亂。準噶爾布赫維吾爾部叛亂的平定，使清朝政府直接控制的領土極大地擴展。為了加強對這些地區的管理，乾隆二十年，清政府在惠遠城設立伊犁將軍，作為「總統新疆南北兩路事務」的最高軍政長官。在烏魯木齊設都統，統轄塔城的駐軍，在南疆喀爾喀什、葉爾羌、英吉沙爾、阿克蘇等城設「辦事大臣」或「領隊大臣」，對當地實行軍事統治。這些措施，進一步加強了中央政府對新疆地區的管理，對維護國家統一和領土完整發揮了重要的作用。

臺灣自鄭氏歸降後始歸清朝統治。來自於本土的移民經過幾代人的辛勤努力，開闢了中央山脈以西的大片土地。隨著移民的不斷增加及對清朝直接統治的不滿，先住民與清政府逐漸成為對立面。乾隆五十一年（一七八六年），北部的林爽文與南部的莊大田聚眾成立秘密反清結社天地會，被強制解散後，林爽文以彰化為根據地，改年號順天，聯合莊大田一起發動叛亂。翌年，清政府派福康安出兵臺灣，生擒二人，鎮壓了反清勢力。

乾隆五十六年（一七九一年）西藏發生內亂，蒙古後裔廓爾喀趁機入侵。清廷派巴忠為指揮官，率軍征討。巴忠為避免交戰，力主議和。達賴與廓爾喀達成協定，支付歲幣。於是巴忠向乾隆帝報告廓爾喀已降服。

乾隆五十七年（一七九二年）為催迫達賴支付約定的歲幣，廓爾喀再度入侵西藏。清廷派四川總督顎輝、四川將軍成德出兵討伐，久戰無功。復命大將軍福康安、參贊海蘭察於青海出兵協同助剿。福康安率軍一路直下，越過喜馬拉雅山進入尼泊爾境內，直逼廓爾喀都城卡特曼茲。廓軍奮力反擊，雙方數次交鋒後達成協議：廓爾喀投降清政府，按時朝貢。經過一系列的戰爭，滿洲利亞

（今中國東北部及黑龍江左岸沿海州一帶）、蒙古、青海、西藏和由準部、回部構成的新疆地區，直接劃入了清朝政府的統治範圍內。朝貢國北起庫頁島，朝鮮，東至琉球；南起尼泊爾，西至帕米爾高原；甚至東南亞的緬甸、越南、暹邏、西馬來西亞亦都在清朝的勢力範圍內。

乾隆皇帝有「十全武功」，在文治方面也值得稱道。他十分重視文化，在即位之初，便開始組織學者修史，編纂各種書籍。著名的有《國朝宮史》、《續三通》、《清三通》、《大清統一志》等數十種。到了乾隆中期，乾隆帝決定集中全國的藏書，編輯一部規模空前的叢書，一來可以籠絡大批的知識份子，二來可以對民間藏書系統審查一遍。

乾隆意識到，廣大臣工和百姓會因為懼怕以文字獄罪而產生畏懼情緒，於是，他親自反覆進行解釋，還以皇帝題詞，賞賜圖書、《總目》留名等手段獎勵藏書者獻出家藏秘笈。經過努力，到乾隆三十八年（一七七三年）九月，從全國各地徵求的圖書已超過萬種，大大充實和豐富了國家藏書。也就是在這一年，乾隆正式下令，開設四庫全書館。派出一些皇室親王和大學士擔任總裁，副總裁由六部尚書和侍郎擔任。許多知名學者也先後被召入館內，分別擔任，纂修、校對、整理等職。大才子紀曉嵐是這部書的總編修官。加上總纂、總校等大大小小的官員，共有三百六十人，再加上負責抄寫和打雜的，先後共有三千八百多人參與。

一個以整理古典文獻為主要內容的編修《四庫全書》的工作開始了。

《四庫全書》的命名與中國古代書籍的分類有關。中國古代將書籍分為經、史、子、集四大類。經是指從古至今儒家的經典著作，如《詩經》、《論語》、《孟子》等；史，主要是指歷史書籍，如《史記》、《資治通鑒》等；子，是指古代諸子百家學說和科技著作，如農學、醫學、天文、曆法、演算法、藝術等；集。是指文學的總集或專集等。

要編修規模如此巨大的叢書，首先得把書籍收集起來，在完成這一工作之後，乾隆下令，組織學者對社會全部現存文獻進行整理。為了達到防火、防潮、防蠹、長期保存圖書的目的，四庫全書館開館不久，乾隆便派人專程趕赴寧波，了解已有兩百多年歷史的范氏天一閣的建築情況，並依照其樣式，在紫禁城、盛京故宮、圓明園、熱河避暑山莊等處分別建造了文淵、文溯、文源、文津等內廷四閣。

四庫全書館的大小官員、差役不分酷暑寒冬，一方面竭力搜求、挖掘各種書籍，一方面細心抄寫、校對。他們從兩萬多卷的《永樂大典》中把零星的材料一段一段地抄出，拼湊起來，恢復了五百多部珍貴的文獻。

四庫全書館的官員按前例，進行分類整理，花了整整十年的工夫，到乾隆四十七年（一七八二年）才編成了一部浩瀚龐大的《四庫全書》，這部叢書共收錄有三千四百七十五部書，共有七萬九千卷。

乾隆皇帝不惜工本，編成這樣一部大叢書，保存了許多珍貴的文獻，本來是件好事，可是他處於階級和民族的偏見，又藉此機會銷毀了許多圖書。按清廷規定，凡是涉及明末清初歷史而又不利於清朝的書籍，都被銷毀了。甚至宋朝人談到遼、金、元，提倡民族大義的書，也都被燒了個一乾二淨。被銷毀的書中，有些還僥倖保存了一個書目，當時「存目」的書就有六千七百多部，九萬三千五百多卷，沒有留下書目而被清廷銷毀的書，就無法計算了。

編修《四庫全書》，使清朝成一代學風，創一代新學派，人才不斷湧現。作為這一事業的主要主持人和開創者，乾隆皇帝做出的貢獻是不可泯滅的。但，在支援編修《四庫全書》的過程中，卻對中國古代文化的保存和流傳又犯下了不可饒恕的錯誤。因各種罪名被銷毀的圖書，幾乎跟《四庫全書》的收書量大致相等，損失是慘重的，這是秦始皇焚書坑儒以來，中國古代文化的又一次浩劫。

十五、六下江南那些事

乾隆皇帝終年八十九歲，是中國歷史上壽命最長的皇帝。關於他的在位時的歷史事件，無論是官方史籍，還是民間野史，都有許多記載。「六下江南」便是其中的重要事件之一，在各種史料記載中，對於乾隆皇帝的「六下江南」，有頌揚他修堤築堰，功澤千秋的，也有說他風流成性、迷戀在江南美景中的，總之眾說紛紜，褒貶不一。

事實上，乾隆皇帝最初決定南巡的時候，遭到了一些大臣的反對。《清史紀事本末》中記載說，乾隆皇帝聽說蘇州景色美如天堂，便很想去江南巡遊視察一番，於是便派大學士訥親先去江南查看道路。

可惜的是，乾隆這次派錯了人，因為訥親是反對乾隆皇帝南巡的大臣之一。因此，當訥親回來後，他在給乾隆回奏中說：「江南實在沒什麼好玩的，也就是蘇州城外的虎丘還算得上是名勝，不過那實際上像一個大墳堆，臣在江南印象最深的是，蘇州城裡河道狹窄，每到中午，運輸糞便的船隻就擁擠在一起，臭不可聞，哪裡有什麼風景！」

乾隆皇帝聽了訥親的這番回奏，只好暫時打消了南巡的念頭，等過了一段時間，乾隆才知道自己上了訥親的當。

實際上，乾隆初年未能南巡，還有另外兩個更關鍵的原因：一是，乾隆皇帝認為，南巡是一個極為重要的大典，如果當政初期就到江南遊玩，對自己的名聲沒有好處，他需要經過一段時間，在百姓中樹立起賢明的形象，再巡幸江南。

二是，當時朝中管事的鄂爾泰、張廷玉等雍正遺詔中指定的輔政大臣，資歷都很深，影響也很大，且凡事謹慎，為政清廉。乾隆皇帝如果提出南巡一事，這些輔政大臣肯定會抵制或反對。等到了乾隆十年（一七四五年），鄂爾泰去世，又過四年，張廷玉退休。這樣，乾隆南巡基本上就沒什麼障礙了。

乾隆十四年，南巡時機成熟。乾隆皇帝迫不及待地實施南巡之議，經過兩年的準備。乾隆十六年（一七五一年）二月初八，乾隆皇帝開始了他一生當中的第一次江南之行，去了江蘇淮安。

第一次南巡以後，乾隆皇帝還在乾隆二十二年、二十七年、三十年、四十五年、四十九年又進行了五次南巡。前四次南巡都打著奉太后巡幸的旗號進行的。三十年後，皇太后年紀大了，經受不住千里奔波的辛勞，南巡之事暫時停止。皇太后病逝後，乾隆皇帝又兩次南巡，到此，六次南巡才最終結束。

乾隆皇帝的歷次南巡，於正月十五前後出發，陸路經直隸、山東到江蘇的清口渡黃河，乘船沿運河南下，經揚州、鎮江、丹陽、常州、蘇州進入浙江境內，再由嘉興、石門抵達杭州。回歸時，繞道江寧（南京）、祭明太祖陵，檢閱部隊，於四月下旬或五月初返京，到安佑宮行禮，回到圓明園。

在南巡中，確實發生了一些趣事。近代文人孫家振曾撰著了一部名為《退醒廬筆記》的書，這是一部記載清朝以至民國初期文壇掌故、坊間軼聞和社會風習的史料性筆札。這部書中曾記載：乾隆皇帝南巡到鎮江，住在金山寺。相傳有一日，一位方丈隨同乾隆到江邊散步，乾隆見江上舟楫來來往往，十分熱鬧，便戲問方丈：「你可知江上船有幾艘？」方丈從容地答道：「兩艘而已。」

乾隆笑道：「這江上舟楫來往如織，帆檣林立，怎麼可能只有兩艘？」

方丈又答道：「我只看見一艘為名，一艘為利，名利之外，並無他舟。」

乾隆聽後，連聲說好。而後，乾隆又見江邊有賣竹籃的，就問這個東西是做什麼用的？方丈說，這個東西是用來裝東西的。乾隆也想學方丈玩禪機，便故意刁難說：「東西可裝，南北就不能裝嗎？」

方丈道：「東方甲乙木，西方庚辛金，木類金類之物，籃中是可以裝的。南方丙丁屬火，北方壬癸屬水，竹籃不能裝水火，是以把物件稱為東西而非南北。」

乾隆點頭稱是，長了見識。說話間，走到寺廟外，乾隆一時手癢，愛到處題詞的老毛病又犯了，便提出到照壁上給和尚們題一匾額。有大臣隨後擬了「江天一覽」四個字。乾隆一時眼花沒看清楚，誤以為是「江天一覺」，隨即揮筆立就，群臣見後相顧愕然。這時，方丈出來打圓場，說：「紅塵之中人苦於罔覺，果能覽此江天，心頭一覺，即佛氏所謂『悟』之旨也。好匾！好匾！」隨後，方丈便讓工匠鐫刻掛上。據說，此匾至今仍在。

不過，一部叫《蟄存齋筆記》的書裡，也記載了一個乾隆下江南時，發生的事情，不過是將「江天一覺」，變成了「江天一監」。其中還多了個對詩的故事。故事還是說乾隆遊鎮江金山江天寺，乾隆和眾臣遊到山巔，突然詩興大發。乾隆先吟首句：「長江好似硯池波。」大臣劉墉續道：「舉起焦山當墨磨。」眾人正在想第三句，和珅見山的東北角有個危塔孤懸山頂，受此啟發，便續道：「寶塔七層堪作筆。」

續到這裡，乾隆便指定皇子嘉慶來完成最後一句，嘉慶一時答不上來，紀曉嵐當時正立於嘉慶的旁邊，便偷偷告訴嘉慶一句：「青天能寫幾行多。」這句續得渾然天成，又和前面提到的文房四寶雅合，詞意貫穿，信手拈來，如出一手。

乾隆得此佳句，非常開心，便說要在山頂留題。紀曉嵐當即請求，用「江天一覽」四個字，不料乾隆一時筆誤，寫成了「江天一監」。劉墉在一旁看見，便高聲說：「覽者，看也。」旁邊的另一位大臣張玉書高聲附和道：「正是。」

乾隆當即醒悟，便又在紙上寫了個「覽」字，而後將「監」字裁下。和尚們便建石亭於山巔，將此御書四字勒石豎於亭內，只可惜，後來太平天國軍來的時候，將此石碑毀掉了。

另一本名為《南巡秘記補編》的書，還記錄在乾隆下江南時，乾隆皇帝與紀曉嵐的一段往事——

《南巡秘記補編》裡說，乾隆皇帝對自己的江南巡遊頗為自豪。有一次他偶入四庫館，和紀曉嵐談起天子巡狩的事情。紀曉嵐是個書呆子，他對乾隆頻繁南巡本就頗有微詞，於是便乘機把三代之所巡狩的原因，以及必要性給乾隆講述了一番。緊接著又說秦始皇遊幸大可不必，至於後來的隋煬帝屢幸江都，明朝正德皇帝嬉戲南北，都不值得效仿。做皇帝的只有洗濯其心，用賢退不肖。天下自然大治，過多巡幸完全沒有必要。

話不投機半句多，乾隆認為紀曉嵐是在借古諷今，有意誹謗自己，他越聽越火，等紀曉嵐話音剛落，乾隆立刻變色，罵道：你紀曉嵐不過是個書生。還敢妄談國事！朕不過覺得你文學尚優，這才讓你領修《四庫全書》，實際上不過是把你當娼優養著罷了。你跟我談什麼國事？

這下可好，紀曉嵐「娼優大學士」的外號傳遍朝野，弄得人人皆知。

紀曉嵐深以為恥，心裡氣不過，便以自己年紀大了為由，請求辭職。乾隆不許，說：修《四庫全書》的事情多得很，你怎麼可以隨便離職？何況你比朕還年輕許多，你還敢在朕面前言老，明明就是欺君。趕緊回去做好你的事情，別自己討不痛快。

隨後，乾隆又說：朕明年還要下江南，而且要把你一起帶去，讓你也看看民間的盛世氣象，長長你的見識，不要老是書生意氣，發些而不著邊際的議論。

紀曉嵐被這麼一嚇，只得磕頭而退，不敢爭辯。

第二年，乾隆又跟紀曉嵐說：朕這次南巡，本想帶你一起去，但想想修《四庫全書》的事情重要，要是你不在的話，恐怕會有所耽擱，這次你還是別去了。況且你現在讀書雖然廣博，但還沒有到融會貫通的地步，過多閱歷對你也無幫助，這事不如以後再說吧。你回去好好反省，現在你還需要洗心革面，尚未到粉墨登場之時。

紀曉嵐心想，不帶我去就算了，還無緣無故地挨了頓罵，從此便絕口不提南巡之事，即使是其他軍國大事，也不再多言。可是，不知為何，乾隆臨行之前，又把紀曉嵐找來，說：這次還是把你帶上，上次張廷玉等人閱召各地試卷，朕都不滿意。這次把閱卷權授予你，你要好自為之，勿負朕意。

於是，紀曉嵐便作為扈從人員參與這次南巡。

一行人到了揚州以後，乾隆整天跑到花街柳巷裡風流快活，紀曉嵐對同僚們說：這次我一定要向皇上進諫，就算是觸犯龍威，也不過是九泉之下和龍逢、比干相見，總比終身得一「娼優大學士」的名聲要好。

說罷，紀曉嵐便鼓起勇氣進了乾隆的行宮，告訴太監說，自己有機要事面奏皇上。太監進去稟告後，沒過多久就來告訴紀曉嵐：皇上讓你把試卷擱在某房，你現在可以到平山堂去看戲，不要在這裡久混。

紀曉嵐說，我這次並非是為了交試卷而來，而是有事要當面奏皇上。太監笑嘻嘻地朝紀曉嵐擠眉弄眼，讓他別壞了皇上的好事，也不肯再進去回覆。紀曉嵐催促太監去稟告，太監說：紀先生你省省吧，還是回去算了。皇上既然不想讓先生多說，先生又何必在這裡喋喋不休呢？先生既然以做文章為專職，文章以外何必旁及？我勸你還是早點回去，你若有詩文來，自當為你呈進。

紀曉嵐聽太監的話裡頗有輕侮之意，又羞又惱，憤憤地說：我今天就不回去，一定要等到皇上出來面奏。太監一笑置之，也不管他。當時外面風大水寒，站的時間長了，紀曉嵐被凍得手足俱冷，渾身上下直哆嗦，漸漸支撐不下去了。這時，另一個和他相熟的太監看見他的窘狀，便過來婉言相勸，說皇上今日累了，誰來都不見。紀先生有事要奏，何不寫個摺子遞進去。

紀曉嵐沒辦法，只好向太監要了紙筆，寫了個摺子，大概意思是：陛下這次南巡，到各地查看民情，關係甚大。民間親睹皇上威儀，也不是尋常遊覽可比。但皇上出京至此，貪圖淫逸，唯漫遊是好，娼優雜進，玩好畢陳，雖然天下太平不妨遊玩一二，但宣淫都市恐怕會褻瀆聖尊，希望陛下念創業之艱難，守安危之常戒，憂盛危明，以隋煬帝為前車之鑒，不至潛招奇禍。

太監收了紀曉嵐的摺子，笑道：紀先生不肯聽我的話，非要無端挑起皇上之怒，我不過是多白跑一趟而已。你若想博以成名，其實大可不必，皇上有言，說朕觀這些酸文人的話，和俳優之口沒什麼兩樣，可笑則笑，可斥則斥，也不必加罪。他們說的都是些迂腐故事，實在沒有加罪的價值。你看，皇上都這麼說了，紀先生何必多費筆墨，還不如多作幾篇詩文，反可以博皇上之賞歎。

紀曉嵐聽出這話純粹是譏諷，也無可奈何。

上摺三天後，乾隆也沒有理睬紀曉嵐。紀曉嵐正百無聊賴間，突然有旨宣召。紀曉嵐以為乾隆嚴懲降至，好在自己有心理準備，便做出一副不怕死的樣子，昂首而入。不料進去後，乾隆頗為和顏悅色，不等紀曉嵐開口，乾隆便道：你的詩文之興大好，所作也不差，朕知道你在旅途中還頗能用功，且無怨悱意，尚不失謹厚書生的本分。但此後要更為勤勉，不要隨意做出位之言，以免自取其咎。

紀曉嵐正要說：臣尚有奏。乾隆已令太監捧出試卷，命令道：這些試卷都歸你評閱，趕緊拿回去，評好後明日交卷。

這之後，紀曉嵐雖常入見，但無非是些科考閱卷之事，乾隆從不和他談及其他。一日，乾隆遊杭州西湖，讓紀曉嵐跟隨左右。紀曉嵐以為進諫的機會到了，不料剛一見面，乾隆便問《四庫全書》中有某某書嗎？連問了數十種，紀曉嵐都一一作答。乾隆說：現有獻書若干冊，其中已收入者頗多，你看是兼收好呢，還是不收呢？紀曉嵐說，最好是兼收，可備參校，接著又說，皇上嘉惠藝林，不如各繕數份，分別貯藏在東南各名勝處，以作為南巡的紀念。

乾隆笑道：你這句話，可謂是恰合職份，數年來也就這句可取。朕早有此意，即日就讓東南大吏去挑選風景好一點的地方，為藏書之所，你回去好好想個實行辦法報上來。

紀曉嵐領諭而退。乾隆目送紀曉嵐走掉後，笑道：給你件事做，讓你好好忙上一番，免得總在我面前聒噪。

從這些記錄可以看出，乾隆皇帝南巡是有很多愉快經歷的。而他的祖父康熙皇帝，在位期間也曾六次南巡江浙，對此乾隆羨慕不已。

然而，康熙皇帝下江南，不講排場，每次「扈從者僅三百餘人」。一路不設行宮，一切供應均由中央直接開支，嚴禁地方官藉此擾民。他第一次南巡的時候，途中經過丹陽、常州、無錫、晝夜行船三百六十餘里，一路上沒有停留，也就沒給地方上帶來負擔。而乾隆皇帝下江南，每次要提前一年開始準備，指定一名親王擔任總理行營事務大臣，負責勘察路線，修橋補路，修葺名勝古蹟，修建行宮等。

乾隆皇帝六下江南，總共建造了三十餘處行宮。除了帶上皇太后、皇后、嬪妃外，還有大批的王公大臣、侍衛，每次都有兩千多人。陸路上走，要用五、六千匹馬，水路上走要用一千多隻船。六下江南，共花費了白銀兩千多萬兩。兩淮鹽商在乾隆南巡時都捐出巨款，他不但不拒絕，還是稱讚他們，並加恩賞賜。各地官吏於是紛紛效仿，老百姓則叫苦連天。

乾隆皇帝第六次南巡回來後，曾寫下這樣兩句詩：「六度南巡止，他年夢寐遊。」足見他對江南的無限眷戀。但乾隆皇帝不知道的是，他的六下江南，既靡費了巨量的金錢，又給當地的百姓造成了沉重的負擔。

十六、文人宰相紀曉嵐

眾所周知，乾隆朝有三大名臣——劉墉、紀曉嵐、和珅。三人之中，堪稱頂級文臣的，非紀曉嵐莫屬。而歷史上的紀曉嵐，遠遠沒有電視機上演的那般瀟脫自如。

紀曉嵐，雍正二年（一七二四年）六月十五日出生於直隸河間府獻縣崔莊。直隸，其範圍相當於今天的河北省；河間府，相當於保定地區。

紀曉嵐的祖父紀潤生在清朝是個小官，官至刑部江蘇司郎中。紀曉嵐的父親紀蓉舒是康熙二十五年（一六八六年）的舉人，官也沒做大，曾擔任雲南姚安知府。由此可見，紀曉嵐的家庭沒有什麼特殊背景，在於他同殿稱臣的官員中，算得上是出身卑微了。在家庭背景方面，他不能與劉墉相比。不過，紀曉嵐在自己的家庭裡，受到了一些文學上的薰陶。因為他的父親紀蓉舒曾經還是一個文學名士。

雍正十二年（一七三四年），紀曉嵐的父親卸去了姚安知府一職，到北京戶部任職。紀曉嵐跟隨父親入京，在天子腳下過生活。乾隆五年（一七四〇年），十六歲的紀曉嵐又從京城回到家鄉準備考科舉。

清朝的科舉考試有三個目的，第一是選官取士，由於疆域遼闊，需要大批官僚來為朝廷做事，幫助維持統治。從科舉考生中選拔官員，有助於克服長官意志，擴大選官基礎；第二是為了籠絡漢族知識份子，緩和民族矛盾。這個目的在清朝初期尤為明顯；第三是有助於加強思想統治，通過考四書五經，默寫《聖諭廣訓》，可以有效地統一全國人民思想。

清朝的科舉的制度仿照明朝的制度，分童子試和正式考試。童子試分為縣試，府試和院試。通過童子試取得生員資格才能參加正式考試。正式考試分為鄉試、會試和殿試，鄉試、會試實行迴避制度，試官子弟、親戚不能參加當次的考試。

紀曉嵐參加科舉考試是躊躇滿志，卻並不順利，直到乾隆十九年（一七五四年）三月，紀曉嵐才考中進士，在會試中，列第二十二名，殿試名列二甲第四名。此時的紀曉嵐已經三十歲了，就在這一年，紀曉嵐進入了翰林院，開始了官宦生涯。

很快，紀曉嵐就展示出他出眾的才華。在在朝中逐漸有了些名氣，上至乾隆皇帝，下至百官都知道紀曉嵐是個不可多得的才子。

然而賞識紀曉嵐的人雖然佔多數，但是也有不少嫉賢妒能者。有一次，一個知府進京述職，這位知府是想一鳴驚人，於是剛到京城，就在飲宴應酬中對紀曉嵐的文才大加指斥。這件事很快在京城傳開，引起了不小的震動。

紀曉嵐得知，感到很詫異，官僚之間彼此相輕者固然不乏其人，但一個小小知府，竟敢對名噪京城的才子大加指斥，這實在是一件稀奇的事情。於是，紀曉嵐就登門拜訪這位知府。知府來者不拒，老調重彈，三言五語後紀曉嵐就識破其淺陋，內心雖然竊笑，但表面還保持著一臉正氣。如何讓這個狂妄的知府明白自己的淺薄呢？

此時，紀曉嵐發現知府左額上長了一個不大不小的黑痣，心中有了主意。他假裝很關心的樣子，問知府為何不將此痣割去，將來如官居封疆大吏，露著這樣一顆黑痣恐怕不雅。

知府答稱遍訪名醫，皆以痣大根深，恐傷及經絡血脈，故不敢妄動。紀曉嵐告訴他，有個刑部司官專除黑痣，此人精通蒙醫，有家傳密術，必可手到病除。但此人不肯輕易為人治病，必須重金相贈方肯出面。

知府聽後大喜，第二天，他帶著精心置備的禮物，來到紀曉嵐所說的爛面胡同拜訪這位刑部司官。刑部司官聽家人稟告有知府來訪，驚詫之餘忙出門迎接。知府一見司官的面，就知道自己被紀曉嵐捉弄，原來這位司官的右額上也長了一顆不大不小的黑痣。自己的痣尚且不能除，何談給別人除痣，但是禮品已經奉上，就不好再索還了，知府只好草草應付幾句後悻悻告退。

知府領教了紀曉嵐戲弄人的花招後，再也不敢說三道四譁眾取寵了。對紀曉嵐來說，這些庸俗的官僚並不難對付，但也有讓他大傷腦筋的硬骨頭，這就是當朝權相和珅。

論才學和珅遠遜於紀曉嵐，但是揣摩和迎合皇帝的心意上，和珅則比紀曉嵐內行多了。和珅雖貪得無厭，聚斂千萬，卻不忘附庸風雅。既然大家都說紀曉嵐是當朝才子，和珅也想請他給自己家門題字，這樣在外人面前顯得風光一些。

紀曉嵐雖然明知和珅為人，但當面拒絕顯然有失禮節，於是眉頭一皺，計上心來。他揮筆寫下了「竹苞」兩字贈與和珅。和珅喜不自勝，覺得這兩個字用在府中園亭的匾額上最合適不過，於是花重金請人裝裱摹拓，高懸府中。後來乾隆帝來和珅府中作客，見到這塊匾額之後，問和珅，這樣過分的自謙是不是有點過頭了？

和珅被乾隆問得丈二和尚摸不著頭腦，如實稟報其乃紀曉嵐所題，寓意於園中清閒淡薄的意境。乾隆聽後感到更好笑，告訴和珅這哪裡是什麼清新意境，而是暗罵他們全家「個個草包」。和珅這才意識到被紀曉嵐愚弄了，而且還在皇帝面前暴露出自己無知的醜態，羞憤交加，發誓要報復紀曉嵐。

和珅雖然沒有多少才學，但他把官場的人際關係網梳理得異常嚴密，門生故吏師友姻親遍設，全國各地都有他的耳目。從這方面講，才華橫溢的紀曉嵐只能甘拜下風。

事情要從紀曉嵐嫁女說起。以紀曉嵐在朝中的名望，上門提親者絡繹不絕。但才子畢竟只是才子，在判斷人品的能力方面比那些職業官僚要弱很多。他把女兒許配給兩淮鹽運使盧見曾的孫子盧蔭文。盧見曾的確有些才學，也注意禮賢下士，在士人中享有很高的威望。這也是紀曉嵐願與他結為兒女親家的原因。但盧見曾卻不像紀曉嵐那樣兩袖清風，他利用鹽運使的肥缺大肆聚斂錢財，最終被和珅的耳目抓住把柄。

和珅決定抓住這個機會狠狠整治一下紀曉嵐，於是請命查辦此案。紀曉嵐先期獲知此事，不願看到親家就此鋃鐺入獄，但干涉公務又是欺君之罪，只能暗中幫忙。為防走漏風聲，他不敢把對策寫在紙上，只是把一些鹽和茶葉裝在信封裡，暗含「查鹽」之意，派人連夜送往盧見曾處。盧見曾收信後悟出其中含義，迅速把貪污贓款轉移別處。和珅來查時，盧的財產已所剩無幾。但這種伎倆豈能瞞過老奸巨猾的和珅，結果不但轉移錢財被追繳回來，而且連紀曉嵐送給他的密信也被查獲。

回朝之後，和珅最急於向乾隆帝奏報的不是查辦盧見曾一案，而是紀曉嵐洩露機密的罪狀。乾隆帝大怒，立即召來紀曉嵐訊問。紀曉嵐早有準備，辯稱自己未涉此事，且反問乾隆帝有何證據。

這次他低估了被自己愚弄的和珅實際理事方面的才幹，在盧見曾的供詞面前，紀曉嵐認識到如果繼續抵賴只會罪加一等，只能磕頭認罪。清代對洩密行為的處置歷來嚴厲，何況紀曉嵐外洩的是乾隆帝的旨意，自然應從重處罰。

紀曉嵐急中生智，在大禍臨頭之際，竭盡平生所學編出一篇對仗工整的駢體文辭，盛讚乾隆帝明察秋毫，大公無私，自己在曠世賢君面前翻船，心服口服。這一番馬屁拍得很好，讓乾隆皇帝實在不忍心殺了這個才子，正要赦免紀曉嵐的罪行，在場的和珅卻一再強調皇上應秉公處理，最終紀曉嵐死罪免除，從輕發往到烏魯木齊充軍。紀曉嵐走進了一生當中最為低沉的歲月。

被發配新疆的經歷，給了紀曉嵐一個行萬里路的機會。沿途所見大大開闊了他的視野，他第一次走進西北邊民粗獷的遊牧生活，目睹了黃河上游的奇特伏流、沙漠地區的漏沙田等人間奇蹟，後來所著的《閱微草堂筆記》中的很多奇思異想就是在苦寒寂寞的邊疆之地萌發的。

兩年後，乾隆皇帝決心要在文治方面超越歷朝歷代的成就，產生了編纂《四庫全書》的龐大計畫。但是朝中大臣誰堪當此重任呢？和珅和劉墉不適合纂此盛典，此時，乾隆帝想到了遠在新疆冰天雪地的紀曉嵐。這時已在新疆度過兩年艱苦歲月的紀曉嵐，終於看到重回京師的希望。後來他曾給自己寫過一首詩，其中兩句：「浮沉宦海如鷗鳥，生死書叢似蠹魚。」前一句是對自己前期為宦經歷的總結，後一句則概括他後半生為國家做出不可磨滅的貢獻，那就是負責編纂《四庫全書》。

經過兩年多的籌備，乾隆三十八年（一七七三年）清廷正式設立四庫全書館，紀曉嵐受命擔任總纂。

隨著編纂工作的順利進行，紀曉嵐的官越做越大，升任協辦大學士，後賞加太子太保，成為乾隆帝推行文治政策最為倚重的大臣。然而，編纂工作是個大工程，難免會出現各種各樣的失誤，如已成書的版本存在字跡訛誤、違禁內容及缺漏等。

乾隆皇帝對品質的要求極嚴，一旦發現不足之處就會大動肝火，紀曉嵐作為替罪羊首當其衝，先後十幾次因工作失誤遭到降職、罰俸等處分。他曾被遣戍避暑山莊更正收藏在文津閣內全套《四庫全書》內的訛誤之處，也曾南下江浙尋訪原書真跡，頂著編纂失職的罪名東奔西跑。

由於編纂工作過於勞累，紀曉嵐慢慢染上一些不良的生活習慣。首當其衝的就是吸煙。這與他徹夜翻書有很大關係，越到後來，煙癮越大，勞碌之際一刻都不能離開煙鍋。為了省去反覆填裝煙葉的麻煩，他特意給自己訂製了一個特大號煙鍋，一次就能裝三四兩煙葉，這樣他從家乘轎到圓明園謁見乾隆皇帝，中途就用不著反覆填裝煙葉了。

時間久了，同僚給他取了個綽號叫「紀大鍋」。一天，紀曉嵐到琉璃廠一帶閒逛，別在腰裡的大煙鍋竟然丟了，家僕遍地尋找也不見蹤跡。紀曉嵐卻似乎心有成算一般，顯得不那麼緊張。他告訴僕人，第二天一早去東便門外的小市場上一定能找到。家僕第二天果然以很低的價錢從小市場買回了丟失的煙鍋。紀曉嵐告訴大家，這樣大號的煙鍋別人都不愛用，拾獲者也沒必要把這樣一個無用之物留在家裡，肯定會低價出售謀取微利。

可是沒過幾天，這失而復得的煙鍋又讓紀曉嵐吃了苦頭。當時，他在午門外的朝房一邊批閱文書，一邊大過煙癮。乾隆皇帝一般不會突擊視察，但恰恰這天他來了。等紀曉嵐看到乾隆帝從門外走來時再隱藏煙鍋已來不及，順手將燃著的煙鍋塞在靴筒中。乾隆進門後談鋒甚健，並沒有坐坐就走的意思。這下可苦了紀曉嵐，不一會兒，煙鍋把紀曉嵐的襪子點著了，燙得他咬牙切齒，最初的笑臉很快變成一個大苦瓜。乾隆皇帝莫名其妙，驚奇的詢問他何敢在皇帝面前做怪臉。紀曉嵐只得以實相告才得能跳到門外脫靴滅火，但還是把小腿的皮膚灼傷一大片，狼狽至極。

乾隆皇帝追出一看，惻隱之心油然而生，忙傳御醫敷藥調治。腿雖被灼傷，紀曉嵐當然不會放過這個難得機會當面讚揚乾隆帝的仁愛之心。乾隆帝本來就喜歡被人吹捧，何況這一次也確實對紀曉嵐體恤有加，一時興起，當場授予紀曉嵐「欽賜翰林院吸煙」這樣一個空前絕後的獨特稱謂。

後來，紀曉嵐奏摺末了署名處除了寫大學士、尚書這些正式頭銜外，還專門加上「欽賜翰林院吸煙」的封號。儘管這次事故有些因禍得福的味道，但傳到同僚們耳朵裡還是引發了一片嘲笑之聲。他的好友彭元瑞原先看他走路速度很快，曾以《水滸傳》中人物為底給他取了「神行太保」的綽號，見他遭受此劫之後走路變得一瘸一拐，便以《八仙過海》中的人物「鐵拐李」來做臨時昵稱，弄得素以伶牙俐齒馳名的紀曉嵐也不得不低頭認命。

紀曉嵐還有個不良的生活習慣，就是對女色過分貪戀。據說有段時間編纂任務緊迫，他連續好幾天未能回家，在內廷值班住宿，後來竟變得兩眼通紅，語無倫次。乾隆帝看到他這副模樣驚訝異常，問清緣由後不禁心中竊笑，隨即派來兩名宮女伴宿。

這兩個從皇宮娶進門的宮女頗為聰明，紀曉嵐教其吟誦唐詩宋詞，後來她們連帶把《三國演義》、《水滸傳》等流行小說都通讀了，時間久了又能即景賦詩。

既然連皇帝的侍女都據為己有，紀曉嵐漸漸感覺有些飄飄然，殊不知差點惹出更大的亂子。此事發生在三伏天節。紀曉嵐在翰林院與各位編修談論編纂體例和取捨規則，由於天氣炎熱，紀曉嵐就把上衣脫了，袒胸露臂地侃侃而談。

此時，乾隆皇帝又不打招呼來到現場，紀曉嵐來不及穿衣，赤裸上身自然有辱聖上，情急之下鑽到了一個櫃子裡。乾隆看見了他鑽入櫃中，就想故意戲弄他一次。乾隆帝端坐桌前一言不發，其他人也都跪在地上，不敢說話。過了好久，藏在櫃中的紀曉嵐悶熱異常，又聽不見櫃子外面有什麼聲響，以為乾隆帝和其他人都已離開，於是推開櫃門，伸出頭問道：「老頭子走了嗎？」

乾隆聽得真真切切，紀曉嵐竟敢私下裡稱他「老頭子」。依大清法律，目無天子乃十惡不赦之罪，紀曉嵐頓時嚇得面如土色。他連忙從櫃子裡爬出，一邊假裝四處找衣服，同時琢磨該如何應付局面。他眉頭一皺，計上心來，竭盡附會說道：聖上萬壽無疆，豈能不老；國君是一國之首，也就是頭；同時又貴為天子，集萃三個尊位於一身，就是「老頭子」。乾隆帝明知他在狡辯，但聽他如此解釋，也沒有過多計較。紀曉嵐僥倖又逃脫一劫。

紀曉嵐主持編纂《四庫全書》，居功至偉，而他還給後人留下另一部與《四庫全書總目提要》風格截然不同的傳奇故事集，那就是《閱微草堂筆記》。這部故事集假借神仙志怪，將現實生活中上至達官顯貴，下至普通群眾的風貌刻畫得栩栩如生。稗官野史、神仙志怪、鬼狐妖魔等離奇故事都被紀曉嵐的生花妙筆有機糅合，故事內容皆為子虛烏有之事，但人人讀過後彷彿都能在故事中找到自己的影子。書中有鬼怪戲弄縱意高談的狂生、花神捨命救窮乞丐等內容，或嘲弄無知鄙俗者狂妄自大，或讚美普通群眾的淳樸善良，大都蘊含著勸誡世人之意。此書文筆平易，人人讀後皆愛不釋手，成為和《聊齋志異》一樣的筆記小說名著。

紀曉嵐的一生，堪稱多姿多彩。他不僅是清代的文壇泰斗、學界領袖，即使在中國和世界文化史上也是一位頗具特色的文人宰相。

十七、叫魂奇案：盛世下的陰影

乾隆皇帝在位六十年，做的事情太多，所做出的功績歸納起來有八件事。第一件是編修文化典籍，如上文所提到的主持纂修《四庫全書》，另外乾隆皇帝還主持編修了《滿文大藏經》；第二件是維護、興建皇家園林；第三件事是貢獻詩文才華。第四件是蠲免天下錢糧。乾隆皇帝蠲免全國錢糧，其次數之多，地域之廣，數量之大，效果之好，在封建王朝中，前無古人，後無來者；第五件是統一整個新疆；第六件是完善治理西藏；第七件是修砌浙江南塘。浙江原有的柴塘、土塘，經不住海潮的衝擊。乾隆皇帝命撥銀兩將柴塘改為石塘。共修建石砌海塘四千餘丈，加強了這一地區抗禦海潮侵襲的能力；第八件是中華各民族一統。清朝已經歷「三祖三宗」，乾隆則是集大成者，在其祖宗既有成就的基礎上，進一步鞏固並開拓了中國的疆域版圖。乾隆時期的中國疆域，東起大海，西達蔥嶺，南及曾母暗沙，北跨外興安嶺，西北到巴爾喀什湖，東北到庫頁島。

因此，乾隆王朝在歷史上被稱為「盛世」，然而就在盛世年間，卻發生了一件「叫魂案」，這個案件的發生，暴露了當時清王朝的種種弊端，甚至被後人稱為「妖術大恐慌」。

這件事要從乾隆三十三年（一七六八年）一月說起。當時，浙江德清縣的石匠吳東明、郭廷秀承攬建造城橋工程，開頭一切均很順利。時至三月，工程進入了打木樁入河的繁重工作。就在打樁工作剛開始不久，有一個名叫沈世良的當地農民，找到了吳東明，希望吳東明幫自己一個忙——沈世良交給吳東明一張紙，請吳東明能將這張紙貼在木樁尖上打下去。

吳東明心裡一驚，他知道，這是詛咒人早死的一種方式。他打開那張紙一看，上面寫著兩個人的名字。吳東明就問沈世良，這兩個人是誰？你為何要詛咒他們？沈世良解釋說，這兩個是自己的侄子，但總是欺負自己，所以要詛咒他們早點死。

吳東明聽後，非但沒幫沈世良的忙，還把沈世良告到了縣衙。知縣見沈世良已經很老了，就沒判其是故意殺人罪，只是打了沈世良一頓板子，而後就放了。

可吳東明以為自己立了大功，他認為自己救了兩條人命，是仁義之舉，所以到處宣揚。這事傳到德清縣慧相寺的和尚耳朵裡，這些和尚經常吃不飽飯。但是，附近一座觀音殿的和尚們卻都吃得很飽。慧相寺的和尚心理嚴重不平衡了，他們開始散步謠言，說有石匠在觀音殿附近「作法埋喪」。這一來，一傳十，十傳百，石匠吳東明和他手下的工人們就被推了出來。

謠言從德清縣傳向四面八方，石匠們都被當作「叫魂犯」，被官府抓了起來。

當地百姓認為，只要和氣待人，不樹敵，別人也不會把自己的名字寫在紙上，交給石匠詛咒。所以，一開始對這件事也沒有太在意。但就在此時，一個謠言開始廣為流播：城橋下樁用人的頭髮纏樁即可打下，若用女人頭髮，便害女人脫髮，若用黃豆數把纏緊頭髮，可致小兒痘傷。

與此同時，浙江省蕭山縣傳來一條消息：說四名和尚被控剪人髮辮，並在其中一人的行李中，發現了一縷頭髮，四人已被收押。接著就是江蘇省胥口鎮，人們捉到了來自湖州府法雲庵的幾個和尚，他們被人們打成重傷，又被送到了官府。人們打他們的理由是，他們是和尚，因為是和尚，所以想剪別人的辮子。

接下來，全國各地發生了多起所謂剪辮子的叫魂事件，範圍包括浙江、山東、直隸、湖北等七省。人們紛紛傳說有人欲剪萬人髮辮，攝魂造橋，用紙剪成人馬，黏入髮辮，念咒點血，人馬便能行走，可以取人財物。在經濟匱乏之時代，廣大下層民眾自然對這種與巫術有關的謠言深信不疑。

在山東省鄒縣，一個叫蔡廷章的乞丐供稱與和尚通元等人同行，並於途中剪人髮辮。當然，蔡廷章不是主動去衙門招供的，而是被人用木棒打去的。接著就是章丘縣，也是一個乞丐，遇到一個叫張四儒的算命先生，張四儒慫恿他說，要飯沒前途，我們還是跟著和尚學割人髮辮之術吧，到時候錢大把大把地來。這個乞丐很有上進心，哪知道第一次施法時，就被人當場捉住。

這一事件終於鬧大了，山東巡撫富尼漢把這個消息報告給了乾隆皇帝。乾隆皇帝龍顏大怒，勒令各省查處。

至此，關於叫魂的謠言蔓延到了京畿。事情鬧到這個地步，並非是山東巡撫富尼漢惹出來的，在富尼漢看來，這樣的案件不斷發生，並且自己所在的山東還並非是傳播源，如果再鬧下去，整個大清朝都會受到影響。

其實，真正讓這個事情鬧成驚動皇帝的大事，是民間對「叫魂事件」的態度。當時的人們通常有一種傳統的看法，認為當一個人的魂與魄分離之時，人會昏迷、生病，更嚴重的會導致死亡。這顯然是一個非常危險的事情，恐懼感便油然而生了。

於是，這件在我們今天看來是迷信的一件事，震動了朝廷，自然也就震動了九五之尊的乾隆皇帝。他和百姓一樣驚恐和憤怒，但原因卻不一樣。

回顧歷史，經過康熙和雍正的精心治理，滿清的統治已經趨於穩固。表面上，「剃髮留辮」的國家制度已被漢民所接受。但事實卻是，許多漢人的造反，都或多或少與「剃髮留辮」有關。而山東巡撫富尼漢報上來的案子正切中了乾隆皇帝的神經。乾隆皇帝認為，這其實是在間接動搖滿清統治的名分。於是乾隆皇帝下令：堅決查處與「叫魂案」有關的人，並且要嚴處。

很快，從朝廷到省到府到縣都開始清查「叫魂犯」。一開始，許多官員對乾隆皇帝大怒的原因還不是明白，但大小官僚都知道要忠誠。所以，清查「叫魂犯」並不是保一方平安的小事，而是對皇帝忠誠與否的大事。

事實上，從乾隆皇帝下令全國清查「叫魂犯」的那一刻起，就注定了許多底層的小人物要因此而死掉。因為在地方上所謂的叫魂案都是子虛烏有的事，但皇上已經下令清查，有與沒有就已經不是一般官員該思考的問題了，他們只能奉命執行，只能思考，「叫魂犯」到底該有多少才算合適？

這些官員先將乞丐當作「叫魂犯」抓了起來，然後是和尚。乞丐身無一物，四處漂泊，肯定就是「叫魂犯」。

至於和尚嘛，乾隆皇帝的盛世，其實並沒有給和尚帶來什麼好處。他們還是需要自己動手從寺廟裡走出來，去外面尋找食物。他們和乞丐差不多，而且，他們天天念經，誰知道念的是什麼東西呢？按照這種思路，他們被送進了衙門。

抓的乞丐與和尚太多，官員和衙門應接不暇，當官員們認為，抓獲的「叫魂犯」已經足夠向乾隆皇帝表示忠心的時候，已經來不及了。「叫魂犯」從乞丐、和尚這類高危人群開始向大眾群體過渡了。許多人因為與他人結怨，一賭氣就肯定對方也是「叫魂犯」，即使不是「叫魂犯」，也是預備份子。大家開始了告密，許多人剛把別人送進監獄，自己也很快跟著進去了。

全國一片恐慌，官員越是賣力地捉拿「叫魂犯」，「叫魂犯」就越多。乾隆皇帝在遙遠的京城，自然不知道「叫魂犯」為什麼會這麼多，認為是因為官員辦案不力。但他不想告訴這些官員，「叫魂犯」的罪過到底有多大，他們在反朝廷，反對滿人的江山。

乾隆皇帝很清楚，他一旦這樣講了，就證明了身為滿人的自己還停留在自卑的層面上。大清朝已經走過了一百餘年，乾隆皇帝不想讓人知道自己還是那麼自卑。所以，面對越來越多，抓也抓不完的「叫魂犯」，乾隆皇帝再一次大發雷霆，要求官員們將「叫魂犯」進行徹底地清剿。

這樣一來，「叫魂案」的範圍從江南波及到華北、川陝。一大批乞丐、僧人等社會最底層的人受盡冤屈折磨，最後死亡。

同年十月，劉墉勸說乾隆皇帝，希望能停住對「叫魂案」的查辦。乾隆皇帝似乎良心發現了，或者說，他發現了那些「叫魂犯」根本就沒有自己所認為的企圖。於是，接受了劉墉的建議。然而，接受歸接受，卻沒有直接放棄對「叫魂案」的清查。乾隆皇帝仍然讓負責此案的官員認真查辦，但同時，他又質疑案犯供詞的可信度。於是，乾隆要求各地官員，在不用刑的情況下認真辦案。另外，在軍機大臣審理完疑犯後，由大學士傅恆負責審理並處刑。結果，除了病死或其他原因死去的疑犯外，其餘疑犯全部獲得免罪。

說起來，這所謂的「叫魂案」其實非常簡單，就是中國謠言和中國宗教的一種結合形式。但這樣簡單的案子，卻造成了全國性的恐慌。很大的原因在乾隆皇帝身上。在他看來，在全國性的「妖術大恐慌」中，妖術之一就是剪辮子。辮子對於大清朝不是可有可無的，而且，這次妖術恐慌又來源於江南。江南是漢民族的文化和經濟中心，也是當初反清最激烈的地方，這就使得乾隆皇帝不得不格外小心。因為他的格外小心，讓這場大恐慌持續了一年時間。

當時，在謠言面前，大清朝廷缺乏相關科學知識和輿論控制技巧，因此也讓「叫魂」這個幽靈在中華大地遊蕩了許久，直到一七六八年冬才消失。

十八、天下第一貪

如果說，「叫魂案」是大清盛世下的一道陰影，那麼在乾隆王朝最鼎盛的時期，還有另一道陰影，那便是貪污腐敗。而提到乾隆朝的貪污腐敗，人們都會想到一個人——和珅。

和珅出生於乾隆十一年（一七四六年），比乾隆皇帝小三十五歲，滿洲正紅旗人。十九歲的時候，和珅參加了科舉考試，結果名落孫山。這裡有一個疑問，歷史上的和珅是個有學問，能力非凡的人才，為何連舉人都考不中呢？原因很簡單，當時的科舉，考的無非是四書五經。像和珅這樣一個博覽群書的人，在這種考試制度下，是無從發揮的。

清朝時期，滿洲人和漢人不一樣，滿洲人有兩種當官的管道：一是通過科舉考試，二是，依靠祖上的功績。也就是說，滿洲人可以憑藉祖上給自己創下來的基業，而直接當官。

和珅的祖先因為跟著努爾哈赤和皇太極不斷打仗，立下了赫赫戰功，所以和珅家被授予了一個三等輕車都尉的世襲爵位。「輕車都尉」是清朝為了酬勞功臣、獎勵陣亡官兵、推恩外戚，以及嘉獎其他有特殊意義的人員，而規定可以世代承襲的爵位。

和珅在他十九歲參加科舉考試的時候，承襲了三等輕車都尉的爵位。因此，儘管他名落孫山，但在三年後，他進了皇宮，當了一名三等侍衛，成為皇家儀仗隊的成員。這個官職雖然小，但是可以接近皇帝。

《郎潛紀聞初筆》裡說，和珅最開始做宮中儀仗隊校尉的時候，有一次出宮，乾隆皇帝在轎子中讀各地的奏報，其中有一個報告說要犯逃脫，乾隆微怒，隨後說出一句「虎兕出於柙」。這句話出自《論語》，意思是典守者要對此負責。可當時扈從的眾校尉，都不解其意。只有和珅站出來說：皇上的意思是典守者不得辭其責。

乾隆皇帝聽後，看了看和珅，問：你也讀《論語》嗎？

和珅說，是。乾隆皇帝沒想到校尉裡還有人讀《論語》，很是感興趣，於是又問了和珅的家世、年歲。和珅一一作答。

由此，和珅開始被乾隆皇帝注意，加上近水樓臺先得月，乾隆也有意對和珅加以提拔。和珅本來就是一個極聰明的人，當然不會放過這個寶貴的機會，是以恩禮日隆，飛黃騰達。

據《和珅列傳》記載，和珅天資聰明，思路敏捷，多才多藝，勤奮好學，通曉滿、漢、蒙、藏四種語言文；又親善熱情，辦事幹練，成績突出。他不是不學無術之徒，而是既有學問又懂權術的人。

乾隆皇帝在平定廓爾喀十五功臣圖贊中，曾對和珅給予充分肯定。認為和珅對邊疆少數民族的管理建設，做出了很大的貢獻。乾隆曾說，用兵西藏和廓爾喀時，所有的諭旨都是兼用滿、漢文下達；頒給達賴喇嘛和廓爾喀的敕書，則兼用藏文和蒙古文。大臣中能懂藏文的非常少，只有和珅能把這些諭旨，用滿文、藏文、蒙古文、漢文等各種文字撰寫出來，加以翻譯，並把事情都辦理得很好。

乾隆四十五年（一七八〇年）正月，三十五歲的和珅接受了一項重要的任務，就是遠赴雲南查辦大學士、雲貴總督李侍堯貪污案。和珅一到雲南，首先拘審李侍堯的管家，取得實據後，迫使精明強幹的李侍堯不得不認罪。和珅從接受這個任務，到乾隆下御旨處治李侍堯，前後只用了兩個多月。和珅這次查辦李侍堯貪污案子辦得很出色，確實表現了他出眾的才華和幹練的能力。所以和珅在回京途中，就被提升為戶部尚書。

和珅依靠乾隆掌握著朝中的大權，又利用手中的大權拉幫結派，擴大自己的勢力。他的弟弟和琳幾年之內就從一個內閣小官升為四川總督。他又拉攏軍機大臣福長安。福長安是乾隆孝賢皇后的親侄子，他的父親傅恆和哥哥福康安都曾經任軍機大臣等高官，他本人沒有什麼本事，但對和珅言聽計從。和珅門下的吳省欽和吳省蘭，以及只會吹噓拍馬的山東巡撫伊江阿等都成了和珅的親信。

大權在握的和珅，開始瘋狂斂財。他斂財的手段之一，是發「人情財」。一般來說，在朝為官，重要的是消息靈通。尤其是職位較低，無法接近權力核心的官員，他們的前途和命運，都決定於能否從大官口中得到朝廷內部的信息。因此，為了得到這些信息，一些官員就會花費巨額資金去打通關節。作為乾隆皇帝第一寵臣的和珅，憑藉向外傳遞朝廷的「內部消息」，大發「人情財」。

一七八〇年，乾隆皇帝準備第五次南巡，對和珅說，應該去祭孔廟。這個消息對不熟悉路線的人來說，根本沒有什麼。可和珅仔細看了一下地圖，立刻就發信給他的親信——泗陽縣令國泰。國泰接到了和珅的密信，拆開一看，非常興奮。因為按照和珅的推測，乾隆皇帝在祭祀孔廟之後，必定會經過泗陽縣。於是，國泰在距離縣城五十里的地方，為乾隆皇帝精心籌建了一處行宮，想以此博得乾隆皇帝的歡心。

國泰調集了全縣的能工巧匠，不分晝夜地修建行宮。當乾隆皇帝祭祀過孔廟向南進發，路經泗陽縣境的時候，果然發現了這座優雅奢侈的行宮。進入行宮後，乾隆皇帝非常陶醉，就問誰這麼有心在此為朕獻上這麼好的東西？

和珅立即令國泰前來。國泰見到乾隆皇帝後，大表忠心，和珅也在一旁對國泰讚不絕口。乾隆皇帝心花怒放，馬上下旨擢升國泰為道台。

就這樣，國泰從一個小小的縣令轉眼間變成了道台。國泰自然很感激和珅，還沒上任，他就給和珅送去了一大筆銀子。

這事過去後，許多與和珅有關係官員，都紛紛給和珅送上了「人情財」。這種「人情財」可以說是當時官場流行的一種潛規則。而這種財來的不算直接，更直接的，便是和珅斂財的手段之二——依靠職權進行貪污。

從二十八歲起，和珅開始擔任戶部尚書。作為管理天下錢糧的戶部，每天都有大量的銀子進出。而作為管理者和領導人，如果沒有很強的定力，根本無法把持住。而和珅似乎一開始就根本不知道什麼叫定力，他在戶部到底貪污了多少錢，歷史沒有確切的記載。

四年後，和珅又被任命為吏部尚書。吏部尚書是管理百官的，和珅便利用職務之便，勒索百官。百官似乎也習慣了他的勒索，但也有官員不買他的帳。

按照大清朝廷的慣例，每隔幾年就會命各地的大臣回京述職，以檢查全國各地的治理情況。各地官員們回京，不僅要帶上政績，還要備好禮物。一般情況下，地方上的大臣進京時都會攜帶一些珍稀之物，作為貢品進獻給皇上。

有一年，安南總督孫士毅從安南前線回京述職。孫士毅不僅武功高強，脾氣也很倔。他認為自己是封疆大吏，幾個省的行政和軍事都掌握在自己的手中。在他眼裡，整個大清王朝也只有皇帝一個人。

這樣的人在大清官場顯然是個異類。當孫士毅昂首闊步前往金鑾殿面見乾隆的時候，在宮門外遇到了和珅。和珅一眼看見了孫士毅手裡的東西，急忙要過來看，原來是一個用珠子做成的鼻煙壺，大如雀卵，雕刻精巧，晶瑩剔透。出於慣性，和珅煞是喜愛，就向孫士毅索要，說孫大人如果不嫌棄在下的話，能否把這個玩意送給在下啊？

哪知道孫士毅一點不給和珅面子，直截了當地說：這是我要獻給皇上的東西，和大人喜愛，本當贈給大人，可我如何向皇上交代呢？因為事先我已經跟皇上說了。

和珅很無趣的乾笑了兩聲，說，我開個玩笑，你何必當真。

幾天後，孫士毅要返回邊境，去軍機處辭行，在軍機處，他再次見到了和珅。和珅手裡拿著那個鼻煙壺，得意洋洋地對孫士毅說：孫大人，你獻給皇上的這個鼻煙壺，皇上把它賜給我了。

孫士毅非常震驚。他震驚的不是皇上把鼻煙壺賜給了和珅，而是和珅居然在這樣一個小事上，會跟一個封疆大吏鬥氣。這件事讓孫士毅明白了和珅在朝中的地位和權勢。從此以後，孫士毅對和珅就有了一種莫名的恐懼。

其實，和珅索賄已經是官場皆知的事了。相比孫士毅而言，有些官員就知趣多了。如閩浙總督福康安、領侍衛內大臣海蘭察、雲南總督李侍堯、吏部郎中和精額、浙江巡撫伊齡阿等，都主動向和珅行賄。

除了貪污受賄外，和珅的手段之三，便是利用貪污受賄來的錢財進行投資經營。在商業活動中，和珅獲得了更大數量的錢財，同時還兼併土地。

官方史料記載，和珅能夠收取地租的土地，有一千二百六十六頃。他的土地大都分佈在北京南部、以保定為中心的地區，另外在東北的錦州地區，也有他的土地。

那麼，這些土地是如何得來的呢？其中一部分來自於乾隆皇帝的賞賜，另外的絕大部分土地是和珅自己花錢購買的。在清朝，買土地是一件大事，大部分的地主都不會輕易出讓土地。可白蓮教的出現，使情況發生了變化。在一系列不安定的事件發生了以後，很多地主不願意再保有土地，紛紛把土地換成更為保險、安全，便於攜帶的金銀，地價隨之下跌。

天生就有商業頭腦的和珅看準這個時機，用極低的價格買進了大量的土地，並安排自己的親信管理，將土地租賃出去，收取極高的地租。

在買賣過程中，和珅只認錢不認人，不管是他的親戚，還是朋友，他都毫不留情地把價錢壓到最低，最大限度的購進。而且，和珅買土地，並不採用普通的買賣方式，而是用所謂典賣的方式。也就是說，土地主像去典當行當東西一樣，將土地典當出來。而不是和珅一次性購得。典當的價格當然要遠遠低於市價，原來的地主可以再籌足銀兩支付高額利息後，再將土地贖回。

在這期間，土地上的一切收益就歸和珅所有。原來的地主，根本沒有能力贖回，或者不想贖回自己的土地，這些土地就成了和珅的永久財產。

除了經營房地產和當鋪外，和珅還經營了幾十家店鋪，如糧店、酒店、古玩店、瓷器店、灰瓦店、櫃箱鋪、弓箭鋪、槓房、鞍氈鋪、小煤窯等等。此外，和珅還購置了八十輛大馬車，做長途販運。

按照大清的法律規定，在旗的滿洲人是不允許涉及各種商業活動的。也就是說，儘管和珅的各種商業活動都是靠自己幹出來的，但從法理上講，這些活動還是非法的活動，這些商議活動雖然不能叫做貪污受賄，但最起碼也是以權謀私。

總歸來說，和珅聚斂錢財的手段多種多樣：侵吞、賄賂、索要、放債、開店、收稅、盤剝鹽商等等。

因為和珅的非法斂財，貪污受賄，直接導致了兩個後果：一是，督撫在利益的驅使下，為行賄和珅，投其所好，而以上索下，或監守自盜，虧空國庫；二是，上行下效，和珅恣意貪婪，官吏爭相效尤，有恃無恐。乾隆王朝後期發生的貪污大案，凡情節嚴重，手段卑劣者，無不與和珅有關。

而在懲治貪污的問題上，乾隆皇帝極為寬大。正如他自己所言：「朕御極以來，政崇寬大。」特別是乾隆皇帝的統治後期，他的寬大幾乎到了讓人難以理解的地步。如粵海關德魁虧空稅銀，按律應賠兩萬餘兩銀子，乾隆卻下令全免了；甘肅布政使王亶望集團貪污，乾隆在懲處以後，忽然感慨道：在這件案子還沒有發現之前，朕就有風聞，但朕覺得案情重大，所以，沒有下定決心來懲治。

從乾隆皇帝的這句話可以看出，他對貪污的懲處並不是很認真。而且，他還徇庇親信，如他一向器重的雲南總督李侍堯，因貪贓索賄，被雲南儲糧道海寧參劾，由於情節惡劣，大學士九卿會議斬決，而在證據確鑿的情況下，乾隆皇帝卻萬般維護，讓督撫再議。但當各督撫維持原判時，他又給予開脫，對之處九卿之議的陳輝祖、富勒深等人大加斥責，並不顧及眾意，以「罪疑惟輕，朕不為已甚之事」，下詔定為斬監侯。不久，又下旨，賜李侍堯三品頂戴花翎，起用為陝甘總督。

而乾隆皇帝本人揮霍無度的奢侈作風，也影響到了時政和時風。也就是說，他一面在懲治腐敗，同時又助長了腐敗。腐敗使繁榮昌盛的清帝國江河日下，然而，清帝國從極盛一步步走向下沒落的真正原因，除了貪污腐敗以外，還有一個重要因素，就是閉關鎖國。

十九、閉關鎖國

乾隆二十二年（一七五七年）十一月七日，時任閩浙總督楊應琚，收到乾隆皇帝的一紙詔書。詔書的大致意思是：讓楊總督告訴英國人，以後只准在廣東收泊交易，其他地方均不可。如果有人敢迎頭而上來浙江寧波，那麼怎麼來的就給我怎麼回去。

乾隆為什麼要下這樣一道令呢？往前看，類似的政策早在清朝初年就有過。當時朝廷為了圍剿佔據臺灣的鄭成功，對沿海百姓下了兩道命令。第一條是「遷界」，就是限令直隸沿海南下到廣東沿海一帶居民，一律遷入距海岸線三十里外的地方居住。第二條是「禁海」，嚴令不許船舶下海經商，甚至連捕魚也在限制之內。但是，清廷在給臺灣鄭氏造成經濟困難的同時，也給沿海商民們帶來巨大的損失，使得對外海上貿易幾乎處在了停滯狀態。

而到了一六八三年，臺灣收復後，清廷隨即允許沿海居民回遷，又開放海禁。時值英明的康熙在位，康熙皇帝為了盡快恢復海外貿易和加以有效管理，命令在廣州、廈門、寧波和上海附近的雲台山設立四處海關，定下規則，收繳課稅。

這樣，經過了雍正一朝到了乾隆朝。乾隆皇帝用了二十多年的時間思考了一個問題，那就是，我們為什麼要開放這些地方和外國人做生意？我們什麼都有，還用得著這群鬼子嗎？

而當乾隆皇帝向閩浙總督楊應琚發出諭旨的時候，停泊在定海的一艘英國船隻主人火了，這個人名叫洪仁輝。洪仁輝是英國人，由於漢語講得很好，英國東印度公司就讓他在貿易活動中充當翻譯。早在一七五五年四月，他就領著一艘商船到達定海，船上裝了大量的銀錢和酒，還裝備了槍炮彈藥。浙江官員非常歡迎他們，這樣一來二往，洪仁輝先生就和浙江官員成了天下最好的合作夥伴。他在與中國做生意的過程中，的確撈到了不少好處。

洪仁輝聽到乾隆的諭旨後，火氣很大，浙江巡撫命令他立即離開寧波，或是回國，或是到廣州。他卻直往北來，一直到天津。於是，他創造了一個紀錄——進入天津的第一個英國人。

他之所以要北上到天津，是想見乾隆皇帝。他想憑著自己對人權與民主的獨到見解，來說服這個天朝上國的皇帝和自己的國家做生意。

然而，洪仁輝在天津被清朝官員阻擋，官員向他許諾說，一定將此事上告皇帝，請他原路返回。

洪仁輝只好返回廣州，並且充滿了幻想等著乾隆皇帝給他回信。到了廣州的第二天，閩浙總督楊應琚召見洪仁輝。洪仁輝以為乾隆皇帝來信了，歡歡喜喜地跑進了總督府。但迎接他的卻是流放澳門三年，剝奪終身來中國的權利。

最後，洪仁輝弄明白自己為什麼會被判刑了。因為他違抗了乾隆皇帝的旨意去了天津。他被流放到了澳門，而整件事情並沒有完。五年後，也就是一七六〇年，乾隆發佈了一道法令，從而徹底地將大清帝國的大門關上了。這項法令包括：一、外國必須在春節離開廣州，撤到澳門，直至秋天；二、中國不得同外國人做生意，也不得為外國人服務，否則判流放罪；三、外國人不准學中文，他們只能同廣州公行的翻譯接觸；四、任何外國商船在中國領水停泊期間船上都必須有中國官員；五、外國人不准攜帶武器，他們送寄信件都必須通過中國當局；六、外國人如和中國人發生糾紛將按中國法律處理。

從此，清王朝實行了閉關鎖國政策。而當時的西方進入了蓬勃發展時期，逐漸超越了盛極一時的大清王朝。

我們不妨看看，在乾隆執政的六十年間，世界上主要發生的三件大事。第一件事是英國工業革命；第二件事是美利堅合眾國成立；第三件事是法國大革命。這三件事具有劃時代的意義，影響了世界歷史的進程，改變了整個世界的格局。

英國革命：乾隆三十年（一七六五年），英國紡織工哈格里夫斯發明了新式紡車珍妮紡紗機。乾隆五十年（一七八五年），英國阿克萊特發明了水力織布機。同年，英國人瓦特改良了蒸汽機。這說明，西方開始了工業革命，人類開始從農業文明走向工業文明。從生產技術方面來說，工業革命使工廠制代替了手工工廠，用機器代替了手工，創造巨大生產力，人類進入蒸汽時代，英國成為「世界工廠」。

美利堅合眾國的建立：乾隆三十九年（一七七四年），美國獨立戰爭爆發。乾隆四十八年（一七八三年）美國獨立戰爭取得勝利。乾隆五十三年（一七八八年），第一屆美國國會在紐約召開。乾隆五十四年（一七八九年），華盛頓就任美國第一任總統。乾隆五十六年（一七九一年），美國通過《人權法案》。

法國大革命：乾隆五十四年（一七八九年），法國舉行三級會議，爆發了資產階級大革命，發表了《人權宣言》，乾隆五十八年（一七九三年），法國國王路易十六被處死。

而在西方世界發生了一系列劃時代巨變時，大清王朝處於停滯狀態。人們的思想被八股、文字獄所禁錮，資本主義萌芽被重農抑商的觀念所壓制。西方工業革命如火如荼地進行著，大清王朝的統治者不鼓勵科技發明也就罷了，卻將科技發明視為奇技淫巧，根本不屑於學習西方先進的科學技術，落後便成了必然的結果。

乾隆五十七年（一七九二年）九月二十六日，英國以慶祝乾隆皇帝八十大壽的名義，派出以馬戛爾尼、斯當東為首的使團訪問中國，歷經九個月，於乾隆五十八年（一七九三年）五月十四日抵達中國。此時的英國，正處於資本主義上升階段，迫切需要開闢新市場。因此，此次出行的目的是要敲開清王朝的大門。

英國使團乘坐一艘有六十門炮，名為「獅子號」的炮艦，以及兩艘英國東印度公司提供的隨行船隻，抵達天津白河口，之後換乘小船進入大沽，受到直隸總督的歡迎。乾隆皇帝接到英國使者來華「進貢」的奏報後，十分高興，命人專門負責接待英國使團。英國使團到達北京之後，先在圓明園休息了幾天，然後前往承德避暑山莊參加乾隆皇帝的壽辰慶典。

清政府擬定了一套接待方案，但卻在禮儀問題上發生了嚴重地分歧。按照清王朝的規定，使者必須要行三跪九叩之禮。這種禮儀早在皇太極時期就有了，可謂是根深蒂固。一六三六年時，皇太極舉行登基大典，朝鮮使臣在今天的瀋陽參加大典，大家都三跪九叩之禮，朝鮮使臣立而不跪。清朝的官員按著他們跪，他們從地上掙扎著爬起來，還是不跪。到後來，衣服都撕破了也沒有跪下。大典之後，皇太極勃然大怒，就開始對朝鮮用兵。

在大清王朝的皇帝們看來，作為「天朝上國」，有責任和義務向下等的附庸國提供倫理道德、文明教化和政治統治。蠻夷走近中國的城門，向天朝進貢，並進行叩拜之禮是天經地義的。據史料記載，當時大清對外國使臣有這樣的規矩：應在所乘坐的車船上懸掛旗幟，寫上「某國貢使」的字樣。使臣在覲見皇帝之後，應立即離京，不准任何形式與意義上的逗留。尤為重要的是，使臣見到皇帝或皇帝的代表時，必須行三拜九叩之禮。

這種規矩在步入十九世紀後，已經顯得非常可悲和可笑了。而在此之前，大清王朝的皇帝們並不覺得這是可笑的，反而認為是天經地義的。

在雍正王朝時期，清朝政府派托時等人去聖彼德堡賀新沙皇即位。一行人臨走之前，雍正皇帝囑咐他們：我中國使臣無論出使何國，從無叩拜之禮。雍正的意思很明顯，不許用三跪九叩之禮覲見俄國沙皇。雍正皇帝還叮囑托時說，盡量不要面見沙皇，如果對方一定要見，只能「按拜見王爺之禮拜見貴汗」。

當時的俄國早與清王朝有來往，他們自然知道中國的禮儀。但是，他們並不懂得覲見之禮的問題。一七三一年一月九日，托時到皇宮遞交公函後，向新即位的沙皇行一跪三叩首之禮。

在大清王朝的使臣看來，這種禮儀是對把俄國沙皇降格為大清朝的王爺一級，雖然俄國人並不會有同樣的感覺，但雍正皇帝心裡卻是非常高興的。

到了乾隆皇帝八十大壽的慶典，清政府又要求英國使者行三拜九叩之禮。英國使團的使者代表馬戛爾尼個性倔強，他希望作為第一個真正的外交官，迫使中國接受西方所謂的文明。為此，他與自負的清朝大臣為覲見皇帝的禮儀大起爭執。馬戛爾尼堅持歐洲的單屈膝禮。而清朝大臣一定要使者行三跪九叩之禮。最後，馬戛爾尼提出了一個交換條件：中國官員在英王畫像前，行叩拜之禮，英國使者即向乾隆皇帝行叩拜之禮。

清朝的官員們覺得這個條件太可笑了，堅決不同意。最後，雙方經過談判，最終達成共識：八月初六，在萬樹園歡迎宴會上，行英式禮節；八月十三日，正是舉行乾隆萬壽典禮時，行三拜九叩之禮。

《清史稿高宗純皇帝本紀》記載：「英國使節馬戛爾尼等雖然不習慣叩頭，到一到皇帝面前，還是跪下去了。」

英國使臣不僅跪了，還敬獻了各種禮品，共有十九宗、五百九十餘件，有座鐘、地球儀、望遠鏡、測報氣象的儀器、手槍、步槍、榴彈炮等等。這些禮品代表了當時英國先進的科技，乾隆皇帝接過禮單，震驚之餘讓負責接待的官員有意向對方說明，他們所進貢的物品天朝也有。而後，清朝本著「薄來厚往」的原則，賞賜絲綢絨、瓷器、玉器及各類工藝品三千多件。

英國使團參加完慶典返京，馬戛爾尼遞送的表文，由在京的傳教士翻譯。英國要求派人常駐北京，乾隆皇帝斷然拒絕了這個要求。此時，乾隆皇帝意識到了英國使者來華是另有企圖的，於是催令他們趕快啟程回國。

馬戛爾尼按臨行前英王的訓示，給乾隆皇帝寫了一封信。提出了七條要求：一、開放珠山（今舟山）、寧波、天津等口岸通商；二、允許英國人仿俄羅斯例在北京設一個貨棧買賣貨物；三、取消澳門和廣州之間的轉口稅，或照一七八二年的稅率減免；四、禁止向英國商人在海關關稅之外另行勒索；五、在珠山附近劃一個沒有城寨的小島，供英國商人居住、囤貨；六、在廣州附近劃分一塊地方，允許英國商人居住，並自由往返澳門；七、允許英國人在華自由傳教。

乾隆皇帝憤然拒絕，並且在給英王的敕書中，逐條加以批駁。在乾隆皇帝的嚴諭督促下，馬戛爾尼一行在欽差大臣松筠的護送下，於九月初三離京，並傳令沿途地方提高警惕，以防英國人滋事。英國使團於乾隆五十九年（一七九四年）九月六日到達兩年前的始發地普利茅斯港，結束了訪華之行。

馬戛爾尼訪華失敗了，乾隆皇帝完全拒絕了英國的要求。而通過這次訪華，馬戛爾尼看出了清朝「紙老虎」的面目。乾隆皇帝的盲目自大，對西方情形的無知，閉關保守的對外政策，使中國失去了一次與世界接軌的機會。在後來的一八四〇年，鴉片戰爭爆發，兩年後，也就是一八四二年，清政府被迫與英國簽訂了《南京條約》。英國使團想得到而沒有得到的東西，終於在英國軍隊的堅船利炮下得到了。當然，這是後話，就在英國使者離開中國的兩年後，也就是一七九六年，乾隆皇帝禪於嘉慶。關於乾隆皇帝「禪位」退位，還有一段內幕。

二〇、禪位真相

乾隆皇帝生前曾先後立過三個皇太子。第一個皇太子是皇后富察氏的皇次子永璉。乾隆皇帝認為「永璉乃皇后所生，朕之嫡子，聰明貴重，器宇不凡」。乾隆皇帝即位後，親書密旨，立永璉為皇太子。這道密旨藏在乾清宮的「正大光明」匾額之後，但很不幸，永璉九歲時死去。

第二位皇太子是永琮。乾隆皇帝在永璉病故後，立了皇七子永琮，沒想到永琮也很不幸，在兩歲時，又因痘症病逝。第三位皇太子是皇十五子顒琰，就是後來的嘉慶皇帝。嘉慶的名字本來叫永琰，後將「永」字改為「顒」。這源於清朝皇帝的名諱。

清太祖努爾哈赤、清太宗皇太極、清世祖福臨的名字，沒有避諱的規定，只是在《實錄》、《玉牒》等特定文獻出現的御名上貼黃（就是將名字用黃簽蓋上）。清帝名字避諱，是從康熙皇帝開始的。康熙名字玄燁的「玄」字，避諱時缺末筆；雍正名字胤禛的「胤」字，避諱時缺末筆，同時命他的兄弟將「胤」字改作「允」字；乾隆名字弘曆（當時寫作「弘歷」）的「弘」字，避諱時缺末筆。「歷」字，則改作「曆」字。到嘉慶永琰時，乾隆考慮君主名諱，「永」字為常用字，避諱不便，命將永琰的「永」字，改為不常見的「顒」字。永琰繼位之後，就改稱為「顒琰」。清朝皇帝的名字，把排輩份的字，改為特別的字，是從嘉慶開始的。

嘉慶元年正月初一（一七九六年二月九日），一場罕見的傳位大典在紫禁城舉行。在中國漫長的歷史中，生前傳位的皇帝寥寥無幾，並且絕對多數是被迫的，如唐高祖李淵，就是在其子李世民的逼迫之下退位的。而乾隆皇帝是一個例外，他在位六十年，在八十五歲高齡之時，主動舉行了傳位大典，三年以後，方壽終正寢。

其實，乾隆皇帝傳位的思想很早就已經形成了。早在雍正十三年（一七三五年）九月舉行即位大典之時，乾隆皇帝就焚香告天：「昔黃祖御極六十一年，予不敢相比，若邀穹蒼眷佑，至乾隆六十年乙卯，予壽躋八十有五，即當傳位皇子，歸政退閒。」

六十年的皇帝生涯，使得乾隆積累了豐富的政治經驗，同時也嘗盡了君臨天下的甜頭，先前的傳位思想一度發生變化，為了尋找理由，乾隆二十五年（一七六〇年）時，乾隆表示，只要自己的母親崇慶皇太后健在，即使在位周甲（六十年），也不進行傳位。後來，乾隆雖然下來昭示：「予葺寧壽宮，為將來優遊頤養」，同時向諸皇子公開提及傳位一事，但在實際行動上，乾隆皇帝對傳位是相當消極的。

乾隆四十二年（一七七七年）正月，崇慶皇太后去世，乾隆失去了不行歸政的藉口。一年多後，錦縣的一個生員金從善投遞呈詞，要求建儲立后。在乾隆皇帝看來，這是對自己堅持不行傳位的挑戰。這讓他十分氣惱，下令將金從善斬首示眾。在強壓之下，下面的大臣再也不敢提出這樣的建言了。乾隆皇帝幾乎背棄了自己「八十五歲歸政退閒」的諾言。

然而，乾隆四十年（一七七五年）以後，乾隆皇帝的身體和精神狀況不斷惡化，到了乾隆四十五年（一七八〇年）時，乾隆皇帝因兩臂疼痛一度不能彎弓射箭，又過三、四年，又因氣血瘀滯而疼痛，以至於到了舉步維艱的地步。乾隆四十九年（一七八四年）以後，乾隆皇帝又患上了失眠症。此後，乾隆的記憶力明顯減退，精神昏憒，身體虛弱，使他不由又想起自己即位之初許下的諾言。於是，在八十五歲時，乾隆皇帝將傳位一事重新提上了議事日程。

乾隆六十年九月初三，乾隆皇帝公佈了早在三十八年前訂下的建儲密旨，立皇十五子顒琰為皇太子，次年新年舉行傳位大典。

嘉慶元年（一七九六年）九月初一，內外王公，文武百官與外藩使臣齊聚太和殿，按班序列，恭候乾隆皇帝舉行全國矚目的傳位大典。據說乾隆曾臨時決定不把玉璽授給顒琰，只念一下傳位詔書即可。這下可把幾位大學士給急壞了，因為這樣一來典禮就不圓滿了。而且，傳出去會有損乾隆皇帝的形象。於是連哄帶勸，最後乾隆答應交出玉璽。

八十五歲高齡的乾隆皇帝當了太上皇後，仍不服老，說自己身體健康，仍然能處理大事。他認為嘉慶經驗不足，還需學習。乾隆皇帝覺得自己年近九旬，對於登降跪拜等禮節，已經做不來了，因而將「郊、壇、宗、社諸祭祀」的行禮事交給顒琰來做。乾隆還要求，部院衙門及各省題奏章疏，甚至連引見文武官員等尋常事，也要「嗣皇帝一同批閱」。乾隆不服老，實際上是不願意放棄權力。直到他八十九歲壽終正寢也沒有離開養心殿。

中國歷史上的禪讓之說，起自堯舜，但只是史冊傳聞之辭，是否真有其事，不得而知。秦漢以來，鮮有嘗試。像乾隆皇帝這樣為了踐行諾言而主動傳位者，可以說前無古人。即使退位退得不徹底，也是非常難得的了。

然而，嘉慶皇帝顒琰即位後，卻是非常鬱悶的，因為朝政仍然被太上皇乾隆控制。乾隆繼續把持大清朝的一切軍政大權，各項用人理政措施都由他來決斷。嘉慶帝顒琰暫時居住在毓慶宮，他每天除了批閱奏章、接見臣僚，就是陪同乾隆四處巡遊、打獵，參加各種宴會。有時候，也率領皇子們練習弓馬射箭。有他那位「十全武功」的父親在，嘉慶皇帝只好當起了傀儡皇帝的角色。

隨著太上皇乾隆一天比一天老邁、衰弱，受寵信的和珅大肆攬權，嘉慶皇帝只能不露聲色，韜光養晦，與和珅巧妙周旋。在其位不得謀其政，滋味很不好受。更要命的是，除了年老的太上皇外，還有一個權傾朝野，眼裡只有太上皇的和珅。這樣一來，嘉慶皇帝免不了要受很多夾板氣。

嘉慶皇帝對和珅的痛恨由來已久，早想除掉和珅，但無奈自己沒有實權。乾隆禪位給嘉慶後，和珅見乾隆無意交出大權，便更加猖狂。常跑到太上皇乾隆那裡搬弄是非，這時的乾隆畢竟已是一位八十多歲的老人了，有些糊塗也是在所難免的。

關於乾隆皇帝捨不得讓權給嘉慶的記載很多。比如每當遇到軍國大事的時候，都要請乾隆裁決。按理說，嘉慶登基後，年號已經更改，一切官書也都應該更改，但當時的時憲書卻有兩種。全國發行的時憲書採用的是嘉慶年號，但是頒發給內廷和親近王公大臣的，仍舊用乾隆年號紀年。

所謂時憲書，就是曆書，通常每年都會備上一本。所以傳播很廣。在宮廷中有乾隆六十一年至六十四年的時憲書，世人將其視為珍本。此外，朝鮮的史書中也有對這件事的記載，朝鮮使臣到北京，本應是由嘉慶皇帝接見的，但是朝鮮使臣回國後，卻知道乾隆，而不知道有嘉慶。由此可見，在嘉慶登基後的三年中，不過是太上皇乾隆手中的木偶。

嘉慶四年（一七九九年）正月初三，太上皇乾隆駕崩於紫禁城養心殿，享年八十九歲。至此，嘉慶皇帝才真正親政，這個時候，他已經三十九歲了。

嘉慶皇帝親政後，做了第一件事，就是懲治和珅。

二一、和珅倒臺始末

從清朝的十二位皇帝來看，嘉慶皇帝是對貪污最恨之入骨的一位皇帝。他曾寫下了一首痛罵貪官的詩：

滿朝文武著錦袍，閭閻與朕無分毫；
一杯美酒千人血，數碗肥羹萬姓膏。
人淚落時天淚落，笑聲高處哭聲高；
牛羊付與豺狼牧，負盡皇恩為爾曹。

詩的開頭，揭露了滿朝文武大官的奢侈腐化。第一聯寫衣、食，第二聯寫喝吃，指出貪官們的房子與皇宮沒有差別，他們喝吃的是百姓的膏血，筆尖直觸實質。第三聯也很有深度，「人淚」是指，貪官們的行為不但讓老百姓痛苦，連老天爺也痛苦。「笑聲」句採用了對比手法，點出他們的歡樂是建立在百姓的苦難之上。最後一聯抒發了作者的沉重歎息。古代，管治黎民的官員稱為「牧」。作者將黎民喻為牛羊，將這些官員喻為豺狼，表現了黎民百姓在他們管治下的苦難，很形象。

詩的最後，指出這些官員「負盡皇恩」，這並非虛假之詞，嘉慶皇帝的生活相當儉樸，為人比較忠厚，他是真心希望老百姓的日子過得好一些的。

在中國古代，不少皇帝罵貪官、罰貪官甚至殺貪官，但像嘉慶寫詩罵得如此痛快淋漓的卻不多見。足見嘉慶皇帝對貪官之痛恨。而乾隆朝最大的貪官便是和珅。

乾隆皇帝傳位於嘉慶後，做了三年的太上皇，仍緊緊把持著實權。這時的和珅依然受寵，但畢竟形勢發生了變化，和珅為了防止嘉慶皇帝日後對自己進行懲處，竭盡全力限制嘉慶，培植任用自己的親信。

嘉慶皇帝即位時，他的老師朱珪當時任廣東巡撫，朱珪向朝廷上了一封表示慶賀的奏章。和珅立即就到乾隆面前告朱珪的狀，不過乾隆未予理睬。嘉慶元年（一七九六年），乾隆準備召朱珪回京，升任大學士，嘉慶寫詩向老師表示祝賀。和珅又到乾隆面前告狀，說嘉慶皇帝籠絡人心，把太上皇對朱珪的恩典，算到了自己的頭上。這一次，乾隆生氣了，他問軍機大臣董誥，應該怎麼辦？董誥跪下，勸諫乾隆說：「聖主無過言。」乾隆這才作罷。

不久，和珅還是找了個藉口，慫恿乾隆將朱珪從兩廣總督降為安徽巡撫。同時，和珅還將自己的門下吳省蘭派遣到嘉慶身邊當臥底。名義上，是幫助嘉慶整理詩稿，實際上是監視嘉慶的言行。

嘉慶二年（一七九七年），領班軍機大臣阿桂病故，和珅只知進，不知退，便成為領班軍機大臣。這時的乾隆，已年老體衰，記憶力很差，昨天的事，今天就忘，早上做的事，晚上就不明白了，和珅真正成了乾隆的代言人，也就更加為所欲為。

和珅自作聰明，作繭自縛。嘉慶皇帝顒琰當皇子時，被定位儲君，和珅密知此事，就在乾隆公佈嘉慶為皇太子的前一天，送給嘉慶一柄如意，暗示自己對嘉慶繼位有擁戴之功。嘉慶笑在臉上，恨在心裡，但因和珅是乾隆的寵臣，老奸巨猾，朝廷上下，各種關係，盤根錯節，不便動手。

嘉慶四年（一七九九年）正月初三，乾隆駕崩。就在當天，嘉慶一方面任命和珅與睿親王等一起總理國喪大事，一方面傳諭他的老師安徽巡撫朱珪來京供職。和珅晝夜都在大內守靈，不能夠出入，隔斷了與外界的聯繫。這實際上削奪了和珅的首輔大學士、領班軍機大臣、步軍統領、九門提督的軍政大權。

正月初五，在嘉慶皇帝的授意之下，給事中王念孫等官員上疏，彈劾和珅弄權舞弊，犯下大罪。

正月初八，在公佈了乾隆的遺詔之後，嘉慶宣佈將和珅革職，交刑部收監，並下令讓劉墉、董誥等人負責查抄和珅的家產，會同審訊。

正月十一日，在經過了初步查抄、審訊之後，嘉慶皇帝宣佈了和珅的二十大罪狀。並通報各省督撫。

關於和珅的二十條大罪狀在《清仁宗睿皇帝實錄》裡有所記載：

一、當乾隆皇帝冊立嘉慶皇帝顒琰為皇太子時，和珅先期呈給顒琰如意，洩露機密以為擁戴之功。

二、在圓明園內騎馬，直入左門，過正大光明殿，至壽山口。

三、乘轎出入神武門，直進宮中。

四、娶出宮女做小老婆。

五、川、楚教匪滋事，各路軍中文書報告，延擱不報。
六、乾隆皇帝病重時，毫無憂戚，逢人談笑自若。
七、乾隆皇帝批閱文件，字寫錯了，竟然說不如撕掉另擬。
八、管理吏、戶、刑三部，一手遮天，變更成法，不許手下的人參議一個字。
九、西寧報賊匪聚眾搶劫殺傷，將原摺駁回，隱匿不報。
十、朝廷有旨蒙古王公未出痘者不必來京，卻違背諭旨，無論有無出痘者，俱不令來。
十一、任人唯親，與自己關係密切的人吳省蘭、李潢等人，俱保舉提升。
十二、軍機處在冊人員隨意撤去。
十三、私蓋楠木房屋，奢侈豪華，超標準、超規格。
十四、其墳塋設立享殿，開置隧道，致使老百姓稱之為「和陵」。
十五、所藏珍珠手串兩百餘串，比宮中多好幾倍，其中的大珠，比皇帝帽子上戴的還大。
十六、真寶石頂，本不應該和珅戴的，和珅卻藏了十餘顆，還有整塊大寶石，為宮裡所沒有的，不計其數。
十七、家中銀兩、衣飾等物，數逾千萬。
十八、夾牆內藏赤金兩萬六千餘兩，私庫赤金六千餘兩，地窖埋銀百餘萬兩。
十九、當鋪錢鋪資本十餘萬，與民爭利。
二十、家人劉全資產亦有二十餘萬，且有大珠及珍珠手串。

這二十條大罪狀中，涉及到財產罪的有八條。令人不解的是，為何在罪狀中隻字不提「貪」

字？查看清代文獻，朝廷對貪污行為的公文，記載一直是直言不諱的，如索額圖「貪侈傾朝右」等類似記載，歷歷在目。為什麼在嘉慶皇帝的諭旨中對和珅卻不肯給一個「貪」字呢？

嘉慶皇帝在諭旨中將「貪」化為「藏」，模糊地說明和珅罪孽深重，格殺合法。照時尚的說法，嘉慶皇帝並未明確和珅的貪污罪，而是以巨額財產來源不明罪懲辦和珅。嘉慶皇帝在諭旨中將「貪」字隱去，實際上是因為涉案金額太大，涉及的相關人員太多，為了保全大局，穩定隊伍，這麼做是比較理性的。如果要把相關的人員都查辦了，不但會人人自危，而且也會造成朝政混亂。

在賜死和珅的諭旨中，嘉慶皇帝不提及「貪」字，還與乾隆有一定的關係。和珅是乾隆一手提拔起來的，是其心腹和代理人，要問和珅為什麼貪，還不是乾隆皇帝創造了有利的條件。為了擺平一個奴才，而讓自己的父皇臉上無光，是嘉慶所不願的。

據說，和珅被抄家後的財產全部合計約值十一億六百萬兩。這個數字相當於清朝鼎盛時十五年到二十年的財政收入。扳倒和珅，嘉慶可以緩解面臨的財政壓力。所謂「和珅跌倒，嘉慶吃飽」。

然而，歷史上卻有一種說法，說之所以嘉慶登基後，很快將和珅殺掉，並不僅僅是因為和珅很有錢。真正的原因要從乾隆第六次南巡說起，當時，乾隆皇帝還沒離開京城，和珅就派快馬把一封信送給了遠在揚州地方官員汪如龍手中，信中還有一張女子的圖形，和珅告訴汪如龍，可以按圖形的樣子為乾隆皇帝找尋美女，辦成此事，前途遠大。

原來圖中的女子是乾隆皇帝的一名貴妃，很受乾隆寵愛，因為她不僅天生麗質，美貌絕倫，而且天生體內有異香，所以人稱香妃。香妃原本是回疆進獻來的美女，後來回疆大、小的卓部起兵叛亂，乾隆派出大軍鎮壓。乾隆皇帝對叛邦之女容妃也不得不日漸疏遠，在中南海的瀛台之南，建造了一座樓，名為寶月樓，並將寶月樓比作月宮，想讓這位美女成為嫦娥，永遠孤獨。但事實是，乾隆皇帝還是非常喜歡這位妃子。和珅感覺到了這一點，才命汪如龍尋遍江南，一定要找出一個形容酷似容妃的女子，以解皇上之憂。

想在江南找一個漂亮女子真是再簡單不過了。隨著乾隆皇帝南巡駕臨揚州，女子獻上，這個女子不但給了乾隆溫暖，還讓他回想起已飄零遠逝的青春，感到很久未有的幸福。乾隆對汪如龍大加讚賞，立刻提升了他的官職。為此，汪如龍特地送給和珅二十萬兩白銀，乾隆由此也更加信任和珅了。

但這個時候，和珅卻想，對待汪如龍這樣的人，必須能夠以威勢強制，否則一定不會去除他的野心。於是，和珅私下召見汪如龍，一見面，和珅就擺出一副嚴酷的表情，彷彿滿懷怒氣，令汪如龍心中忐忑不安。忽然，和珅開口說：恭喜先生，討得皇上如此歡心！

汪如龍不知是該回答好，還是不回答，只是站在那裡。突然，和珅又像瘋狗一樣指著汪如龍的鼻子，怒斥道：對皇上惑以美色，致使君王不朝，你論罪當斬！

汪如龍頓時大驚失色，雙膝跪地，口中慌忙稱罪不止，乞求和珅能網開一面。其實，一向在官場行走的汪如龍，此時已經明白了是怎麼回事。他雖然給和珅送了銀子，但並沒有送上恭敬。

果然，和珅對汪如龍這種恭敬的態度很滿意，就拍著汪如龍的肩膀，說了一些安慰的話。汪如龍當時就覺得，和珅居然敢以中堂的名義，如此對待地方官員，那麼他的眼裡是否還有皇上，就真要另說了。

但汪如龍又不敢向乾隆皇帝告狀，首先，他自己真沒有可以拿出來的理，其次，乾隆皇帝此時已經老糊塗了，又非常信任和珅，自己去告狀無疑是去送死。為了向和珅表明自己的忠心，他把家裡祖傳的一幅名畫送給和珅，並在畫中夾帶了一張銀票。

汪如龍的苦心自然沒有落空，很快他就升了官。不過，他感謝的並不是乾隆皇帝，而是和珅。乾隆皇帝駕崩後，有人把這件事告訴了嘉慶皇帝。其實，和珅威脅大臣的這類事情，嘉慶皇帝聽得耳朵都起繭了。但是，當有人告訴嘉慶，和珅曾經仿照皇帝房屋的格局，修建自己的房屋包括陵墓時，嘉慶皇帝勃然大怒，在這位新皇帝看來，和珅已經不光是貪戀錢財了，他的權欲之心已到了驚人的地步。

嘉慶四年（一七九九年），嘉慶皇帝在張誠基奏摺上批示：「朕若不除和珅，天下人只知和珅，不知有朕。」

其實，嘉慶皇帝對查抄和珅的家產是適可而止的。同年正月，他在直隸布政使吳熊光的奏摺上明確批示：「不必過於株連搜求」。甚至後來大臣薩彬圖奏稱「目前抄出的不足和珅家產十分之一，請求再深挖嚴追時，遭到了嘉慶的嚴厲批評。

由此可見，嘉慶殺和珅的主要原因，是因為和珅權力過大，權欲也過度膨脹，已經嚴重威脅道了皇權。嘉慶甚至懷疑和珅可能會謀反。

嘉慶四年（一七九九年）正月十八日，經過廷議，嘉慶皇帝做出對和珅進行凌遲處死的決定，而且立即執行。廷議結束之後，等待和珅的就是凌遲。

凌遲刑最早出現在五代時期，此後，金、元、明、清都規定為法定刑，是最殘忍的一種死刑。這種刑法主要用於處罰那些十惡中的一些犯罪，如謀反、大逆等。到了清朝乾隆時期，如果打罵父母或公婆、兒子殺父親、妻子殺丈夫，也是觸犯倫理道德的重罪，要處凌遲刑。但後來為了鎮壓農民反抗，對於不按時交納賦稅的也要處以凌遲刑，這在明太祖時期尤為突出。

凌遲刑的處刑方式很殘忍，一般記述是說將人身上的肉一塊塊割下來。而歷代行刑方法也有區別，一般是切八刀，先切頭面，然後是手足，再是胸腹，最後梟首。但實際上比八刀要多，清朝就有二十四刀、三十六刀、七十二刀和一百二十刀幾類。二十四刀是：一、二刀切雙眉，三、四刀切雙肩，五、六刀切雙乳，七、八刀切雙手和兩肘間，九、十刀切去兩肘和兩肩之間部分，十一、十二刀切去兩腿的肉，十三、十四刀切兩腿肚，十五刀刺心臟，十六刀切頭，十七、十八刀切雙手，十九、二十刀切兩腕，二十一、二十二刀切雙腳，二十三、二十刀四切兩腿。

而就在和珅將要遭受凌遲時，他的兒媳向嘉慶皇帝求了情。和珅的兒媳是固倫和孝公主，是乾隆最喜愛的女兒，也是嘉慶的妹妹，嫁給和珅之子豐珅殷德。和孝公主為和珅求情，希望可以賜和珅自盡。嘉慶皇帝答應了。

還有一種歷史觀點認為，嘉慶之所以要殺和珅，是為了緩解官民之間的矛盾。嘉慶元年（一七九六年），發生白蓮教民變，清軍連連失利。嘉慶三年，清軍抓住四川農民軍首領王三槐，王三槐的口供說「官逼民反」。嘉慶意識到，正是因為地方官吏皆如和珅似的貪暴，所以屢屢激起民變。嘉慶帝總結說：「層層朘削，皆為和珅一人。」又說：「朕所以重治和珅之罪者，實為其貽誤軍國重務。」所以，嘉慶殺和珅，以謝天下。

不管嘉慶皇帝是因為何種原因，最終賜和珅死罪自盡，他對和珅的功績和才能還是肯定的。嘉慶十九年（一八一四年），在和珅被殺十五年之後，清國史館將編修的《和珅列傳》稿本送呈嘉慶審閱。嘉慶見記載簡略，只記錄了和珅的一堆官階履歷，很不滿意。他朱批道：「和珅並非一無是處」，他「精明敏捷」，任職三十年，還是做了很多的事。只是和珅貪鄙成性、怙勢營私、狂妄專擅、貪婪專權，才不得不加以重罰。

和珅死的時候，五十歲，他死前留下一首絕命詩：

五十年來夢幻真，今朝撒手謝紅塵。
他時水泛含龍日，認取香煙是後身。

詩的前兩句，是說富貴榮華如過眼雲煙，後兩句，有人解讀為：我將大清推向了世界第一大帝國的位置。可是，新皇帝卻將我這個太陽給殺掉了。從此以後，大清帝國就會像寺廟裡的香煙一樣，很快就燒光了。還有人認為，後兩句是說，和珅希望自己來世的時候，可以做一個平凡的人，再也不摻和政事了。

還有一種說法比較荒誕，說「水泛含龍」中的龍，不是真正的龍，而是說發大水，在和珅被賜死的頭一年，河南的黃河決堤。因為有人說那句詩的意思是，和珅等到下一次發大水的時候要轉世為生。巧合的是，道光十二年，河南的黃河再度決堤。同年十月，一個女孩呱呱墜地，據說這個女孩就是後來的慈禧太后。

其實，不管哪一種說法更接近和珅臨終前的本意，有一個事實是存在的，那就是嘉慶皇帝從父皇乾隆手裡接過大清國時，盛世的局面已然消失殆盡。

二二、白蓮教起義

乾隆皇帝把皇位「禪讓」給嘉慶的當年，即嘉慶元年（一七九六年），發生了川、楚、陝三省的白蓮教武裝起義。

乾隆王朝後期，人口越來越多，可是，人民的生活水準沒有提高，土地被官僚、地主、富商大肆兼併，貪污橫行。各種名目的苛捐雜稅卻日益繁重。而且災荒連年，湖北荊州屢遭洪災，淹死無數百姓；當陽人民沒有糧食吃，連樹皮也啃光了；枝江、長陽人民只能吃到觀音土，棗陽人民以石粉充饑；四川重慶、忠州一帶餓殍遍野，到處是一幅幅淒慘的景象。所以，當白蓮教號召的聲音響起，很多苦難的民眾便抱成了一團，準備跟清王朝王來一場正面對抗。

白蓮教源自佛教的淨土宗。相傳淨土宗始祖東晉釋慧遠，在東林寺與劉遺民等結白蓮社共同念佛，後世信徒以之為楷模。北宋時，淨土念佛結社盛行，南宋紹興年間，僧人茅子元（法名慈照）在淨土結社的基礎上創建新教門，稱白蓮宗，即白蓮教。

元朝末年，推翻元朝的紅巾軍大起義，就是由白蓮教首先發起的。當了明朝開國皇帝的朱元璋，原本是紅巾軍領袖之一，在他得了天下，做了皇帝後，就下令禁止白蓮教，他怕這個下層群眾的秘密組織威脅到明朝的安全。但是，白蓮教仍然秘密地保存了下來。過了將近三百年，到嘉慶皇帝登基，社會矛盾日益激化，白蓮教勢力活躍，逐漸形成了一支具有強大力量的反清隊伍，直接威脅到清朝的統治。

朝廷得到白蓮教遍地蜂起的消息，十分恐懼，嘉慶皇帝馬上命令各地的總督巡撫，捉拿白蓮教。而負責捉拿白蓮教的地方官吏卻想藉機發財。他們打著捉拿白蓮教的幌子，濫捕了很多無辜的百姓，嚴刑拷打，敲詐勒索。凡是出得起錢的，當即宣佈無罪釋放；拿不出錢的，就關在牢裡受罪甚至砍頭，有的甚至還被釘在牆上，被活活折磨而死。老百姓被逼得走投無路，於是越來越多的人參加了白蓮教。

當時，湖北的地方官員抓人最多，那裡的白蓮教也最活躍。首先發動起義的，是襄陽縣城白蓮教的首領齊林。可惜事情被襄陽縣令察覺，齊林被捉拿，他的頭被砍下，懸掛在襄陽縣城示眾。

暗中積極準備起義的白蓮教徒，並沒有被這件事嚇住，反而激起了他們更大的怒火。齊林的妻子王聰兒被推舉為起義首領。王聰兒召集襄陽白蓮教徒，在城郊的黃龍瑠集會。上萬名身著縞素的白蓮教徒，飲酒盟誓，放聲高喊：「有患相救，有難相死！」而後，白蓮教徒一律剪掉辮子，表示誓死與大清王朝鬥志到底。

王聰兒指揮襄陽起義軍，進攻襄陽和樊城，隨又轉戰於河南的鄧州、唐州之間，火燒了呂堰驛，聲威大震，逐漸成了四方起義軍的中心。

嘉慶二年（一七九七年）初，襄陽起義軍兵分三路攻入河南，再經陝西向四川進發。嘉慶皇帝一再命令加強漢水防禦，想把義軍堵擊殲滅於漢水之北。但是，起義軍卻早在清軍趕來前五天，就全部南渡漢水。同年六月，竟到達四川的東鄉附近。

在四川戰場，徐天德、冷天祿率領的起義軍節節勝利。六月，他們在東鄉附近的白秀山遭到清軍圍攻時，王聰兒率領部隊分成黃、白、藍三隊，步兵在前、騎兵在後，突然出現在山溝，向清軍發動了猛烈攻擊。兩個多小時的激戰，起義軍終於把清軍擊潰。湖北、四川兩支起義軍會合後，一共控制了二十多個州縣的廣大農村地。不久，冷天祿部又拿下了臨江市，各支起義軍紛紛趕來聚會。

起義軍在東鄉會師後，清廷非常恐懼，立刻調集了三路重兵，向起義軍撲來。這時，起義軍人數眾多，糧草供給上出現困難，又難以統一號令。決定分兵突圍。四川起義軍撤向江、巴州地區，王聰兒率領襄陽起義軍突破包圍圈後，又殺回湖北。避實就虛，連連粉碎清軍的圍追堵截，強渡漢水，與陝西起義軍會師，逼近西安。但當時駐守陝西的清兵非常多，他們死死纏住王聰兒部隊，使起義軍陷入被動。王聰兒且戰且退，想退回湖北，行至湖北境內的三岔河時，被追上的清軍包圍，起義軍奮勇還擊。彈藥箭矢用盡，就用石頭砸擊清軍。當清軍得知王聰兒在卸花坡時，便集中全力圍攻王聰兒。王聰兒組織了多次反擊，終因眾寡懸殊，便帶領十多名女戰士，退到山頂。清軍蜂擁而上，意圖活捉王聰兒，王聰兒等人登上山頂後，全都縱身跳下了山崖。這一天，是嘉慶三年（一七九八年）四月二十日，王聰兒不過才二十二歲。

王聰兒死後，襄陽起義軍的餘部又重新殺回四川，與四川各支起義軍並肩戰鬥，給了清軍沉重的打擊。嘉慶四年（一七九九年）底，起義軍發動了蒼溪之戰，一夜殺死清軍副將以下二十四名軍官，殲滅清軍無數。

嘉慶五年（一八〇〇年）夏天以後，清政府下令地主鄉紳的鄉勇、團勇實行堅壁清野和碉堡政策，才使起義軍的力量大力削弱。但是，起義軍在極其艱苦的條件下，還堅持了四年的鬥爭。直到嘉慶九年（一八〇四年），這場轟轟烈烈，歷時九年零三個月的白蓮教大起義，最後才被清朝統治者鎮壓下去。

可是，為了鎮壓這次起義，清政府也元氣大傷，清廷從全國十六個省徵調兵力，損失了二十多名一、二品大員，耗費白銀兩億兩。從此，清王朝走向衰落。

白蓮教之所以失敗，沒有造成像後來太平天國起義一樣的影響力，戰術是個很大的問題。縱觀九年的戰鬥，可以分成初期和後期兩個階段，初期先是數萬起義軍起兵，在山區修建了一些營寨堡壘，據險防守。由於清朝的軍隊沒有回過神來，派遣的兵力也比較少，所以遲遲攻打不下來，損失慘重。緊接著，大批清軍糾結，以優勢兵力進攻起義軍。起義軍陷入被動，成了大炮轟擊的對象。

初期階段，白蓮教起義軍勝多負少，之後，他們則成了困獸。到了後期階段，白蓮教起義軍首領也發現，據險防守，其實是被動挨打，於是改為主動出擊。這又使白蓮教起義軍佔了上風，各地起義軍開始了節節勝利。但是，他們的兵器粗劣匱乏，在攻城的時候，遇到了很大的困難。清軍在城中堅守不出，將城外的百姓和各種生活生存用品都轉移到城內，而且還加固了城牆。每一座城池都是這樣，加之以前佔據的城池也被清軍重新佔據，白蓮教起義軍陷入困境，餓死的人不計其數。

從白蓮教起義軍後期主動出擊的這一段來看，像初期一樣，都是剛開始打得不錯，後來卻敗得很慘。這是因為，雖然各地的起義軍都主動出擊，卻沒有形成一個核心組織，都是各打各的，這樣導致了一個嚴重的後果——起義軍沒有根據地，各自為政。

這場聲勢浩大的起義，對於日益腐朽的清王朝來說，是一場很大的衝擊，這個佔據世界三分之一人口的帝國，在九年時間內，死了三分之一的人口，如果將一個王朝比作一匹馬，此時的大清王朝這匹馬，日漸衰老，且嚴重受傷，已經跑不動了。

二三、王朝危機

嘉慶皇帝花了九年零三個月的工夫，把白蓮教起義鎮壓下去以後，又集中精力平息了東南沿海的漁民起義，以及一些地區的士兵譁變。這時候，嘉慶皇帝以為可以喘口氣了，不料又發生了震動皇宮，危及皇帝寶座的天理教起義。

天理教本是白蓮教的一個分支，因人員按乾、坤、震、巽、坎、離、艮、兌八卦編排，所以又稱為八卦教。教徒遍佈河北、河南、山東、山西、北京等地。在北京掌管坎卦的首領叫林清，是北京大興人，當過藥鋪學徒，也在衙門裡幹過差事。他還到過東北關外，還在大運河上當過縴夫。後來，林清住到北京郊外宋家莊的外甥家裡，替外甥照料家務。他在宋家莊由人介紹參加了天理教。因為他見多識廣，為人仗義，被推薦當了教首，籌畫起義。

林清自稱是彌勒佛轉世，他口才極好，很會鼓動，很快就吸引了不少人入教。就連皇宮裡的太監，也有許多受他影響入了教，並且表示願意日後起事做內應，幫助起義軍攻進皇宮。

為了使天理教的各部人馬協同一致，林清幾次去河南滑縣，同震卦首領李文成，離卦首領馮克善等人聯繫。三人在河南滑縣和北京郊區多次聚會，共商起義大事。選舉林清為天皇，馮克善為地皇，李文成為人皇，約定在嘉慶十八年（一八一三年）九月十五日午時起義。林清本人率領直隸教眾攻打北京皇宮，李文成在豫東起兵，攻打當地官府，馮克善則在露西起兵，攻打當地官府。三地將同時起兵。

戰略步驟確定下來後，就開始忙著打造兵器。可是，就在離約定起義的時間還有半個月的時候，私下打造兵器的事卻被官府查到了，李文成被捕了。

李文成是首領，卻被捕了，起義只能提前開始了。

九月十四日，林清派遣了兩百餘個教徒，扮成商販進入北京城。十五日中午，在幾個太監的接應下，分別從東華門及西華門兩個方向攻入紫禁城，進行了一番混戰後，有四、五個教徒進入隆宗門，甚至到達了養心殿。可惜，嘉慶皇帝不在宮中。此時的嘉慶皇帝按照慣例離開了北京城，只帶了幾個年輕漂亮的新寵，開始了他木蘭狩獵的行程。所以，天理教徒沒能夠順利完成刺殺皇帝的計畫。但是，他們離后妃宮室已經沒多遠了。很快，消息傳到了後宮嬪妃們的耳中，一時間，喊叫聲和打殺聲混雜成一片。好在皇后鈕祜祿氏還算鎮定，她派人把正在書房讀書的皇子、皇孫們叫了過來，皇次子綿寧最先做出反應，他帶著鳥槍守衛在養心殿前，指揮各路官兵與天理教徒作戰。

到了傍晚，天理教徒在健銳營、火器營準備精良的官兵的圍攻下，終於抵擋不住。攻打東華門的一路教徒撤回了黃村宋家莊，進入皇城的教徒則被全部殲滅。兩天後，林清被捕。

天理教攻打皇宮的消息，第二天便傳到了嘉慶皇帝的耳朵裡。當時，在木蘭狩獵的嘉慶，因為天公不作美，陰雨連綿，所以只好提前回京。在回京的路上，嘉慶皇帝便接到了直隸總督溫承惠的奏報，說天理教徒攻打皇宮。嘉慶皇帝震驚之餘，不禁為皇次子綿寧的英勇感到高興。他馬上封綿寧為「智親王」，加給歲俸一萬兩千兩，綿寧用的那支鳥槍，也起名為「威烈」。皇次子綿寧，就是後來的道光皇帝，嘉慶死後，他繼承皇位，改名叫旻寧。

再說嘉慶皇帝，回到北京之後，詳細調查天理教教徒攻打皇宮的事件。結果發現，正是自己的近臣太監給林清做內應，實際上，這個事在早些時候已經被知情人告發了，但王公大臣們當皮球一樣來回踢，直拖到事發。

皇宮內出了這樣的醜事，嘉慶皇帝可以說是顏面盡失，痛心疾首的他只能發詔自責。可是，不管嘉慶皇帝怎麼嘉獎兒子，下詔痛責，都無法掩蓋官僚的腐敗，軍紀渙散的實情，更無法掩蓋大清王朝的頹喪之勢。表面上看，天理教攻打皇宮的事件，是紫禁城的一次危機，透過現象看本質，這個事件其實暴露了大清王朝的危機。

這一危機，還是要說到「腐敗」的問題。儘管嘉慶皇帝賜死了和珅，但腐敗卻沒有剷除。在嘉慶皇帝執政期間，曾一再發佈整飭吏治的諭旨，對「懲貪倡廉」的問題十分重視。縱觀嘉慶一朝，被處置的大官很多，而這些人都是因為犯貪污罪被懲處的。比如湖南布政使鄭源璹勒索下屬，貪贓枉法，家裡所養的歌妓就有三百多人，被查抄後，處以斬刑。嘉慶皇帝在上諭彙總告誡其他官員：你們可以養歌妓，但絕對不能用百姓的錢。朕知道天下還有許多個鄭源璹，倘若叫朕知道，必不饒恕。

接著，雲南總督、漕運總督又因為貪污被處以「絞監候」。貪污而不知悔改的雲南巡撫伊桑阿被處以「絞立決」。另外，武昌府同知常丹葵，既貪婪又殘暴，他藉口抓捕白蓮教徒，對百姓肆意勒索，乃至連累無辜者達數千人之多。

當時的御史谷際岐在給嘉慶皇帝的上疏中，談到常丹葵時說：「按名取結，納錢釋放，少得供據，立與慘刑，至以鐵釘釘人壁上，或鐵錘排擊多人。情介疑似，則解省城。每船載一、二百人，饑寒就斃，浮屍江上。」

嘉慶皇帝趁勢抓住此案，嚴懲常丹葵。他想到「懲一儆眾」從而來抑制地方官的貪暴，凡此種種，都可以看出嘉慶皇帝反貪的決心和力度。

然而，歷史告訴我們，嘉慶一朝，從開始到終結，貪污問題不僅沒有解決，甚至更加嚴重。用唯物主義歷史學家的話來講就是：任何一個封建王朝都不可能解決貪污問題，因為這是階級性決定的。但這種堂堂大言似乎也沒有用。嘉慶皇帝之所以懲治不了腐敗，原因有兩個，第一是他本人，面慈心軟，頗有婦人之仁。

回顧清朝歷史，康熙皇帝在懲治腐敗上，以「柔」為基本方針，在懲治腐敗的基礎上加大力度宣導廉潔。於是康熙一朝有無數個清廉之官。而雍正皇帝在懲治腐敗上，是以「嚴」為基本思想。抓住貪官本人要殺，其他有牽連的也一併要殺。而再看嘉慶皇帝，從他處理天下第一貪官和珅的事上，就可以看出，他很「軟」，按照當時積習已久的貪污風氣，就應該將與和珅有一點關係的人全部處死，甚至可以株連九族。但嘉慶皇帝只懲處了和珅本人。這如何能起到威懾作用呢？

在後來的幾個貪污案件中，一旦涉及的人過多，嘉慶皇帝就於心不忍了。從而只對罪犯本人進行懲處，其他有牽連的人員，或是小罰一下，或是告誡。

原因之二，是當時清朝官員的制度問題。按照清朝官員的制度，旅差、辦公費用和幕客、隨從的報酬，基本上是官員自己出錢，正常的薪俸、養廉銀根本就不足以維持公務運作和官員家族豪侈的生活。所以，大多數官員只好通過各種名目獲得額外的收入，這已經成為整個官僚機器必不可少的潤滑劑。

但是，在當時，「千里為官只為財」，官員們取得額外收入，不會滿足於彌補公務支出，對金錢的追求是「多多益善」。當貪贓枉法已經變得不再無恥，反而成為一種規則、制度，甚至是習慣時，皇帝的一首詩，幾句罵娘的話，幾道聖旨已經毫無用處了。從歷史可知，嘉慶皇帝罵貪官的詩，並沒有罵出清廉的吏治，也不能阻止天下大亂的發生。

因為貪污橫行，各種名目的苛捐雜稅日益繁重。民眾無法生存，所以才紛紛起義。所以，天理教起義，攻打皇宮，看似只是紫禁城的一次危機，實際上是整個大清王朝的危機。其實，天理教教徒攻打皇宮之前，嘉慶皇帝就遇到過一次更大的威脅。

嘉慶八年閏月而二月二十日早晨，正當嘉慶皇帝坐轎從西郊回宮，路過神武門，快要進入順貞門的時候，突然間從西廂房山牆後面衝出一個四十多歲，披頭散髮，手持利刃的漢子，直奔御輦撲來。就在這萬分緊急的時刻，守護在神武門內東西兩側的一百多名侍衛、護軍個個呆若木雞，竟然無一人阻攔。只有御前大臣，定親王綿恩，御前侍衛札克塔爾等六人上前阻擋。

這突如其來的襲擊，嚇得嘉慶皇帝慌忙跳下了御輦，驚恐萬狀地逃入順貞門。刺客一時來不及追趕，只是左右揮舞著刀，奮力拼殺，企圖殺出一條活路，但終因寡不敵眾被縛。

經過一番調查審訊得知，這個刺客名叫陳德，四十七歲，鑲黃旗人。原本是山東青州府海防同知松年的契買家奴。後來，陳德到京城投靠了任護軍的外甥，被分到內務府服役，所以有機會出入宮中。之後，陳德和妻子又一同去一個叫孟明的官吏家中做廚役。在此期間，陳德的妻子因病去世，岳母癱瘓，還有等待撫養的小兒，生活突變使他難以承受，所以常常借酒澆愁，而酒醉之後便會胡鬧一番。

面對陳德這樣一個醉鬼，孟家只得解雇了他。沒有了經濟來源，生路被斷絕的陳德，只好先借住在他外甥家，後又寄居在舊友黃五福家中。事發前幾天，陳德看見街上鋪墊道路，得知嘉慶皇帝的進宮日期，於是打定主意謀刺嘉慶皇帝。

從表面上看，是陳德是飽嘗人間辛酸，親眼看到皇宮貴族的富足、腐朽生活，從而激發了反抗的情緒，但是這番供述漏洞百出，疑點甚多。因為窮困潦倒過不下去，就意圖刺殺皇帝，簡直是無稽之談，實在荒誕。更何況皇帝的行蹤，屬於國家機密，神武門又是皇帝出行的必經之路，戒備極其森嚴。此處建築高達三十一米，常人是不可能靠近的，更別說是進入了。

可是，陳德卻能持刀潛入神武門。而且，他行刺的時候，上百名軍校和眾多隨行之人，居然袖手旁觀。種種跡象都讓人覺得，背後必定有人出謀劃策。這是一次有計劃，有預謀的刺殺行動。

但是，無論怎麼酷刑拷問，刺客陳德都一口咬定是他一人所為，並沒有主謀。對陳德的兩個兒子以及交往密切的人，進行嚴加拷問，也沒有獲取任何有價值的線索。於是，會審官員擬旨上奏，嘉慶皇帝傳諭道：「一味動用酷刑，想要知道幕後主謀，若是他們隨便說出一名官員，那麼那位官員該怎麼處置呢？倒不如不審問了，讓這件事成為一個謎團，就此作罷吧！於是，下令將陳德凌遲處死，將他的兩個未成年的兒子陳祿兒、陳對兒處以絞刑。並以失察的罪名，對護衛守候在神武門和東華門的十七名文武官員，分別給以罰俸、發往熱河披甲當差的處分。

一樁震動朝野的重案，就此了結，但這中間究竟有著怎樣的隱秘，恐怕已經沒有人能破解了。

一個平民百姓行刺皇帝，幾十人的農民起義軍就打進了皇宮，嘉慶皇帝對此，說了一句感慨的話：「此乃漢、唐、宋、明未有之事」。由此可知，當時的階級矛盾已尖銳到了不可調和的地步。

從大歷史的角度來看，嘉慶皇帝在位的二十五年，正是清王朝從「康乾盛世」走向衰落的過渡階段。嘉慶皇帝與他前面的幾個文治武功的祖宗相比，他在位所發生的事實在是太窩囊了。因此，有人說，嘉慶皇帝是清朝皇帝中最倒楣的一個。

在天理教教徒攻打皇宮的七年後，也就是一八二〇年七月，嘉慶皇帝再次去木蘭狩獵，駐於承德避暑山莊。大概是七年前的那件事依舊在他的腦袋裡起作用，他開始頭痛發熱，不久，病情開始嚴重。嘉慶皇帝連忙宣召大臣賽沖阿、托津等入室，宣佈立即傳位於皇次子旻寧。同月二十五日，嘉慶皇帝駕崩於承德避暑山莊。

二四、經濟困境

嘉慶皇帝時期，大清王朝的財政收入已經陷入了危機，而道光皇帝時期，財政危機的狀況更加嚴重。

嘉慶十七年（一八一二年），歲入四千一百一十三萬餘兩，歲出三千五百一十萬餘兩，雖然收支抵消後的盈餘數已較乾隆時期大為減少，但仍有六百萬兩左右。而到了道光皇帝時期，據道光三十年戶部的奏報，此前的十餘年間，「歲額所入，除豁免、緩徵、積欠等項，前後牽算，每歲不過實入四千萬上下」。比嘉慶皇帝時期的平均值少徵四、五百萬兩，歲出則「約需三千九百萬兩」，收支相抵，幾乎沒有盈餘了。

這還僅僅是就例內支出而言，實際上當時到底用了多少錢根本無法預測。從道光皇帝執政到此前的十餘年，各個戰爭和邊疆建設，東、南兩河工用，南北各省災務，統計例外用款，多至七千餘萬。計入這些，那就入不敷出了。戶部奏摺中提到：「入款有減無增，出款有增無減，是以各省封存正雜等項漸至通融抵墊，而解部之款日少一日……雖經疊次恩發內帑銀一千餘萬兩，王公大臣議減京外各營馬乾，紅白賞恤、雜項、減平等款共節省銀一千餘萬兩，臣部先後催完積欠銀一千七百餘萬兩，又因南糧缺額，京倉支放等款分成改折，而入不敷出，為數尚巨。」

到了道光後期，京師戶部每年支放銀九百四五十萬兩，其來源「除各省例解部款一百二十萬，常捐、旗租、減平二百餘萬兩外，不敷銀兩隨時奏聞，於盈餘省份地丁、鹽、關指款撥解部庫」，計入京師款，道光後期全國總計的歲入、歲出實際上是沒有富餘了，因為各省出入的盈餘數，差不多要全部用來解京供應中央開銷，常例支出如此，應付起當時層出不窮的例外開支，就只能吃庫存老本了。

眾所周知，道光皇帝是歷史上著名的「節儉皇帝」，他的節儉多少與他面臨的財政困境有關。道光皇帝的節儉，並非只是嘴上說說，紙上寫寫，而是採取實際措施，見諸行動。他倡行節儉的諭旨和措施，儘管收效很小，但他自己確實是一直躬親實踐，身體力行。照例，皇帝每餐最少也有二十幾樣菜肴，道光覺得這樣過於靡費，下令只做四樣菜，有時則只要一碗豆腐燒豬肝。

道光皇帝即位多年，只給自己的妻子慶祝過一次生日，那是皇后佟佳氏四十整壽，在那時算是一個大日子。而對於這一次皇后「千秋」的宴席，無論是正史還是野史都大大地記了一筆：面對成百上千的王公大臣及其內眷，還有後宮的嬪妃和宮女、太監，道光皇帝只給了御膳房宰殺兩口豬的指標。於是佟皇后的整壽千秋宴，就只有一品肉片打鹵麵款待來賓了。

《清稗類鈔》裡還記錄了幾件事：說道光皇帝曾經有一件黑狐端罩，襯緞稍微大了點，他便令太監拿出，四周添皮。內務府報告說，這樣改一下的話，需要上千兩銀子。道光皇帝聽後，忙說不用改了。

道光皇帝有一條套褲，膝蓋的地方不小心弄破了，後來就讓內務府的人在上面綴了一塊圓形補丁，即所謂的「打掌」。大臣們見了，紛紛效仿，也在膝間綴了一塊圓形補丁，竟然風行一時。

有一次，道光皇帝召見軍機大臣，正好大臣曹文正離御座近，道光皇帝見其套褲上綴了一塊圓形補丁，便問：你這套褲也打掌了啊？

曹文正說，改做太花錢，所以還不如補綴一下。

道光皇帝問：你打掌要花多少錢啊？

曹文正說：要銀三錢。

道光皇帝吃了一驚，說：外面的東西是便宜啊，我這裡內務府說要銀五兩。

這時，道光皇帝對內務府的人起了疑心，又問曹文正：你家吃的雞蛋，要多少錢啊？

曹文正是個聰明人，他怕得罪內務府的人，便謊稱：臣小的時候患氣病，從來不吃雞蛋，所以我也不知道雞蛋的價錢。

幸虧曹文正沒說。因為在乾隆朝的時候，有一次早晨，乾隆皇帝問大臣汪文瑞：卿這麼早來，可在家裡吃過點心？汪文瑞答：臣家裡窮，每天早上不過吃四個雞蛋而已。乾隆愕然，說：雞蛋一枚，需要十兩銀子，我都不敢吃這麼多，你一天吃四個，還敢說自己窮？汪文瑞知道是內務府的人搞鬼，但又不敢明說，只好敷衍道：外面賣的雞蛋，都是殘次品，沒法和上供給宮中的相提並論，所以我買的都是些便宜貨，不過幾文錢罷了。

《清朝外紀》裡說，道光皇帝到了晚年，更是小氣。宮中膳品，本沿襲舊例，有時候道光想吃某樣東西了，但聽說這東西太貴，往往又忍住，不讓宮裡的人去買。後來的慈禧太后也小氣，但她的小氣是摳門，喜歡存錢，而道光皇帝的小氣是根本就不消費。

因為道光皇帝的禁欲不消費，弄得內務府的人大為頭疼，怨言多多，不過，他們還是有辦法來對付的。有一次，道光想吃片兒湯，讓內務府的人按自己說的製法去做。內務府報告說，若是按皇上的做法，就必須另蓋一間廚房，並請專人來負責。這樣的話，要請上面撥給經費六萬兩來辦理此事。另外，還需要一萬五千兩的維護費。道光聽後，眉頭一皺，說：朕知道前門外就有一飯館能做此湯，每碗不過四十文。算了，以後每天讓太監去買吧。

過了幾天，內務府的人報告說，前門外的飯館已經關了，原因不明。道光歎道：朕向來不為口腹之欲，而濫費國帑，沒想到朕貴為天子，想吃一碗片兒湯都辦不到，真是可歎啊。

內務府的人其實是想找個藉口來造個廚房，藉此中飽私囊，可惜沒有得逞，弄得道光皇帝連一碗片兒湯都吃不到。

為表示自己倡節儉、杜奢靡的決心，道光皇帝詔令停止和嚴格限制各地進獻貢品。宮娥彩女大批放還出宮，令后妃以下悉去繁華裝飾，衣食用度概從樸實，詔諭嗣後皇子皇孫婚儀一切從儉。

對道光如此節儉的舉動，大臣們是極力奉迎，尤其是軍機大臣穆彰阿。穆彰阿每次上朝的時候，總穿著破舊的袍褂。道光皇帝見了，便稱讚他大有名臣風度。但他不知道，這位具有「名臣風度」的大臣，在外面做了許多貪贓枉法、窮奢極欲的事情。

皇太后萬壽那一年，道光皇帝很害怕花錢，便下旨說：「天子以天下養，只需國泰民安，便足以盡頤養之道。皇太后節儉垂教，若於萬壽大典過事鋪張，反非所以順慈聖之意。萬壽之期，只需大小臣子，入宮行禮，使足以表孝敬之心，勿得過事奢靡，有違祖宗黜奢崇儉之遺訓，欽此。」

這道聖旨一下，大臣們都明白了道光皇帝省錢的心思。便跟道光皇帝說，所有萬壽節一切鋪張，都由臣民孝敬，不花內務府一分錢。道光聽了，自然龍顏大悅，心想既然你們花錢，那就讓你們自己去操辦吧。於是，下了一道諭旨，成立一個皇太后萬壽大典籌備部，而穆彰阿就是這個籌備部的頭兒，穆彰阿以皇太后萬壽為藉口，到大小衙門勒索。最小的官員都以一百兩起，僅這一次，穆彰阿就足足得了一千萬兩的好處。

由此可見，道光皇帝的節儉，根本無法改變財政入不敷出的狀況，也無法走出經濟上的困境。因為再節儉也抵不上官員貪污給國庫造成的空虛。此時的大清帝國上層，官員們大撈特撈，而在帝國的下層，還有一群蛀蟲啃噬著帝國大廈的根基，這些蛀蟲就是清朝京城裡的銀庫兵。

在清朝，有一句話，叫做「想發財，去戶部」。《清代野記》中提到：「戶部各差以銀庫郎中為最優，三年一任，任滿，貪者可餘二十萬；至廉者，亦能餘十萬。其下司庫、書役人等，無人肥美，皆滿缺，無一漢人也。其中尤以庫失一項為諸役冠，亦三年更替，亦皆滿人，雖有漢人亦必冒滿名，役滿人可餘三四萬金不等。」

這段記錄的大致意思是說：清朝時期的五府六部，最有油水可撈的就是戶部了。而戶部，最有油水的職位是銀庫郎，銀庫郎三年一任。有人說，如果天天貪污，在任滿後可撈上二十萬兩雪花銀。廉潔一些的，也能撈到十萬銀子，至於下面的司庫、書役、也是三年一任，任滿時，也能撈到三、四萬兩銀子。但這些差事與漢人是無關的。但任這些官職的，都是滿族人。即便有漢人擔任，也要冒充自己是滿人。

除了銀庫郎、司庫、書役等大小官員，在銀庫部還有一種人：銀庫兵。他們雖然被稱作「兵」，但撈到的油水一點也不比官員少。所謂「三年銀庫兵，萬兩雪花銀」。銀庫兵不僅要求必須是滿族人，而且還要花六、七千兩銀子賄賂戶部尚書，或者戶部尚書左右的人才能當上。

據說，當年北京城裡的許多鏢師們有一項生意就是保送銀庫兵。由於銀庫兵可撈的油水很大，那些沒銀子賄賂，當不上銀庫兵的人，便和地痞、無賴相勾結，尋找機會綁架銀庫兵，讓他的家屬送錢來贖。因此，每個銀庫兵出門都要雇幾個鏢師來保護。

清史記載：為了防止銀庫兵夾帶私藏銀子，銀庫兵進出銀庫搬運銀兩，無論春夏秋冬都要赤身裸體，由堂官公案前魚貫而入，並且在出庫時，赤身到公案前，兩臂平伸，張嘴發聲，以示口中無物。然而，即便如此，銀庫兵也自有高招，他們把銀塊藏於肛門之中。在此之前，他們都要事先經過刻苦的訓練，先用雞蛋抹了蓖油往肛門裡塞，然後再換鴨蛋、鵝蛋，最後是鐵蛋。把一套「夾功」練得爐火純青，功夫最高者，一次可以夾帶五十多兩銀子。

當時的銀錠都是各地鑄造，銀庫兵最愛夾帶的是江西錠，因為「江西錠光滑無稜，其肛之嫩者，則用豬油浸濕，裹銀而塞之。」但這樣做，讓許多銀庫兵到老後，都患上了脫肛痔漏症。在當時，知道「江西錠」內幕的人都不愛用它，特別是一些酒館老闆，公開拒絕收江西錠，說那都是銀庫兵用肛門夾出來的，是髒錢，不乾淨。

按清朝的制度，銀庫兵總設四十人，每月開庫九次，逢加班能開十四次左右。每個銀庫兵每月當班三、四次，每次進出六、七趟，當一個班，一個銀庫兵能偷二百兩銀子，一個月就偷上千兩銀子。

銀子從外地運往京城，都裝在銀鞘裡。當地為了湊足分量或成色，每個鞘裡都要放些散碎銀子，往庫裡存放時，要把銀鞘劈開。一般的銀鞘三斧子就可以劈開。但劈到第三斧時，掌斧人就要手段了，因為這一斧子下去，要使碎銀子像雪崩似的四處散開，這樣圍上去的人好邊拾邊偷偷往身上藏。

銀庫兵如此膽大妄為，管庫的官吏心裡當然很清楚，只不過睜一隻眼閉一隻眼罷了。當局之所以不能禁絕，主要是自身不乾淨，外地來交銀子，他們要人家的好處費，否則就百般刁難，要麼說分量不夠，要麼就說成色不好，拒絕接收。如果拿到好處費，就是運銀的差官半路上拿了一些，管庫的官吏也不追究；銀庫向外支付銀子時，他們也向領取人索要賄賂，否則，要麼就不給足分量，要麼就給成色不好的銀子。當時，山西出的銀錠不僅成色最好，而且每錠銀子裡有黃金一錢，所以支取者不惜花大價錢賄賂司庫，企圖得到這種銀子。

另外，銀庫兵都是一些亡命徒，如果哪個官員吃了雄心豹子膽，當場抓住一個偷銀子的庫兵，真要鐵面無私辦起案來，那麼，這些人夜間甚至會去把辦案的官員殺掉。《清代野記》裡記載了這樣一件事情：祁文恪世長署戶尚時，忽見一桶底脫而銀出，不能不問，隨即鎖拿庫兵數人，將於次日奏參嚴訊，人謂之曰：「爾將興大獄乎？爾不顧身家性命乎？無論大獄不可興，即若輩皆亡命徒，拼出一人認死罪，而半夜刺公，公何處呼冤者！」文恪乃含糊了事。

《清代野記》的作者感歎說：「清之亡，亡與內政之不修，不亡於新政之不善。」

其實，嘉慶朝的時候，因為貪污橫行，吏治腐朽，大清王朝已然是一個爛攤子了。道光即位後，他接手了這個爛攤子。以他的才智和魄力，無法開創一個新的局面。但他不想讓清朝的祖業毀在自己手中，然而，儘管他兢兢業業，恪守祖制，力圖振興衰敗的王朝，可他的才華不及祖父乾隆，精明不如曾祖雍正，膽略不如高祖康熙，想重振雄風，實在勉為其難。

二五、鴉片戰爭始末

道光皇帝即位後，由於國家財政的危機，陷入了經濟上的困境，加上吏治腐敗，道光皇帝感到舉步維艱。而這期間，世界格局發生了很大變化，鄰近中國的印度和緬甸都已成為英國的殖民地。英國等西方國家在中國推銷商品，企圖佔領中國市場，但卻受到清政府閉關政策的限制，也受到了中國自給自足的自然經濟結構的抵抗。

當時，英國輸入中國的商品以紡織品、金屬製品和從印度運來的棉花為主，後兩種商品能夠賺點錢，但數量有限。大宗的紡織品則虧損。而對於中國的茶、生絲等商品，英國的需求量又非常大。在相當長一段時間裡，中國一直保持著出超的地位。直到十九世紀三〇年代初，出超額每年仍在三百萬兩白銀以上。英國為了改變不利的貿易格局，找到了鴉片，打算以此來扭轉英國在對中國貿易中不利的地位。

十九世紀以後，英國開始向中國大量輸入鴉片，甚至採取賄賂官吏，武裝走私等卑劣手段。在十九世紀最初的二十年當中，英國每年平均向中國輸入約四千箱鴉片。到了十九世紀三〇年代的時候激增，到一八三九年，達到了將近四萬箱。

從十九世紀三〇年代起，在英國的對華貿易總值中，鴉片佔到了二分之一，到鴉片戰爭前，英國對華貿易終於由入超變為了出超。除了英國以外，美國商人也來中國販賣鴉片，但數量比較少。

英國通過鴉片貿易改變其不利的地位，由入超轉為出超。鴉片貿易給東印度公司、英屬印度殖民地政府和鴉片販子帶來了巨大的利益。

清朝政府自然感覺到這種局面，對自己非常不利，因為鴉片的大量輸入造成了財政的困難，而且統治機構，特別是官吏和軍隊也迅速糜爛和削弱。

實際上，從雍正七年（一七二九年）起，就曾經嚴禁過鴉片煙。當時，朝廷下令「私開鴉片煙館引誘良家子弟者，照邪教惑眾律，擬絞監候。」

到了道光年間，鴉片氾濫成災，封建地主和煙販子們也同英國商人勾結起來賺錢，致使白銀大量外流，吏治更加腐敗，無數百姓因為吸食鴉片上癮，而弄得家破人亡。很多清朝士兵也吸食鴉片，根本沒有力氣打仗，軍隊的戰鬥力大打折扣。直接危及到清朝的統治。然而，此時的清政府內部，卻在如何對待鴉片的問題上產生了分歧：一部分官員認為，應該以更加嚴厲、更積極地態度禁煙，持這種觀點的，被稱為「嚴禁派」；而另一部分官員則認為，應該以開放鴉片市場的方法，達到最好清除鴉片的目的，持這種觀點的，被稱為「弛禁派」。

兩派各抒己見，爭執不休，終於在道光十六年爆發了公開的論戰。

道光十六年（一八三六年）四月二十七日，太常寺少卿許乃濟向道光皇帝上了《鴉片煙例愈嚴流弊愈大亟請變通辦理摺》，公開提出了弛禁主張，揭開了禁煙大討論的序幕。許乃濟提出的弛禁辦法是：一、准許外商輸入鴉片，照藥材納稅，但只准以貨易貨，不能用白銀購買。二、允許內地人們種植鴉片，以此抵制洋煙進口，使其不禁自覺。三、允許民間吸食鴉片，但不准官吏兵丁吸食。

很顯然，許乃濟的弛禁主張實際上就是使鴉片貿易合法化，不僅解決不了煙害，其後果將更為嚴重。

道光十八年潤四月十日，鴻臚寺卿黃爵滋向道光皇帝上了一個摺子，提出了重治吸食鴉片的主張，將禁煙問題的論戰推向高潮。黃爵滋的嚴禁措施是：一、加重懲罰，重治吸食，以一年為期，限吸食者戒煙。二、建立五家鄰右互保法，互保之家有違犯禁令者，各家都要治罪。三、官吏犯禁罪加一等。黃爵滋的主張是歷年來最嚴厲的，引起了道光皇帝的高度重視，也引起朝野內外的強烈迴響。道光皇帝將此奏摺轉發給各省督撫複議。共收回二十九份回饋意見。其中，贊成嚴禁的有湖廣總督林則徐，兩江總督陶澍等八人，不完全同意或反對的，有直隸總督琦善、雲南總督伊里布等二十一人。反對派佔多數。

琦善等人不敢從正面反對嚴禁，轉而從側翼進攻，認為應該維持原來的禁煙辦法，若重治吸食，則會矯枉過正，不利於體現聖朝寬大。他們對英國輸入鴉片的罪行閉口不談，卻將廣東一些「囤販」說成鴉片氾濫的罪魁禍首。這實際上是為外國侵略者，以及包庇走私鴉片的清朝官員開脫罪責。

雖然反對派的勢力很大，但嚴禁派無所畏懼，據理力爭，林則徐多次上書道光皇帝，力陳鴉片走私的危害，並提出了自己的禁煙辦法。林則徐的慷慨陳詞，打動了道光皇帝，尤其是「流毒於天下，為害甚巨……是使數十年後，中原幾無可以禦敵之兵，且無可以充餉之銀。」讓道光皇帝感到了切膚之痛。他想，若果真如林則徐所言，大清的江山豈不要葬送在自己手中。

於是，道光皇帝終於下定決心嚴厲禁煙，並把希望寄託在林則徐身上。

道光十八年（一八三八年）十一月五日，道光皇帝任命林則徐為欽差大臣，加兵部尚書銜，節制廣東水師，前往廣東厲行禁煙。

林則徐從京城馳往廣州，剛一到達，立即著手禁絕鴉片。他到廣州時，無論販運鴉片的洋商，還是國內的買辦、掮客，以及吸食者都感到一股巨大的威懾力。在遠離廣州的粵西地區，居民聽說林則徐禁煙的消息後，嚇得慌忙把家中藏有的鴉片棄之門外，唯恐因此受牽連而獲罪。

而廣東地方依靠鴉片走私活動聚斂錢財的貪官污吏，卻並不把林則徐的禁令放在眼裡。他們在海上、岸邊、內河、小路與不同級別的鴉片販子環環接力，仍舊把鴉片運往各地。這些人的陽奉陰違，使林則徐的禁令很大程度上形同廢紙，局面並未有很大改觀。百姓因吸食鴉片日益窮困，州縣官吏因此無法完成每年應上繳的稅額。與此同時，銀價日貴，錢價日賤，導致銀錢找換頻繁的商人大筆賠本，窮苦的百姓更不願交租納糧。

擒賊先擒王，林則徐首先拿首商開刀，首商即洋商頭領。他要求首商迅速將鴉片繳送官府，當時最大的鴉片販子英國人渣甸聞訊後逃亡海上，另一英國人顛地尚在繳與不繳之間猶豫不決。林則徐強令英國駐華商務監督義律督促各洋商，盡快將鴉片繳送完畢，同時聲明將來若再販運鴉片，甘願接受中國政府嚴懲。義律見無機可乘，欲逃往澳門暫時躲避。林則徐獲悉後，調集戰船將洋商雲集的廣州夷館圍了個水洩不通，隨即傳令館內中國買辦撤出，迫使義律就範。義律起初堅持拒不投降，幾天後見林則徐毫無通融餘地，只好命令洋商繳出藏在夷館內以及黃埔河鴉片躉船上的兩萬零兩百八十三箱鴉片，合計兩百三十七萬六千斤。至此，林則徐取得了禁煙的第一場勝利。

林則徐原本是想把鴉片運回京師銷毀的，但御史鄧瀛提議就地銷毀更好，以防鴉片在路上被偷換掉。道光皇帝同意了。林則徐決定在虎門公開銷毀鴉片，接下來問題便是該如何銷毀這些鴉片了。林則徐曾使用傳統「煙土拌桐油焚毀法」，銷毀鴉片，但膏餘卻會滲入地中，吸毒的人掘地取土，仍得十之二三。於是，林則徐想出了「海水浸化法」，在海邊挑挖兩池，池底鋪石，為防鴉片滲漏，四周釘板，再挖一水溝。把鹽水引入池中，接著把煙土割成四瓣，放入鹽水，浸泡半日，再投入石灰，石灰遇水便沸騰，煙土溶解。士兵拿木耙不停在池中攪拌，讓煙土完全溶在水裡面。等到退潮的時候，放池水入大海，並用清水洗刷池底。

道光十九年（一八三九年）六月三日，廣州文武大臣在林則徐德率領下來到虎門海灘銷煙。虎門搭建了一座禮臺，前面掛著一面黃綾長幡，上面寫著「欽差大臣奉旨查辦廣東海口事務大臣節制水陸各營總督部堂林」，廣東各高級官員全部出席。由於銷煙是公開性的，可以隨便參觀，因此人們紛紛前往虎門淺灘。此外，還有外商、領事、外國記者、傳教士等，都專程由澳門或其他地方前來參觀。當中有人不相信林則徐有辦法把所有鴉片完整銷毀，林則徐讓外國觀察員進入池邊，直接詳看銷煙的方法，沿途講解，外國觀察員看了全部的過程，反覆考察之後，都心悅誠服。

虎門銷煙後，林則徐對外國（主要是英國）商人提出要求：繳出鴉片，出具永不再帶鴉片的具結。禁煙運動堵住了英國榨取中國巨額白銀的管道，英國資產階級不甘心放棄這筆不義之財，他們極力阻撓破壞禁煙運動，甚至不惜動武。

為了迎擊侵略者，林則徐積極籌備廣東沿海的防務。他從禁煙的實踐中，看到民眾的力量，有了「民心可用」的認識。主張一定限度內利用民眾力量來抵抗外來侵略。在民眾的支持下，林則徐多次粉碎了英國的武裝挑釁。

然而，就在此時，在北京的道光皇帝卻變了卦。道光皇帝原以為林則徐一到廣州，收繳了鴉片，便可大功告成，一勞永逸，並未想到會與英國開戰。對於林則徐對英作戰捷報的批覆，道光皇帝雖然也有讚許之詞，但更多的是責備。他多次命林則徐盡快斷絕與英國的聯繫，永遠不准進行貿易往來。這讓林則徐左右為難。林則徐不願放棄禁煙，同時又認為應該發展正當的中英貿易，但他又不能不服從道光皇帝的諭旨。道光皇帝的意思是，取消中英貿易，閉關自守，但在世界已經進入資本主義的時代，想以此一勞永逸地排除外國侵略的威脅，實在是一個愚蠢的幻想。

無奈之下，林則徐於道光十九年（一八三九年）十一月一日，實施停止與英國貿易的決定。與此同時，嚴堵其他國家代運和私銷鴉片之路。林則徐的策略是正確的，但卻不能繼續執行。同年十一月二十七日，林則徐接到道光皇帝的諭旨，明令他廢止具結、懲凶的正確措施。

林則徐幾個月的努力，被無情的否定。更讓他心酸的是，道光皇帝在諭旨中惡狠狠地斥責。對皇上的翻臉，林則徐沒敢再頂撞。他只能在有限的範圍內加強海防，密切注視著英軍的行動。此時，在北京的主和派也加緊了破壞禁煙抗英鬥爭的活動。首席軍機大臣穆彰阿，利用道光皇帝急於收場的心理，奏請調離主張禁煙的鄧廷楨為兩江總督。這樣一來，等於去掉了林則徐的臂膀。道光皇帝准奏。而此時，戰爭的陰雲早已密佈，正式開戰只是時間問題，而道光皇帝還在做著天朝大國的美夢。

道光二十年（一八四〇年）正月，英國政府任命喬治・懿律和查理・義律為正副全權代表，並任命懿律為英軍總司令。同年三月，英國政府組成了一支有四十八艘戰艦，四千名士兵的東方遠征軍。五月，英軍到達廣東海面，鴉片戰爭正式爆發。

英軍本來打算在封鎖的珠江口後，進犯虎門要塞，但由於林則徐嚴密佈防，戒備森嚴，英軍未能得逞。於是英軍以大部分兵力北犯。六月六日，英軍到達定海（即舟山島），七日下午，開始攻城，清軍一觸即潰。八日凌晨，定海失陷。二十日，消息傳到北京。從全域看，定海一地的得失，離戰敗還很遠，但清政府立刻驚慌失措。

英軍沿途散佈林則徐、鄧廷楨「行為無道，令辱大英國主」的言論。主和派也趁機攻擊林則徐禁煙過激，惹來了兵禍。英軍的火炮威脅，主和派的謠言煽動，使道光皇帝的態度發生了根本性的轉變。

道光皇帝，十分惶恐。他害怕英軍北上天津，又派直隸總督琦善奔赴天津海口，準備對英軍進行羈縻。

八月，英國艦隊到達了天津大沽口。天津是京師的門戶，但防務極差。英軍未費力氣就進入了白河，向中國官員投遞了英國外相巴麥尊致中國宰相書。

道光皇帝懾於兵威，罷免了林則徐，改派直隸總督琦善為欽差大臣。英軍已達到了壓迫清朝屈服，打擊主戰派的目的，加之天氣漸漸轉寒，英軍中瘟疫流行，於是同意南返廣州談判。於是，在八月二十日，英軍離開天津南下。

道光皇帝聽說英軍南返的消息後，如釋重負，對琦善的退敵之功大加讚賞。認為琦善「隻言片語遠勝十萬雄師」，當即下旨，命琦善奔赴廣州查辦對英事宜。

琦善九月八日離京趕赴廣州。就在同一天，道光皇帝以「誤國病民、辦理不善」的罪名，下旨將林則徐和鄧廷楨革職。一年前還堅持禁煙的道光皇帝，現在來了一個一百八十度的大轉彎，由主剿變為主撫，並將他親自派去禁煙的林則徐革職查辦，為什麼會有這樣大的變化？

首先，道光皇帝從琦善的奏摺中，了解到英軍船堅炮利，水師非其對手，因而清軍只能在陸地上與英軍對陣。這種坐待敵人進攻的戰略，顯然不能及時全殲來敵，戰爭將會長時間地拖下去。這是道光皇帝不願看到的。他打的主意是，用「小恩小惠」打發英軍回去了事。

其次，國家財富經不起消耗。道光皇帝即位時，國庫已不充盈，國家陷入經濟困境。因此不得不大開捐例，以應付日益增長的開支。前文說過，在中國歷代皇帝中，道光的節儉是出了名的，花錢如同割肉。他捨不得將本來就不充盈的國庫，投入到戰爭這一無底洞裡。

再次，英軍的要求在於「貿易」和「申冤」。道光皇帝認為，只要懲辦了林則徐，恢復貿易，取消了對英國不利的措施，中央就應該自然而然恢復到以往的局面。

然而，事情並不像道光皇帝所希望那樣發展。他所派出的欽差大臣琦善，是打著退敵建功的如意算盤，他認為，只要將林則徐查辦，再從廣東海關撥出一點款項作為賠償，就可以基本滿足英國的要求。他所爭的，只是割地一事，希望英方不要使他為難，他盡量討好，以換取英方的讓步。於是，到達廣州後，琦善在軍事上實行撤防、裁減兵船，撤去海口內木排鐵鍊，任憑英軍小船探測內河水道，陸續起出水底的暗樁以及載石沉船。

英方代表義律初期曾一度表示不要求割地，但在掌握了琦善的求和心理，以及廣州防務鬆弛的現狀後，立刻出爾反爾，提出割地的要求，並且態度十分強硬。琦善進退兩難，只好採取敷衍拖延的辦法。可是義律等不及了，道光二十年（一八四〇年）十二月十三日，義律突然遞送戰書。十五日，英軍進攻大角、沙角炮臺。由於琦善毫無準備，守軍倉促應戰，傷亡嚴重，炮臺失陷。消息傳到廣州，一些官兵紛紛請戰。琦善唯恐議和破裂，只准暗中增兵五百。

十二月十八日，英軍圍困虎門鎮遠、威遠、靖遠等炮臺，戰爭一觸即發。

此時，琦善仍抱幻想，繼續暗中與義律議和。義律單方面公佈了一份所謂的《川鼻草約》，這份草約包括了割讓香港、賠款、恢復貿易等內容。然而，琦善卻向道光皇帝報告說，議和一事大功告成了，說英國答應交還大角、沙角和定海，因此，允許英國來廣州通商，並仿照澳門之例准其在香港泊舟定居。

正當琦善慶幸自己議和「成功」的時候，卻挨了當頭一棒。二十九日，琦善接到道光皇帝嚴厲斥責的諭旨。道光皇帝本想通過懲辦林則徐，使英國退兵，但英軍提出割地、賠款等更加苛刻的條件。這些要求對一向妄自尊大的天朝皇帝來說，是無法想像的。道光皇帝一向視英國為「蠻夷小邦」，把允許和外國進行一些有限的貿易視為「恩賜」。現在，英國居然提出這些苛刻的條件，道光皇帝被激怒了，他認為英國蠻夷欺人太甚，完全不把堂堂大清放在眼裡，於是決心還以顏色。

道光二十一年（一八四一年）一月，道光帝下令對英宣戰，派遣侍衛內大臣奕山為靖逆將軍，並從各地調兵萬餘人奔赴廣州。同年二月，英軍出動海陸軍，攻破虎門橫檔一線各炮臺和大虎山炮臺，順珠江直逼廣州。廣東水師提督關天培力戰殉國。三月，英軍對廣州發起進攻，一路佔據城西南的商館，一路由城西北登岸，包抄城北高地，落點城東北各炮臺，並炮擊廣州城。數日後，清軍全線崩潰。在此形勢下，奕山等接受英方條件，納銀六百萬元，換取英軍撤出廣州地區。

道光二十一年（一八四一年）八月，英國政府對義律在廣州所獲侵略權益尚嫌太少，於是改派璞鼎查為全權代表來華，擴大侵略。璞鼎查率艦船三十七艘、陸軍兩千多人從香港北上，攻破廈門，佔據鼓浪嶼。旋北進浙江。十月再次攻陷定海、鎮海（今屬寧波）和寧波。時英軍兵力不足，遂停止進攻，等待援軍。

廈門、浙東兵敗後，道光帝又派吏部尚書奕經為揚威將軍赴浙，並陸續調集兵勇以備反擊。道光二十二年（一八四二年）三月，奕經率清軍對寧波、鎮海分別發起反擊，諸戰均不利，紛紛撤回原駐地。進攻定海因風潮不順而延期。駐寧波英軍乘勢反攻慈溪（今慈城鎮）和大寶山等地，清軍大敗。道光帝見久經準備的浙東反攻又告失敗，遂調盛京將軍耆英趕赴江南，準備與英軍講和。

同年五月，英國放棄寧波，集中兵力北犯。攻陷浙江平湖。六月發起吳淞之戰，江南提督陳化成戰死。此後，英援軍相繼到達長江口外，璞鼎查不理耆英的乞和照會，以艦船七十三艘、陸軍一萬人，溯長江上犯，準備切斷中國內陸交通大動脈。七月，英陸軍攻陷鎮江。英艦隊駛抵南京江面，清軍已無力再戰，全部接受英國侵略要求。八月，清廷被迫簽訂了中國近代史上第一個不平等的《中英南京條約》。

條約共十三款，主要內容有五項：

一、五口通商。根據條約第二條規定，將中國沿海城市廣州、福州、廈門、寧波、上海開闢為通商口岸，滿足了英國侵略者蓄謀已久的欲望。

二、強佔香港。根據條約第三條規定，把中國香港割讓給英國，使得香港成為英國侵略中國的橋頭堡。

三、勒索賠款。根據條約第七條規定，中國賠償英國款項總計兩千一百萬元，分四年付清，包括賠償鴉片費六百萬元，商欠費三百萬元，水陸軍費一千兩百萬元。

四、協定關稅。根據條約第十條規定，中國向英國商人徵收進出口貨物稅，必須同英國政府商議。

五、其他問題。英國可以在通商口岸派設領事、管事等官；廢除廣東公行制度；釋放賣國漢奸；英國官員與中國官員平等往來；英軍佔據中國的地區，直至清政府付清賠償款項後才撤離。

這個條約是中國近代史上第一個喪權辱國的不平等條約，它嚴重地破壞了中國的主權和領土完整。從此，中國開始一步一步地淪為半殖民地半封建社會。

二六、咸豐即位內幕

道光皇帝晚年的時候，大清王朝處於風雨飄搖之中，他的身體也一天比一天差。在皇太后死的時候，道光皇帝也已病入膏肓，甚至已經無力主持喪議，要靠御前的大臣和侍衛大臣攙扶著，才能舉行喪議。

喪議後的第二天，道光皇帝急召鄭親王端華、軍機大臣穆彰阿、戶部尚書尚阿等人入見。諸王公大臣進去後，發現道光皇帝快不行了。道光皇帝躺在床上，有氣無力地吩咐道：「朕積病衰憊，不能再親政了。國事緊要，今天冊立太子，讓他打理政務，你們要好好輔佐他。」

說完這句，道光皇帝便讓太監召四阿哥奕詝進來。奕詝進來以後，道光皇帝讓諸王公大臣們先出去，然後把奕詝叫到身邊，說了幾句話，聲音很輕，秘不可聞。隨後，道光皇帝又把諸王公大臣們召入，讓奕詝跪在正中，諸王和御前大臣跪在左邊，大學士和諸軍機大臣跪在右邊，總管內務大臣跪在後邊。

緊接著，道光皇帝顫巍巍地拿出一個黃匣子打開，取出一個密封的摺子。這個摺子用棉紙封住，非常牢固，上面還有三個朱印，印有「御書之寶」的字樣。道光皇帝撕開外封後，拿出一道朱諭，念道：「皇四子著立為皇太子。爾王大臣等待朕言，其同心贊輔，總以國計民生為重，無恤其他，特諭。」

隨即，道光皇帝便把朱諭交給剛立的皇太子奕詝，又從御座旁拿出一件龍褂交到奕詝手中，說：「這是朕的御衣，你現在穿上它，前去料理政事。」

皇太子奕詝拿著衣服，只知道低聲啜泣。

道光皇帝說：「這是喜慶之事，你別哭。」

此時，諸王爺和大臣們趕緊過來幫奕詝把御衣穿上。奕詝穿好後，道光皇帝讓人把紅絨結頂冠和朝珠取來，交給奕詝說：「這是朕的常御之冠和朝珠，你也戴上吧。」奕詝拿到後一邊哭，一邊戴上。

等到奕詝穿戴整齊了，道光皇帝又說：「皇太子既然已經受命，在宮裡就要有個常居之所，現在暫時住在九州清晏吧。既然要理事，也要有個經常辦公的地方，現在就在東書房裡別置一座，以後就在那裡處理公事。」緊接著，道光皇帝又說：「皇太子既居大內，六阿哥、七阿哥和八阿哥，都要搬到王府裡去住，九阿哥年紀小而且剛出痘，就讓他在宮裡再住一陣子吧。」忙完了這事，道光皇帝已是氣喘吁吁，最後說：「皇太子，朕的病越來越重，這三日不能看奏章，你帶領各軍機大臣去東書房處理吧。」

奕詝和王公大臣都奏道：「若遇軍國大事，還請皇上處理。」

道光皇帝說：「朕要靜心養病，有大事再來彙報吧。以後皇太子理事，要大公無私，天無私覆，地無私載，日月無私照，奉三無私，以化天下。天子之德，要如水之請，如鑒之明，如衡之平，關鍵在於無私。你去吧，欽哉！」

而後，奕詝和王公大臣們便都退下，轉到東書房辦事。剛到中午，軍機沭旨還沒有下，便又聞道光皇帝宣召。奕詝帶著諸王公大臣急匆匆趕到後，道光皇帝已龍御歸天。奕詝伏地哀號，久不能止。諸王公大臣見他這麼哭下去不行，便讓內務府的人趕緊去準備喪事。緊接著，大臣們又勸告奕詝，抓緊時間到太和殿行登基禮，是為咸豐皇帝，隨後又大赦天下。

這就是咸豐登基的全過程。這篇實錄來自清人郭沛霖所作的《日知堂筆記》。郭沛霖是曾國藩的兒女親家，道光時期在京做官，他的記錄有一定的可信度。

但是，奕詝能當上皇帝，並不是郭沛霖所記錄那麼簡單。因為奕詝繼承皇位並不是一帆風順。他是道光皇帝的第四子，道光皇帝本來九個兒子，十個女兒。不幸的是，前面三個字都早逝了。幸虧在一八三一年的時候，道光皇帝連得兩子，既皇四子奕詝和皇五子奕誴；而兩年後，也就是一八八三年皇六子奕訢又出世了，他的出世讓道光皇帝既歡喜又頭疼。歡喜的是，三年裡得了三個兒子，頭疼的是，到底該立誰為皇太子，讓誰來繼承皇位呢？

晚年的道光皇帝為立太子的事情很犯愁。當時，道光皇帝的六個兒子中，後面的三個年齡太小，基本可以被排除在外，而和皇四子奕詝同年出生的皇五子奕誴，相貌粗陋，舉止浮躁，道光皇帝一向不喜歡他。後來，道光皇帝乾脆將奕誴過繼給了已去世八年且無後的三弟惇親王綿愷。由此，皇五子奕誴也被排除在皇位繼承人的範圍之外。

皇五子奕誴已經確定不是當皇帝的料。他酒量極大，又喜歡惡作劇。有一次，奕誴請人來家裡吃飯，卻不許客人夾菜吃，只准飲酒，誰要是受不了，他就給誰吃自己特別準備的韭菜餡包子，這包子極為辛辣，難以下嚥，目的就是要捉弄別人，以此為樂。

這樣，道光皇帝可選擇的皇位繼承人，就只剩下皇四子奕詝和皇六子奕訢了。但是，這兩兄弟讓道光皇帝十分為難，一時難以取捨。

按照傳統，長子如無大過，應該立皇四子奕詝；可要論及相貌和聰明程度，皇六子奕訢要遠遠勝過皇四子奕詝。奕詝因為一次騎馬摔成骨折，腳有點跛。可在老成穩重方面，奕詝又勝過奕訢。這實在讓道光皇帝難以抉擇。

據《清代外史》記載，相比而言，道光皇帝還是比較喜歡皇六子奕訢的，甚至，他幾次把奕訢的名字寫進了立諸的密匣子中。但是，道光皇帝又考慮到奕詝是長子，且無大過，所以一直下不了決心。

皇四子奕詝的師傅杜受田，對道光皇帝的心思非常了解。有一次，道光皇帝帶領宗室子弟到南苑打獵。出發前，杜受田悄悄地跟奕詝說：「阿哥等到了圍場，只管坐觀他人騎射，自己千萬別發一箭一矢，你手下的人也不准捕一獵物。要是皇上問起了，你就說時方春和，鳥獸孕育，不忍傷害生命，以干天和，且不想以弓馬之長與諸弟競爭。這樣說的話，一定能契合皇上心意。」

奕詝言聽計從，到了打獵覆命的時候，皇六子奕訢所獻的獵物最多。而奕詝這邊卻一隻獵物都沒有。大家表面上不說什麼，其實心裡都嘲笑奕詝無能。道光皇帝也覺得奇怪，就問奕詝是怎麼回事。於是，奕詝把杜受田交給自己的話說了一遍。道光皇帝聽後大喜，說：「是真有人君之度矣。」

道光皇帝晚年的時候，由於經常生病，身體日漸衰弱。有一天，道光皇帝召奕詝、奕訢兩兄弟來見頗有考查誰做皇位繼承人的意思。奕詝和奕訢兩兄弟都覺得事情重大，便分別向自己的師傅討主意。當時，奕訢的師傅是卓秉恬，此人擔任過很多官職，如大理寺少卿、太僕寺卿、宗人府丞、內閣學士、禮部侍郎等等，算得上是個有才的人。他告訴奕訢說。到時候皇上問話，當知無不言，言無不盡，充分展示自己的才能。

奕詝的師傅杜受田，很了解奕詝，知道奕詝言談笨拙，應變能力遠不如奕訢。如果要論口才，奕詝是肯定會輸給奕訢的。於是，他教導奕詝說：「要是皇上說自己老病，將不久於此位，問今後國策的話，你什麼都不要說，只管伏地流涕，以表孺慕之誠就可以了。」

等到奕詝和奕訢兩兄弟去見道光皇帝，道光皇帝果然問起了自己百年之後，國事該怎麼辦的問題。奕詝便上前，抱住道光皇帝的雙腿痛哭。道光皇帝大悅，心想奕詝果然仁孝，可做人君也。

當然，這些外史或野史記載的事情未必真實，但在老成穩重或者說保守呆板方面，皇四子即後來的咸豐皇帝奕詝確實有幾分道光皇帝的風采。道光皇帝一朝，最為保守平庸。道光皇帝最寵信的大臣曹振鏞就是明證。有一次，曹振鏞的門生問他的做官之道，曹振鏞說：「無他，但多磕頭，少說話耳。」以這一標準來看，皇六子奕訢就過於聰明活躍，不夠穩重了。

道光皇帝最終選擇奕詝作為皇位繼承人，看來並不是偶然的。現在有一些人認為，假如當時道光皇帝選擇皇六子奕訢做繼承人的話，或許晚清的歷史，中國的近代史就要改寫了。然而，歷史又怎能假設呢？

二七、內憂：太平天國運動

咸豐皇帝登上皇位時，年方二十。是個風華正茂的青年，在他即位之初，也很想有所作為。但是，咸豐皇帝很不走運。從他當上皇帝開始，大清王朝就沒有一天安寧過。由於多年的弊政積重難返。到了咸豐朝便來了個總爆發。咸豐皇帝面臨內憂與外患兩大難題。內憂：太平天國起義，道光三十年（一八五〇年）正月，咸豐皇帝奕詝即位，當年的十二月，便爆發了太平天國起義。外患：英法聯軍入侵北京。

先說咸豐皇帝對內碰到的最大難題，太平天國的興起。

提到太平天國，首先要說到的人物，便是洪秀全。

洪秀全，西元一八一四年生於廣東花縣。他原本是個讀書人，多次參加清朝的科舉考試，卻都以失敗告終。因此，洪秀全把自己對當時社會制度的不滿，和廣大人民的苦難聯繫起來，開始探索救國救民之路。

西元一八三六年，洪秀全認識了名叫梁發的基督徒。梁發送給洪秀全一本名叫《勸世良言》的書，這本書促使洪秀全走上了起義的道路。洪秀全細細閱讀了這本書，以此為基礎，創立了「拜上帝會」。之後，洪秀全又花了兩年的心血寫成了《原道救世歌》、《原道醒世訓》、《原道覺世訓》等書籍文章，開始對廣大下層人民宣傳教義，洪秀全說，人人都是上帝的兒女，應該平等相愛。上帝派我到人間解救你們的苦難，我們要團結起來，奪回自己的權利。

「拜上帝會」到處搗毀廟堂，同地主惡霸和官府作鬥爭，宗教活動發展成了政治鬥爭，經過多年的傳道和準備，越來越多的人加入了洪秀全的「拜上帝會」。

就在咸豐帝即位的第二年，即西元一八五一年一月十一日，在洪秀全領導下，「拜上帝會」在廣西桂平縣金田村舉行了武裝起義，他們留起頭髮，頭戴紅巾，從金田村出發，轉戰附近州縣，連戰連捷，並且一舉攻佔了永安州城。

在永安州城，洪秀全自稱天王，晉封「拜上帝會」中的骨幹楊秀清為東王，蕭朝貴為西王，馮雲山為南王，韋昌輝為北王，石達開為翼王。隨著上帝教的發展壯大，洪秀全的個人威望也在不斷攀升。當然，他用的還是中國歷代農民起義的老一套辦法：魚腹藏帛、篝火狐鳴之術。

秦朝末年，陳勝、吳廣在大澤鄉籌畫起義，為了使九百名戍卒能夠齊心協力，兩人連袂表演了一個戲法，道具是一條魚。事先，吳廣用朱砂在帛上寫了「陳勝王」三字，再將帛塞入魚腹中。

這條魚被吳廣帶到市場，又派士卒買回，中午會餐，做菜時有人發現魚腹中的字條。晚上，吳廣蹲草叢裡怪叫：大楚興，陳勝王。有人說那是狐狸的叫聲。可狐狸怎會講人話？硬要和狐狸扯上關係，那也是狐狸精的叫聲。

這套戲法蒙了軍中的士卒和農夫。大夥兒看陳勝的眼光明顯異於往常。在士卒和農夫眼中，陳勝已然不是一個出身農家的窮小子，而是真龍轉世。

洪秀全沿用了陳勝、吳廣的這一招，只不過換湯不換藥，利用了上帝教的新形式。有一次，洪秀全生了點小病，躲在屋子裡七天沒見任何人，七天後重見天日，就說這段時間裡自己死而復生，去接受了上帝的教導，能預知未來事；以後他每隔一段時間就閉門不出，出來後就稱去和上帝進行交流，接受其旨意；後來他乾脆自稱是上帝耶和華的次子，耶穌是自己的長兄。

第二年，以洪秀全為首的眾王，率領起義軍出廣西，轉戰湖南、湖北、江西、安徽等地。這一系列的戰爭，給清廷以沉重的打擊。這時候，長江千里，西自武漢、東到鎮江，都成了太平天國的地盤。

咸豐三年正月（一八五三年二月），太平天國大軍分水陸兩路，沿長江兩岸東下。陸路軍，由胡以晃、李開芳、林鳳祥指揮；水路由楊秀清、韋昌輝、石達開率領。洪秀全則乘坐龍船，行駛在水軍中央。水軍船隻有一萬多艘，從頭到尾排了幾十里長。陸路軍遍佈大江南北兩岸，浩浩蕩蕩，急速前進。

太平軍進軍到湖北東部廣濟縣老鼠峽的時候，兩江總督陸建瀛率領三千多清兵進行堵截。剛一交戰，清軍就敗退，陸建瀛率領殘兵敗將，逃到了南京。太平軍則勢如破竹，很快就佔領了九江、安慶、蕪湖等地，兵臨南京城下。

南京有外城和內城兩道關口。陸建瀛逃回南京以後，想憑藉堅固高厚的城牆固守，抵抗太平軍。太平軍水路軍停泊在南京城背面的長江上。從上游新洲戴勝關到下游的七里州，佈滿了戰船；陸路軍則在長江岸邊建立了二十四座軍營。

為了減少攻城的阻力，洪秀全下令，在南京城外空曠處搭建了很多高臺，讓人到高臺上向城外的群眾宣講反清的道理，以及太平軍的紀律。守在南京城頭的清軍官兵抬眼望去，見從南京城外到江東門，縱橫幾十里，遍地都是頭戴紅巾，身穿短衣，手拿刀矛的太平軍，無不心驚膽戰。又見太平軍蠱惑人心，便更加心慌意亂了。

做了充分準備後，太平軍決定攻城了。從廣西來的挖煤工爬到南京城邊，在北門鳳儀門的城牆下埋下火藥、地雷。將城牆炸塌。太平軍衝進北門，與清軍短兵相接，很快佔領了外城。緊接著，太平軍頂著內城守軍的炮火，攻破南城的聚寶門和水西門、旱西門，如潮水般湧進內城，一舉攻克了南京城。

天王洪秀全等太平天國首領，在十多萬太平軍將士的簇擁下，進入南京城內。將南京改名為天京，定為都城，建立了「太平天國」政權。

此後，太平軍又相繼佔領了天京周圍的鎮江、揚州等地，在江南廣大的土地上，形成了一片太平天國佔領區。

太平天國把天京城內的百姓，分成男行女行，設立了男館和女館。男人除了參軍之外，有手藝者，被編入諸匠營和百工衙，從事集體的手工業生產。女人則被編入女營和繡錦營。

太平天國還貼出「招賢榜」，歡迎知識份子為天國辦事，又通過科舉考試，招攬文武人才。凡是有一技之長的，不論門第出身，都量才錄用，還特別開設了女科。但是，太平天國堅決反對孔孟之道，不許人們讀孔孟的書。

太平天國還發佈了《天朝田畝制度》。按照該制度的規定，把土地平均分給農民耕種，不論男女，不分老少。他們主張「有田同耕，有飯同吃，有衣同穿，有錢同使，無處不均勻，無人不飽暖。」

《天朝田畝制度》還提出要建立基層政權組織——鄉官制度的方案。方案擬定每五家為一

「伍」，設立一個「伍長」，五「伍」組成一個「兩」，由「兩司馬」負責管理，農民收穫的糧食，留夠吃用外，一律上繳國庫。如遇有婚事、喪事、生育小孩等，由國庫按統一標準發給銀錢和糧食。鰥寡孤獨和殘疾人，病人，也由國庫出錢出糧養活。不過，這些規定，由於後來的戰爭等原因並未實行，它只不過是一種美好的理想而已。

在定都天京後，咸豐三年四月（一八五三年五月），太平軍兩萬多將士，在林鳳祥、李開芳和吉文元等頭目的率領下，從揚州出發，進入河南，準備經山東北上。但黃河擋住了他們前行的路。於是，北伐軍沿河向西挺進。不久後，到達鞏縣。鞏縣的運煤工人用煤船送太平軍過了河。

北伐軍避實就虛，進入了山西太行山區，然後打著直隸總督訥爾經額的旗幟，一路向前。沿途州縣官吏以為這是自己上司征剿太平軍的隊伍，都爭相供應物資。北伐軍得到物資後，繼續向北挺進。等到訥爾經額發現上當的時候，北伐軍已經攻下了十幾個州縣，到了離保定只有六十里的張登鎮。

此時，北京城裡一片騷亂。太平軍要攻打北京的消息不脛而走，傳遍了京城。京城的大小官員，以及富豪士紳們惶恐不安，很多人都攜帶家眷、財產逃出京城。咸豐皇帝命惠親王綿愉，科爾沁王僧格林沁和欽差大臣勝保合力抵抗太平軍。然而，太平北伐軍沒有繼續北上，而是乘虛東進，打算先奪取天津。

駐紮在天津的清軍不多，天津知縣謝子澄焦急萬分，當他聽說太平軍已經佔領了靜海和獨流鎮，前鋒部隊已經到了城西的楊柳青時，更是急得不知所措。不料，一連下了幾天大雨，河水猛漲，天津城外成了一片汪洋。北伐軍無法前進，只好放棄楊柳青，把兵力集中到靜海和獨流鎮。

此時，天氣日漸寒冷，從南方一路奔襲而來的太平軍將士還穿著薄衣單衫。他們吃慣了大米，吃不慣麵食，而當時連麵食也不能保證供應。加上孤軍深入，和天京失去了聯繫。因此，北伐軍的處境越來越困難。而清軍的人力物力卻十分充足。

北伐軍一面派人和天京方面聯繫，一面利用周圍的村莊、高臺和小河築起工事，嚴守陣地，還讓太平軍戰士化妝成商販，到清軍佔領區和北京郊區偵查敵情，為援軍到來後攻取北京做準備。

此時，欽差大臣勝保指揮的清軍和天津知縣謝子澄招募的地主團練軍，向靜海和獨流鎮撲來。

太平軍見清軍來勢凶猛，就在交通要道兩側設下伏兵，然後佯裝撤退。清軍見北伐軍撤退了，緊緊追擊，沒追多遠，太平軍伏兵四起，衝殺了過來。清軍大亂，丟下武器四散奔逃。

勝保不敢再貿然強攻靜海和獨流鎮。此時，僧格林沁則以防止北伐軍進攻北京為名，躲在王慶坨（天津西面）不與北伐軍交戰，下令將運河堤埂挖開，放出河水，沖斷了靜海和獨流鎮之間的交通要道。

北伐軍只好在靜海和獨流鎮之間的五里莊建立堡壘，分兵駐守，保持靜海和獨流鎮之間的聯絡。但是，由於處在清軍的包圍之中，傷亡人員無法補充，糧食徵集也越來越困難，援兵又遲遲不到，北伐軍實在難以堅守下去。

咸豐皇帝得知這一情況，下旨命僧格林沁南下，與勝保會合，趕快與北伐軍決戰。於是，僧格林沁與勝保合兵一處，向北伐軍發動了大規模的進攻。北伐軍堅持了三個月後，撤退到了阜城。勝保和僧格林沁分頭率軍來追，北伐軍首領林鳳祥與李開芳率軍又退到了山東東光縣連鎮。他們聽說援軍已來到山東，就決定由李開芳率領一部分人馬突圍，去迎接援軍。林鳳祥則率軍在連鎮，挖掘深壕固守。堅持了將近一年，糧食吃光了。最後，清軍用大炮攻陷連鎮，林鳳祥被俘。

李開芳率軍抵達了高唐州後，才知道援軍已經被清軍打敗了，便在高唐州築起營壘，挖了幾十里的地道，和前來追剿的清軍反覆較量。僧格林沁強攻不下，只好掘開運河河堤，把大水引入馮官屯。只剩八百餘人的太平軍幾次突圍，都沒有成功。

李開芳急中生智，帶領心腹部將黃懿端和一百多人詐降，準備裡應外合擊敗清軍，再突圍南下。不料僧格林沁識破了這一計謀，把李開芳等人扣押起來，送到北京殺害了。

至此，太平軍堅持了兩年之久的北伐失敗了。

太平軍北伐的失敗是非常可惜的。如果當時洪秀全和楊秀清能親自率領大軍北上，並全力以赴，不斷增援，太平軍攻下北京是完全有可能的。可是他們沒有這樣做。林鳳祥、李開芳率領的北伐軍，雖然失敗了，但他們把大量的清軍拖在北方戰場，為太平軍在南方的勝利提供了條件。

太平軍出師北伐的同時，還派出了西征軍。西征軍一路殺敵，很快就佔領了安慶、彭澤、湖口等沿江城市，又攻下了重鎮九江。然後兵分兩路，佔領了廬州（今合肥）、漢口、漢陽、武昌。他們進軍湖南的時候，和曾國藩的湘軍交上了手。

曾國藩帶領水陸兩軍攻打駐紮在長沙北面的太平軍，卻被太平軍打得大敗。曾國藩轉而在湘潭與太平軍作戰，在湘潭打了一個大勝仗，接著，又帶兵攻打武昌。洪秀全和楊秀清得到消息後，立即派翼王石達開去主持西線戰事。

石達開扼守據點，堅壁高壘，不和湘軍決戰，只讓士兵們在每天晚上用火箭、火球驚擾湘軍，使湘軍日夜不得安寧。經過一個多月的時間，湘軍被搞得筋疲力盡。石達開故意撤開鄱陽湖湖口的守兵，引誘湘軍水師進入湖內。湘軍正在進湖之時，太平軍突然堵塞湖口水卡，把湘軍水師割成兩半，然後發動猛攻。石達開率軍直取曾國藩的座船，曾國藩逃到另一條船上溜走。太平軍乘勢發起火攻，打得湘軍潰不成軍。

太平軍乘勝西進，石達開打敗了曾國藩的這支在當時看來生氣勃勃的湘軍，又一次佔領了武漢三鎮。保住了西征的成果，而且使太平天國在江西、安徽和湖北的地盤擴大了。

西元一八五六年，太平天國在軍事上和政治上，達到了極盛時期。可是，太平天國達到鼎盛期後，其頭腦們顯然被勝利沖昏了頭腦。這一場農民革命難逃一個宿命，那就是以封建君主思想為最高理想。即便他們的革命成功了，也不過是以新的不平等取代舊的不平等。當初造反是活不去了，有飯吃有衣穿誰沒事造反。那時他們的欲望很簡單，只想吃飽飯穿暖衣，有妻兒有個家。造反取得一點成績以後，欲望就不再簡單了。他們開始享樂。太平軍佔領武昌後，天王洪秀全就吩咐手下，為他挑選美女六十餘名，供自己娛樂。在佔領南京，建立國都後，這位天王馬不停蹄地修築王宮，大興土木。

天王洪秀全臨朝，除了楊秀清、韋昌輝、石達開幾位外，其他文武官員都排列在大門外，按禮儀跪拜，山呼「萬歲」。實際上，這時候的洪秀全和其他諸王已經不是結義兄弟的關係了，而是君臣關係。天王發佈了一條詔令，規定他的臣下對他的子女，以及其餘諸王的子女要用不同的稱呼。

東王楊秀清出府，「開路要用龍燈一條，計三十六節，以鉦鼓隨之，其次則綠邊黃心金字銜牌二十對」。太平天國的官員出行都要坐轎，天王的轎夫多達六十四人，東王轎夫少點兒，四十八人，依次遞減，北王轎夫三十二人，翼王轎夫十六人，級別最低的兩司馬也有四名轎夫。

在這種情況下，太平天國領導集團內部出現了分裂，「天京事變」由此發生。

二八、內訌：天京血腥慘案

石達開西進，打破了清軍的江南大營和江北大營，軍事上威震全國，大有奪取全國之勢。可就在此時，太平軍內部發生了嚴重的分裂，為爭權奪利相互殘殺。

咸豐六年（一八五六年）七月二十六日凌晨時分，太平天國東王楊秀清府內，忽然闖進一夥兵將，見人就砍，逢人便殺，無論男女老幼，凡是活物，都無一倖免。這是完全意義上的血洗和屠殺。對於東王楊秀清和他的家眷來說，這無疑是一場在劫難逃的滅頂之災。

當時，喊殺聲將熟睡的東王楊秀清驚醒，他還沒明白怎麼回事，就被闖入府邸的兵將亂刀砍死。這位太平天國的傑出領袖，就這樣猝不及防地死去了。

兵將們從凌晨殺到天明。天亮後，整個東王府瀰漫著濃重的血腥氣味，到處是屍首、殘肢和鮮血。東王楊秀清全家老小，以及部署官員，凡在府中者一律未能倖免。

不用說，這是一起有預謀、有計劃，安排周密的殘忍殺戮，整個行動過程既冷靜，又瘋狂。顯然，兵將只是行動的執行者，那麼，這次行動的總指揮無疑就是血洗東王府的元凶。

這個元凶會是誰呢？為什麼會有如此大的仇恨？

先來說一說楊秀清的背景。

此人出生在廣西桂平縣，家裡很窮，成分貧農。最早，他和西王蕭朝貴，跟著南王馮雲山加入了拜上帝會。

一八四八年的時候，馮雲山走霉運，被捕後關在桂平縣監牢裡。當時洪秀全又在廣州，拜上帝會這個組織處於群龍無首的狀態。這狀態很要命，人亂心也亂。

亂世的特點就是總能給一些人創造機會。楊秀清腦子活，假託「天父」下凡，站出來穩定大局。「天父」當然是臆想出來了一個神，雷同於上帝。楊秀清把自個兒塑造成「天父」附體，是需要一些勇氣的。不像現如今，花錢消費就是上帝了。那會兒得先忽悠完自己，再去忽悠別人。

於是，有「天父」還有「天兄」。蕭朝貴和洪秀全配合，假託「天兄」附體。自此，楊秀清、蕭朝貴一躍成為太平天國的首腦人物，洪秀全以「天父之子」的身分，被稱為天王。馮雲山為南王，韋昌輝為北王，石達開為翼王。領導班子就這麼建立了。

楊秀清在領導班子的成員中，可以說是出類拔萃。這個貧農家的孩子，雖然沒什麼文化，但天生具有領導才能，英明過人，行事雷厲風行，賞罰分明，從而獨領軍權。這可是實權，全軍上下無不敬畏。

這樣一個相當了得的人物，誰敢對他下毒手呢？

清廷方面當然做夢都想除掉這樣厲害的角色，準確地說，不單是想除掉他，而是想除掉整個太平天國，殺光他們所有人。可是，清廷方面沒能做到，卻有人幫了他們的忙。

這得從咸豐三年（一八五三年）三月說起。洪秀全進入了南京，改南京為「天京」。以此地作為太平天國的國都。

楊秀清則指揮太平軍進行北伐和西征。北伐軍在林鳳祥、李開芳的統帥下，兵鋒直指北京城。

西征軍在翼王石達開的指揮下，大敗湘軍水師，江西十三府的七府一州五十餘縣全部被太平天國軍佔領。

同年六月，石達開等又四擊潰了包圍天京的清軍江北大營和江南大營。當時的欽差大臣向榮戰死。

這一系列的戰爭，給清廷以沉重的打擊。

這時候，長江千里，西自武漢、東到鎮江，都成了太平天國的地盤。這一時期，也是太平天國的鼎盛時期。可是，也就在這一時期，禍亂就像地雷一樣悄悄埋下，這個禍亂有一個詞可以很清晰的說明，就是——內訌。

內訌有一個顯著的特點：開端具有隱蔽性，從面和心不和到大張旗鼓爭鬥，有一個矛盾積累的過程。

正如前文所述，共同打下來的地盤，地位和待遇卻不一樣，作為結義兄弟心理自然開始不平衡。可以這麼說，在幾位諸王心裡，頂多把洪秀全當大哥，沒當成「聖上」，怎麼呢？都是哥們，一切並肩殺敵浴血奮戰不分彼此，你能當皇帝，為什麼我就不能？

尤其是東王楊秀清，早不滿足只掌握軍政而已，他要與天王洪秀全平起平坐。於是，咸豐六年，清廷的江南大營被擊潰以後，楊秀清自編自導自演了一幕話劇。

劇名：《逼封萬歲》

主角：男一號東王楊秀清，男二號天王洪秀全。

劇情：楊秀清在東王府裡假託「天父」下凡，召天王洪秀全趕赴東王府，洪秀全一到，二人見面立刻開始一段精彩對白——

佯裝「天父」的楊秀清問洪秀全：「你打江山數年，多虧了何人，才有今天的你？」

洪秀全答：「多虧東王。」

楊秀清問：「你既然知道東王功勞如此大，為何他只做了九千歲？」

洪秀全硬著頭皮回答：「東王打天下，大功蓋世，當稱萬歲。」

楊秀清又問：「東王稱萬歲，那他的世子呢？」

洪秀全答：「東王是萬歲，東王的世子也該是萬歲，東王子子孫孫世世代代都是萬歲。」

楊秀清很滿意，一齣逼封萬歲的戲圓滿落幕。

我們知道，這太平天國一開始，就以「拜上帝教」為信仰。楊秀清有「天父」附身的特殊身分，而天王洪秀全是「天父」之子。因此，楊秀清以「天父」身分講話時，太平天國最高領袖總指揮洪秀全就成了他的兒子。兒子聽爹訓話得下跪。洪秀全還真就跪了。

更過分的是，有一回，楊秀清假託「天父」下凡要杖打洪秀全，北王韋昌輝等官員跪地哭求，要替洪秀全受責罰。楊秀清不准，洪秀全只能連連說「小子遵旨、小子遵旨」，隨即接受杖打。

楊秀清這一招無疑是殺雞儆猴，讓諸王和官員們看看，連總指揮都是我兒子，所以你們這些鼠輩全得聽我指揮。

演繹了逼封萬歲話劇後，天王洪秀全不得不向群臣宣佈：今後遵天父聖旨，東王稱萬歲，東王世子也稱萬歲。並預定在楊秀清生日八月十七這天，舉行東王稱萬歲典禮。

從「九千歲」到「萬歲」，增加了一千歲，這不是一個簡單的算術問題，這是一個頭銜和權力的問題。

那麼，洪秀全真的心甘情願與楊秀清平起平坐嗎？他就如此妥協了嗎？當然不。洪秀全很沉得住氣，他答應楊秀清稱萬歲，並為他舉行典禮，只不過是緩兵之計。他很清楚當前的處境，自己這個天王基本上是形同虛設，並無實權，在無力還擊的情況下，只能是秘密謀劃，瞅準時機幹掉對手。

謀劃的第一步就是與翼王石達開和北王韋昌輝聯手。石達開對楊秀清稱萬歲不服，韋昌輝更是對楊秀清恨之入骨。對韋昌輝來說，誅殺楊秀清不僅是輔助天王，而且是報仇。

這韋昌輝為何對楊秀清如此仇恨呢？

來看看韋昌輝的背景，他和楊秀清不一樣，他不是出生在貧農家庭，他的父親韋元玠是個小地主，在金田村有二百多畝田。韋家也算暴發戶。有錢卻沒勢力，常常受當地豪紳強宗的欺負。

韋元玠一心想讓兒子韋昌輝考取個功名，光有錢不行，咱得有文化，才能光宗耀祖，抬高韋家地位，不再受氣受欺負。可韋昌輝這小子哪是做學問的料啊，打小就華而不實，嘴巴油滑，好鬥機靈，喜歡在村裡人面前出鋒頭，村裡人就送了他一外號，叫「花頭鴨」。韋昌輝喜歡賭博，有一次他去桂平縣應試，考試前把長衫輸掉，光著膀子進考場。至此，屢試屢敗，連個秀才也沒考取，韋元玠只得咬牙掏錢，給兒子捐了一個監生。

這個「花頭鴨」本不會有什麼出息，可被蕭朝貴和馮雲山瞧上了，他們知道韋家是富戶，又常受強族欺壓，要起義要打天下就要經費。於是蕭、馮二人動員韋昌輝加入了拜上帝會，韋昌輝是個不甘寂寞的人，當即入了會。兒子前腳加入，父親韋元玠也跟著入了。

金田起義時，韋家父子捐錢捐糧又提供掩護，立下大功。太平天國起義後，在永州天王封五王。韋昌輝被封為北王。後來，南王馮雲山和西王蕭朝貴相繼戰死，這麼著韋昌輝成為僅次於東王楊秀清的太平天國領袖。

公正地說，攻克南京建都初期，韋昌輝是有功的。那時他主管軍事，在北王府搭建瞭望樓，一旦敵軍攻城，韋昌輝就親自登上高樓指揮，白天以吹角搖旗為號，夜裡則以懸燈為令，將士們就以號令出擊，力戰清軍。

可是，一見韋昌輝能幹有功，東王李秀清便處處壓制、羞辱他。接著就發生了幾件事。

第一件事：剝奪兵權。

楊秀清先是在北王府發號司令調兵遣將。而後，下令將韋昌輝的軍權轉交給翼王石達開。將保衛國都天京的指揮部由北王府改設於翼王府。

不久，楊秀清又將他調離天京，派到湖北去任督師，剛出京城，又被調回，改派石達開前去。

第二件事：追查失職。

太平天國甲寅四年二月發生了「激辯水營」事件——「韋昌輝安排部下張子朋乘船上犯湖北，張子朋性情凶狠，因為爭船隻，責打水營多賊，眾心齊叛。」

楊秀清以此追究韋昌輝的失職責任，將韋昌輝打了數百杖，幾天都不能起床。

第三件事：殺其兄長。

韋昌輝的哥哥與楊秀清的妻兄為爭奪房屋發生爭執，大舅子楊秀清很生氣，要殺了韋昌輝的哥哥。而且還不親自動手，要求韋昌輝親自治罪。韋昌輝被逼無奈，給自己哥哥定了個五馬分屍的死罪。

從這幾件事可以知道，韋昌輝對楊秀清充滿刻骨的怨恨。那麼，表面上韋昌輝是什麼反應呢？一般情況下，哪裡有壓迫，哪裡就有反抗。韋昌輝卻大不一樣，他越是受到東王的壓制和羞辱，越是對東王畢恭畢敬百依百順。他能忍。

忍能成大事。無數歷史經驗告訴我們，逞匹夫之勇的無一不是慘敗收場。韋昌輝就忍了下來，他越恨東王，表面上就越做出一副畏懼的樣子。讓楊秀清以為，自己的權威完全把韋昌輝震懾住了，他被自己壓服了。

相形之下，韋昌輝就奸猾多了。他有兩副嘴臉，一副迷惑楊秀清，一副給了天王洪秀全。在天王跟前，韋昌輝時刻表現出對領袖的忠誠和愛戴，以博取信任。尤其是楊秀清假託「天父」附身要杖打洪秀全時，韋昌輝捨身要代替受罰。這一點讓洪秀全很感動，又愈發信任這個北王了。

因此，天王決定除掉楊秀清，是韋昌輝千載難逢的機會。他與石達開密議，要斬草除根，不但要誅殺楊秀清，還要誅殺楊秀清的三位兄弟楊元清、楊潤清和楊輔清。

可是，韋昌輝和石達開還沒商議妥當，楊秀清就已經敏銳地嗅到了殺氣。

我們知道，但凡生死關頭，先下手為強，後下手遭殃。當你確定危險步步逼近時，不應該是退縮，退縮只會讓自己像狗一樣逃竄，結局是像狗一樣被殺死。因此，最聰明的方式就是：迎上去打，讓對方措手不及！

楊秀清的方式則比迎上去打更勝一籌，他來了個釜底抽薪。怎麼做的呢？他命令韋昌輝趕赴江西任督師，命令翼王石達趕赴武昌任督師。這樣，既瓦解了對方聯盟的力量，又讓危險遠離自己身邊。更關鍵是，北王和翼王一離開，他就可以加害洪秀全，除掉天王，再回頭收拾韋、石二人，而後一統大權。

主意很不錯。接到詔令的韋昌輝和石達開不得不上了路。但楊秀清萬萬沒想到，就在他策劃伺機奪位、謀害洪秀全的時候，卻被他自己的心腹給出賣了。

這個心腹是誰呢？

他就是陳承容。這個人加入太平天國很早，可他放棄高官的位置，甘願在東王府裡做下人，幹什麼呢？專職侍候東王的兩個兒子。他這麼做自然是有原因的，因為東王曾經杖責過他，由此他懷恨在心，表面上假裝對東王恭敬奉迎，久而久之，被東王視為可信的心腹。

這說明當別人妥協的時候，千萬別認為對方軟弱，那是對方靜待時機給你致命一擊。陳承容就是如此，他暗中向天王告密，說東王楊秀清稱了萬歲還不滿足，還要殺王篡位。不但告了密，陳承容還自告奮勇，說自己願意替天王殺賊。

得到通報的洪秀全，終於下了決心，他下密詔將韋昌輝、石達開，以及丹陽督師燕王秦日綱速回天京，共同誅殺東王楊秀清。

韋昌輝接到詔令，率領三千精兵，火速從江西趕回天京。與此同時，秦日綱也從江西趕回，和韋昌輝會合，密謀行動。

西元一八五七年七月二十六日夜，韋昌輝、秦日綱等人馬進京。這時候，陳承容奉天王密詔已經帶來一批人馬在城內接應。雖然守衛天京的是東王的直屬軍隊，但陳承容是東王的心腹，韋、秦二人又有天王的詔旨，因此沒人起疑，也無人阻攔。韋、秦的人馬很快控制了城內的重要地帶，並領重兵將東王府四周的街道包圍。這時已是凌晨，可憐的東王楊秀清太大意了，此時他還在夢中，即便不在夢中，殺局已定，他也無法倖免一死。

韋昌輝一聲令下，兵士殺入東王府。將東王府變成一片血海，然而，這場殘酷的殺戮才僅僅是個開頭。

殺戮行動一開始，韋昌輝就有自己想法，他對東王仇怨太深，非要對其斬草除根才後快；還有一點很重要，他要獲得更大的權力，勢必就得將天京城內東王部屬和將士全部消滅。於是，他假傳了一條天王詔令——由於他和秦日綱濫殺東王親屬，天王杖責他們四百，並要東王部下前來監督。

東王的部下來了五千多人，親眼看著韋昌輝被杖打。這些前來觀看的將士都是交了武器看現場直播的。眼見杖打是真，韋昌輝和秦日綱又極為順從，將士也就沒有任何警惕。此時，武裝的韋昌輝部軍隊突然開始了圍攻和屠殺，把五千將士全部屠殺。進接著，韋昌輝下令，對天京城內東王有關的其他人員進行屠殺，不分文武、男女老幼、包括嬰兒也不放過。

這場大屠殺持續了兩個月，從天京城門推出來的太平天國文武官員、將士等兩萬多具屍骸，順江而下，把長江染得赤紅。

整座天京城變成一個恐怖的死亡世界。

就在這場屠殺開始的時候，石達開回到天京，他要求洪秀全立即制止韋昌輝的行為。意想不到的是，洪秀全竟然拒絕了他。為什麼呢？因為洪秀全是在利用韋昌輝。

《石達開自述》中說：「故意答應稱楊秀清為萬歲，激韋昌輝動手。總之利用楊秀清和韋昌輝的矛盾借刀殺人，殺死楊秀清和東王闔府，甚至使用聖旨誘殺楊秀清餘部。」

如果是這樣，韋昌輝設苦肉計誘殺五千將士的行動，是得到洪秀全認可的，那條杖責他和秦日綱的詔令，並非是假傳，而是出自洪秀全手諭。石達開顯然沒有料到這一點，他以為洪秀全會支持自己，所以沒帶兵就進城了。可是當他和韋昌輝見面後，他才發現自己的處境危險，連忙跳城逃走。石達開出城後，要求洪秀全誅殺韋昌輝以謝國人，可洪秀全拒絕了他的要求。與此同時，以「反顧偏心罪」懸賞捉拿石達開的天王詔旨卻傳遍天國各地。

現在我們知道了，韋昌輝在這場血腥屠殺中，只是個報私仇兼奪權的執行者，洪秀全才是真正的元凶。他對付石達開與誅滅楊秀清的手段如出一轍——他想利用自己的聖旨加上韋昌輝的勢力，一舉除去石達開。

可以想見，假如石達開真的被誰取了首級去領賞，洪秀全一定會把殺石達開的責任和殺楊秀清的責任一樣推給韋昌輝，說自己是在韋昌輝的脅迫下下旨殺石達開的。於是石達開的「英靈」將為他順理成章地誅殺韋昌輝做最後一次貢獻。之後，洪秀全為了表示自己不忘功臣功績，大約也會照楊秀清之例辦理，把自己的某個兒子過繼給石達開，再弄個「翼升節」什麼的。於是乎，大家都會說天王英明，翼王可惜。然而，石達開在天國軍民中的極高威望，是洪秀全沒料到的。舉國軍民拿著捉拿懸賞的聖旨當草紙，各地軍隊紛紛支持石達開舉靖難之旗。但是當陳玉成在安徽寧國府告急，石達開暫緩討伐韋昌輝，先退清兵之時，他的威望已經達到最高點。而也就在石達開開赴寧國府援助陳玉成的前後，向天京方面發出通牒，再次公開要求殺韋昌輝以順民心，並聲稱如若不然，將提靖難之師打回天京以清君側。

眼見借韋昌輝殺石達開的計策落空，洪秀全只得清理門戶，表現一下自己的「正義的姿態」。

夏曆十月初五，洪秀全親自就帶兵，藉城外翼王大軍的聲勢，向亂黨韋昌輝發起進攻，韋昌輝根本無力抵抗，到了最後，死命追隨他的人員只有二百餘人。後來這些人也被全部殺死，韋昌輝被活捉。他的父親韋元玠及全家老小全部被殺，只有他的弟弟韋俊此時在武昌與清軍作戰得以倖免，而後，韋俊投降了清軍。

韋昌輝被活捉後，洪秀全下令將他五馬分屍，並割下他的首級送到翼王石達開的軍中，以便進一步接石達開回京。為了一洩天國軍民的憤怒，天王再次下令：將韋昌輝的屍體剁成肉塊，每塊兩寸見方。懸掛在天京城內格柵示眾，上面標明：「北奸肉，只准看，不准取。」

可誰是幕後真正最奸的黑手呢？答案我們已經知道了。

這場史稱「天京事變」的太平天國叛亂雖然平息，巨大的損失卻已無法彌補。成為太平天國迅速衰落的轉捩點。太平天國敗於內訌，死於天王洪秀全之手。

二九、曾國藩：最具爭議的晚清權臣

在轟轟烈烈的太平天國運動中，出現了一個歷史人物，他以鎮壓太平天國起家。這個人就是曾國藩。

曾國藩這個人，平生最為看重的就是清譽。可惜事與願違。民國時，章太炎稱他為「民賊」，待到新中國成立後，范文瀾又稱他為「漢奸」、劊子手、賣國賊。

然而，中國自古有立功、立言、立德的「三不朽」之說。還有「內聖外王」的儒家標杆。歷史上真正實現這些的人，寥寥無幾，曾國藩卻是其中之一。

由此可見，曾國藩是一個極具爭議而又複雜的人物。如作家冷成金所言：「在曾國藩身上，集中了中國傳統官僚的所有特點，也摻雜了一些文人的品格。」

我們不妨從曾國藩少年得志說起。

曾國藩出生在湖南湘鄉一個地主兼知識份子家庭，祖父和父親都很有文化。祖父曾玉屏是個博學之人，父親曾麟書是一名秀才，當過私塾教師。

可以想像，曾家的家教是非常嚴格的。正因為嚴格，曾國藩才飽讀詩書，有紮實的文化基礎。在讀書方面，曾國藩頗有天賦，非一般人可比。他八歲便能讀八股、誦武經，十四歲便熟讀《周禮》、《史記》。

他沒費多大力氣，就在道光十二年（一八三二年）考取了秀才。六年以後，他又考取了進士。這一年，曾國藩才二十八歲，從此踏上仕途。

踏入仕途之初，曾國藩在京城供職，先後任職翰林院、內閣學士、禮部侍郎、兵部侍郎，可謂平步青雲，一路扶搖直上，升到朝廷二品大員。

不過，如果曾國藩不遇到一個特殊的契機，也只會像無數個封建官僚一樣，沒沒無聞地度過他的一生，而不會成為一個叱吒風雲，並備受爭議的歷史人物。太平天國農民起義的爆發，給他提供了一個廣闊的歷史舞臺。

咸豐元年（一八五一年），洪秀全在金田起義，不到一年，太平天國運動席捲半個中國。清政府下令，讓各地在籍官員組織團練。清政府打的主意是，利用地主武裝來打擊農民起義的勢頭。

當時，曾國藩的母親去世，曾國藩丁憂在家。清政府的一道指令，給曾國藩提供的機會。他開始著手練兵。在家鄉，曾國藩聲譽良好，靠著親戚、好友、師徒的關係，他建立起一支數千人的地方團練隊伍。這支團練，就是後來大名鼎鼎的「湘軍」。

咸豐四年（一八五四年），清政府下令，派遣初具規模的湘軍去鎮壓太平天國。出發之前，曾國藩還特意頒佈了一道《討粵匪檄》，檄文寫得慷慨激昂，意在鼓舞湘軍子弟奮勇殺敵。果然，湘軍勇猛，竟然抵擋住了當時鋒頭正勁的太平軍西征軍，抵擋可不光是防守，還一舉將西征軍趕出了湖南和湖北的境地。

當時，全國各地都有團練武裝，為何曾國藩手下的這支團練如此犀利勇猛呢？

因為這支初期的「湘軍」，在組建時，曾國藩就花了一番心思。首先，招收來的人，一律都是當時的鄉民，吃苦耐勞，人又剽悍。而老兵油子和懶惰的市民，一律拒收，這些人會帶壞隊伍。而軍官則與普通士兵不同，他們大多來自曾國藩親友中的讀書人，他們忠君，有獻身精神，不會和清廷八旗貴族的軍官爭權奪利。

軍官士兵都招進來了，接著編組。曾國藩把父子、兄弟，以及有他血緣親屬關係的士兵編在同一組織內。真應了那句老話：上陣父子兵、打虎親兄弟。你想這戰鬥力能不強麼？能不團結一心，同仇敵愾麼？你可別小看這種編組的招數，在當時是個創舉，開了中國近代軍閥的先河。

然而，讓人意想不到的是，在接下來的江西戰場上，曾國藩的湘軍，卻被石達開率領的西征軍打得落花流水，一敗塗地。兩軍在九江、湖口一帶相遇，石達開連破湘軍，甚至還擒獲了曾國藩的戰船。一時間，曾國藩怒火攻心，他從未遭受過這樣的失敗，精神大受打擊，險些要投水自殺。據說，當時曾國藩滿臉泥沙，披頭散髮，模樣狼狽至極。

此戰過後，太平軍再度佔領了武昌，湘軍第一次東征失敗。

到了咸豐六年（一八五六年），江西太平軍已經控制了江西的八府五十四州，而曾國藩率領的湘軍，只能困守在南昌和南康兩府之間，進退失據。

但是，恰在這個時期，太平天國的天京內部發生內訌，其領導人相互殘殺。前文說過，石達開打敗了曾國藩的湘軍後，太平軍內部分裂，為爭權奪利內訌相互殘殺，楊秀清、韋昌輝、秦日綱等著名將領先後被殺，兩萬多精銳死於內亂，石達開帶了十萬精兵出走。太平天國從軍事上的全盛時期走向了下坡路。此時，曾國藩指揮湘軍，重新佔領了武昌，隨後連續攻克了湖口、九江。至此，湘軍掌握了江西戰場的主動權。

咸豐十一年（一八六一年）八月，曾國藩受命為兩江總督，督辦江南軍務。之後，清軍對太平天國的作戰，逐漸形成了三個主戰場。西線戰場，由曾國藩直接指揮；蘇南戰場，由李鴻章率領淮軍開闢；浙江戰場，由左宗棠率領的楚軍開闢。這樣一來，從戰略上對天京形成的包圍之勢。

同治三年（一八六四年），曾國藩率軍向天京發起了最後的進攻。曾國藩一貫信奉「亂世須用重典」的思想。所以，在攻克天京城後，他縱容部下製造了駭人聽聞的大屠殺事件。

據記載，湘軍見人即殺，見屋即燒，見物即搶，一時間，血流成河，成堆的屍體湧入長江，幾乎堵塞了江水，在曾國藩的日記裡，留下這樣的記載：「分段搜殺，三日之間斃賊共十餘萬。秦淮河屍首如麻。」「萬室焚燒，百物蕩盡，而貢院倖存。」「自五代以來，生靈塗炭，殆無逾於今日。」

有人說，曾國藩是剿滅太平天國的「元凶」，而這個「元凶」，後來卻又一步步登上了「聖相」的高位。其實，曾國藩升官一直很快，三十七歲時，便已官至二品，且聲譽良好，被近代不少政界人物封為「官場楷模」。而他在險象環生的仕途之路上，卻始終能夠安然無恙，這在中國歷史上是非常罕見的。

原因是什麼呢？首先，曾國藩是一個籠絡人才，使用人才的極品高手。他的幕僚個個都是能獨當一面的人才，或下筆有神，或擅長理財，或熟懂法令，或精通政務。曾國藩對人才求賢若渴，使投奔他的人絡繹不絕。每次有投靠者登門，曾國藩都要發給薪水，讓投靠者先安頓下來，吃好喝好住好，然後才會面。

在面試投靠者的時候，曾國藩察言觀色，仔細分析，以求人盡其才；文采好的，就去做文案工作，有膽識，有謀略的，就派去打仗；文采好的，就派去校勘書籍；謹慎的就派去籌辦糧餉。曾國藩彷彿有一雙「火眼金睛」，他總是能準確地抓住人才，讓其發揮自己最大的才能。識人、辨人、用人，這套功夫，絕非一般官員可以企及的。

曾國藩還是一個號稱「一宗宋儒，不廢漢學」文人，所以他非常尊重大儒和學者。因此，他身邊還籠絡了一批如錢泰吉、劉毓崧、羅汝懷等大儒。曾國藩的幕府，就如同一個小朝廷一般。

曾國藩在學術上的造詣和他的權位結合起來，在當時產生了很大的影響，再加上他親手培養了許多學生，提拔了很多士子，所以，他在學術界產生了相當的影響，當時就有許多人把他吹捧成所謂的「聖相」。

從這裡可以看出，曾國藩其實是一個典型的有著中國傳統文化人格精神的人。他的人格精神力量十分強大，從年少時，他便養成了寫日記的習慣，用以自我反省。曾國藩還特意留下了一本《家書》給自己的子孫。曾國藩在這本《家書》中，闡述了自己對人生的感悟，和自己的精神境界。

曾國藩還是後來洋務運動的重要人物之一。其實，由於深受程朱理學的薰陶，曾國藩內心是鄙夷，甚至是厭惡維新派的。因為維新派「奉洋若神」。

然而，「洋船上下長江，幾如無日無之」的景象，讓曾國藩漸漸接受了一個詞，叫「師夷自強」。

咸豐十年（一八六〇年）的時候，曾國藩曾在奏摺中談到：「將來師夷以造船製炮，尤可期永遠之利。」第二年，他支持向洋人購買船炮，以圍剿太平天國軍。

湘軍攻克安慶後，曾國藩開辦了中國近代第一家軍工廠——安慶軍械所，專門製造洋槍洋炮。

太平天國起義被鎮壓後，大清王朝進入了一個短暫的平穩期，後世稱這一時期為「同治中興」。在這期間，曾國藩開始加入了推行洋務的行列。

對此，曾國藩清醒地認識到，中國經濟以農業為主，西方經濟則是以商業為主。而且，曾國藩還從經濟體制來分析了西方近代的政治制度和社會制度。曾國藩認為，西方國家的社會財富，主要集中在資本家手中。掌握了經濟權，也就掌握政權，這就是資產階級專政。

由於這樣的深刻認識，在剿滅太平天國之後，曾國藩在江南機器製造總局，傾注了很多的心血。同治四年（一八六五年），曾國藩在上海購買機器，製造槍炮，可惜由於經費不足，製造局周轉困難。次年，曾國藩據理力爭，請朝廷特批一項專款，作為購買和製造輪船的費用。江南機器製造總局這才正常運轉。

三年後，也就是同治七年（一八六八年），中國第一艘現代化火輪出爐，船體長十八點五丈，順水時速達一百二十華里。曾國藩將這艘火輪命名為「恬吉」。

「恬吉號」在吳淞口試航，到達南京後，曾國藩親自登船感受。後來，他在給朝廷的奏摺中說：「中國自強之道基於此。」

曾國藩認為，製造兵器、炮船，應該以培養中國人自己的能力為主，國人只有學會製造的原理和技術，才能真正認識到西方科學的重要性。可以說，曾國藩是把「師夷自強」的提議轉化成實踐。

同治九年（一八七〇年），天津教案爆發。

關於「天津教案」，要從法國傳教士謝福音在天津望海樓舊址上，蓋的一座天主教堂說起。這座教堂，被當地人稱為「望海樓教堂」。在教堂附近，還有一個「仁慈堂」，也是法國傳教士修建的，用來收養中國孤兒。

同治九年，仁慈堂裡發生瘟疫，幾十名中國孤兒死亡，屍體被埋在郊外。後來，屍體被野狗刨出，啃噬得慘不忍睹。這引起了中國民眾的憤怒。與此同時，天津發生了多起拐騙兒童案。嫌疑人被官府擒獲後，招認說，是受望海樓教民的指使。這在天津引起軒然大波。一時間，士紳在孔廟集會，學生罷課，要求官府懲辦洋教，拆除望海樓教堂。

這一年的五月二十三日，天津知縣劉傑將嫌犯押往教堂對質。群眾聞訊，都聚集在教堂周圍。傳教士謝福音一看這個陣勢，驚慌失措，放出教堂內豢養的惡犬，還指揮教民驅趕群眾。群眾奮起反擊，將教堂門窗砸毀。事態升級。

法國駐天津總領事豐大業得到報告，當即去找三口通商大臣崇厚，要求崇厚出兵鎮壓。崇厚卻不答應，豐大業一怒之下，對崇厚連開兩槍，但沒擊中。豐大業便和自己的秘書一起，把通商衙門裡的家具器物全部砸毀後離去。

在回領事館的途中，豐大業又與天津知縣劉傑相遇，一言不合，豐大業又舉槍向劉傑射擊，不知是豐大業視力差，還是槍法爛，這一槍沒打準，沒打中劉傑，打中了劉傑的一個隨從。這一舉動，徹底激怒了圍觀民眾，於是一擁而上，將豐大業活活打死。

此後，民眾向襲擊教堂。打死了傳教士謝福音，還有一些修女，洋商和洋職員，共計二十餘人，又一把火燒毀了望海樓教堂、仁慈堂和法國領事署。

這一舉動給了列強以口實，英、法、俄、德、比利時、西班牙等七國艦隊在天津、煙台集結，要求清廷嚴懲鬧事民眾。

清政府立刻派直隸總督曾國藩天津處理這一事件。曾國藩到達天津後，經過調查，認定雙方都有過錯——教民欺負百姓，教士庇護教民，領事庇護教士，而拐騙兒童，繼而挖眼刨心的事情也屬謠傳，毫無實據。

可是，民眾卻不以為然，謠言越傳越廣，以至於曾國藩貼出的說明情況的告示，一到晚上就被人撕毀。甚至在告示所署「曾國藩」名字上掛了一綹白麻，表示曾國藩為洋人披麻戴孝，賣國求榮。

實際上，當時曾國藩抱病在身，他心力交瘁，以「中庸」的方式，最終把天津教案辦成了典型的屈辱外交，引得全國上下一片罵聲。連慈禧太后都公開聲稱「曾國藩文武全才，可惜不能辦教案」。此後，清政府將李鴻章調到天津，繼續調查，將天津教案辦理失誤的責任，全推到曾國藩身上。

別人不知道，曾國藩自己心裡很清楚「弱國無外交」的道理，對於來自各方的責難，他只以「內疚神明，外慚清議」應付，並不多做辯解。

天津教案事發兩年後，也就是同治十一年（一八七二年），曾國藩病逝，終年六十二歲。清朝政府給予他「公忠體國」的論定，諡號「文正」。

作為大清王朝的一名權臣、重臣，曾國藩在功高震主的情況下，仍能保住晚年，關鍵在於他熟讀史書，知得失，即使在危難之際也不樹敵，也懂得以退讓換得平安，一句話：恪守臣道，不違友道。能做到這一點，當然和曾國藩一直注重修身養性有關。曾國藩的修身，強調立志、求知、敬恕、忠信、反省、慎獨、謹言、有恆、勤儉和謙虛等。他的生活起居也極有規律：早起、靜坐、養氣、保身、讀書、寫字等，每日堅持寫日記。

慈禧太后也曾感慨道：曾國藩是「天下第一正人」。

三〇、葉名琛的悲劇

前文說過，咸豐皇帝即位後，面臨內憂與外患兩大難題。內憂：太平天國起義；外患：英法聯軍入侵北京。

在第一次鴉片戰爭中，清朝上下並沒有從中學到如何與洋人打交道的經驗。因此，挨打是必然的結果。因此，在第一次鴉片戰爭後，西方列強相繼入侵中國。

咸豐四年（一八五四年），《南京條約》屆滿十三年。英國向清政府提出全面修改《南京條約》的要求。主要內容為：中國全境開放通商，鴉片貿易合法化，進出口貨物免交稅，外國公使駐北京等。法、美兩國也分別要求修改條約。清政府拒絕了這個要求，雖經交涉但沒有結果。

咸豐六年（一八五六年）十月，英國利用「亞羅號事件」製造戰爭的藉口。事實上，「亞羅號」是一艘中國船，曾在香港英國當局註冊，但是早已過期了。廣東水師於十月八日在「亞羅號」上，逮捕了幾名海盜和涉嫌水手。這完全是中國的內政，跟英國沒有絲毫關係。

英國駐廣州代理領事巴夏禮，在英國駐華公使、香港總督包令的指使下，致函清朝兩廣總督葉名琛，宣稱「亞羅號」乃英國船隻，並且揑造說中國士兵曾侮辱船上的英國國旗，要求把被捕的人釋放，並賠禮道歉。葉名琛的態度非常強硬，據理力爭，堅持不賠禮道歉，只答應把逮捕的人放掉。

說到葉名琛，熟知歷史的人，就會想到他提出「六不政策」，即不戰不和不守，不死不降不走」的措施。因為這個措施，葉名琛被英軍俘虜，死後又被咸豐帝剝去爵位，從而遭到後世的嘲笑。但是，葉名琛的笑話，並非完全出於他個人的原因，而是清政府的錯誤政策，葉名琛只不過是錯誤政策的犧牲品罷了。

第一次鴉片戰爭以來，清朝的對外方針一直「上不可以失國體，下不可以開邊釁。」這條方針無論是理論上，還是從實踐上都是一個讓人難以兩全，不可能實行的死方針。然而，儘管英國已進攻廣州，「邊釁」已開，蒙昧自大的清政府卻仍然死抱著這一方針不變。多次諭令葉名琛「既不可意存遷就止顧目前，又不可一發難收復開邊患。」

葉名琛只得在這「寬猛兩難」中，按照朝廷旨意行事，「常以雪大恥，尊國體為言」。

當然，有一點要說明，葉名琛願意嚴格執行清政府這一條前後矛盾的死方針，與他本人的出身、經歷和知識有密切的關係。

介紹一下葉名琛。他是湖北漢陽人，從他的曾祖起，世代為官。道光十五年（一八三五年），葉名琛中進士，選庶吉士，授編修，從此踏上仕途，一路順暢，到了道光二十八年（一八四八年），已當上了廣東巡撫。從初入仕途到一方大員，葉名琛只用了短短十三年時間。到了咸豐二年（一八五二年），葉名琛任兩廣總督兼通商大臣，可謂青雲直上。這造成了他對清朝皇帝的感恩心理和愚忠。因此，在處理政務中，他堅決依照皇帝的旨意，不敢稍作半點的更改。

從知識結構上看，葉名琛是在傳統教育方式下培養出來的，特點是：迂腐、喜歡說大話，缺乏世界觀。然而，就這樣一個迂腐的官員，卻通過兩件事的偶然成功，獲得了擅辦外交的美譽。

第一件事是道光二十九年（一八四九年）三月，英國人欲入城，巡撫葉名琛與總督徐廣縉採用的辦法是一方面向英國人宣示不准進城的「假聖旨」，以不失天朝國體；另一方面又加強海陸邊防，並利用當時民眾反進城的聲勢，企圖以兵威嚇退侵略者，以達到「不啟邊釁」。這個辦法本來是行不通的，但由於當時的侵略者準備不足，不想在這時候打仗而擱置了入城的要求。因此，葉名琛等人這一次獲得了意外的成功。

第二件事是葉名琛處理的一樁洋教士潛入內地的案件。這一次，他用的辦法強硬的「申列條約，奏交各國領事，嚴加約束，勿任復至內地。」由於第一次鴉片戰爭簽訂的《中英南京條約》中，沒有洋教士可到內地傳教的條文，所以葉名琛這次又獲得了「不失國體」、「不啟邊釁」的成功。

這兩件事的僥倖成功，更增加葉名琛對清政府前後矛盾方針的堅定性。然而，面對第一次鴉片戰爭中準備並不充分的英國侵略者，清政府的對外方針已經不能實行，如今面對蓄謀已久的英法聯軍，清朝政府的這條方針就更是行不通了，死抱著這條方針的葉名琛，只得採取「不戰不和不守，不死不降不走」的「六不」措施，以任憑侵略者宰割的態度，來表現自己對清政府的忠心和對清政府所定政策的堅決執行。

由於清政府明文規定「不開邊釁」，葉名琛提出相應的「不戰」對策，既不能戰，自然也「不守」，因此，「不戰」、「不守」四字是清政府外交方針的具體表現。

而所謂的「不和」政策，主要來自於葉名琛自己反侵略的思想。葉名琛反對外國對中國的侵略，對外國侵略行為一直持強硬的不妥協態度。因此，在「亞羅號」事件發生後，葉名琛拒不向英國賠禮道歉。

咸豐六年（一八五六年）十月二十三日，英軍行動了，三天內連佔虎門口內各炮臺。二十七日，英軍炮轟廣州城。在英軍的步步緊逼下，廣州城岌岌可危，葉名琛深知備兵抵抗，必遭「啟邊釁」之咎，於是他想依靠民力來反擊侵略者，他發出告示：准許人民對「滋事英匪，痛加勦撲，准其格殺勿論，又「懸賞格，斬英人頭一顆及生擒一名，俱賞銀一百兩」。在朝廷束縛其手腳的情況下，他能用民力抵抗，絕不是屈服投降的表現。

由於葉名琛態度強硬，遭到英國侵略者忌恨，因此，在攻城時，他們的炮火「專擊督署」。英軍頭目巴夏禮、威妥瑪及漢奸張同雲、李小春等都「大責葉相，恨恨不已」。最後英軍將葉名琛俘虜，目的是為了侮辱他，以洩切齒之恨。

葉名琛的「不降」、「不走」策略，來自於清政府的「維護國體」的方針，無論投降還是逃跑，在葉名琛看來，都是失民族節氣，失國體的。那麼，葉名琛為什麼又提出「不死」的主張呢？是葉名琛怕死嗎？不，他還真不怕死，當英軍炮轟廣州城時，巡撫柏貴的表現是「口噤手顫」，而葉名琛在炮火「專擊督署」的情況下，還整理緊要文件，堅決不肯躲避。

咸豐七年（一八五七年），英增派遠征軍兩千九百餘人抵達香港。法國以天主教神父馬賴被判死刑為藉口，也派遠征軍一千人，與英組成聯軍，共艦船六十一艘，總兵力一萬一千餘人。聯軍分三路進攻廣州，守軍大多一觸即潰，廣東巡撫柏貴和廣州將軍穆克德舉白旗降，葉名琛被俘。但是，當他被俘上船時，隨從人員曾示意他投水自盡，以保全名節，他卻沒有那樣做。他說：「我之所以不死而來者，當時聞夷人欲送我到英國，聞其國王素稱明理，意欲得見該國王當面理論，既經和好，何以無端起釁，究竟孰是孰非以翼折服其心，而存國家體制。彼時此身已置之度外，原期始終其事。不意日望一日，總不能到他國，淹留此處，要生何為？我所帶的糧食既完，何顏食外國之食物。」

葉名琛這段話的意思就是，他以為可以利用自己還有用之身去和英國國王辯論，並且當著英國國王的面譴責他們的行徑。葉名琛很傻很天真，他企圖通過自己個人的努力和力量來說服英國保持和中國的友好關係。他良苦的用心值得同情，可他書生似的迂腐之舉，又實在可笑。

總之，葉名琛是可悲的人物。他在印度的時候，尚且保持著民族氣節，他拒絕乘坐外國馬車遊玩，拒絕食用外國食物，而且還時時惦記著國內的戰事：「聞戰稍有喜色，聞和則太息耳。」當自己所帶糧食用完，遂絕食而死。

葉名琛的悲劇，是清政府無法實行的對外方針造成的。第二次鴉片戰爭時期是中國半殖民地半封建社會初期，在這個變化的時代，上層社會必然出現形形色色的人物，這些人物又會有各種不同的表現，對外國侵略者，有抵抗的，有投降的，還有的則如葉名琛，令人奇怪不解，其實細細分析則並不奇怪，各種人物的出現，都是有其深刻的社會背景。葉名琛想抵抗外國侵略者，然而大環境和清廷的對外政策制約了他，而他的出身和經歷又導致了他的愚昧、固執和自負，從而導致了一個悲劇的結局。

或許，在百姓心目中，葉名琛是個怪人。但從當時的整個大局勢來看，滿清政府的官員們不得不怪，也只能成為怪人。

在印度的葉名琛絕食而死，這讓人想起不食周粟的伯夷叔齊。葉名琛不食「洋」粟而死掉了，他自比為蘇武，這個恐怕不太準確，因為蘇武是漢朝的使節，被扣押在匈奴，放了十九年的羊。但葉名琛不是這樣，他是被人從中國活捉到異國的。一個是自願出國被人扣押，一個是被人逼著出國被人扣押。

但這位中國傳統的知識份子，卻認為自己就是蘇武，因為他永遠認為自己所效忠的大清王朝是天朝上國。況且，按照清朝的制度，雖然總督是封疆大吏，但名義上卻是上面派下來的中央官員，而兩廣總督，一向是負有跟洋人打交道的使命，在鴉片戰爭之後，這種職責更是明確。所以，也可以說葉名琛具有使臣的身分。作為使臣，辦交涉而交涉不明白，進而被野蠻的洋鬼子扣押，葉名琛當然認為自己是蘇武。

為了不辱使命，葉名琛要保持中國人的名節，所以，他只好餓死。

有人說，葉名琛的「怪」，事實上是兩個文化差異巨大的世界，碰撞之初很容易產生的現象。當時的中國人，實在不知道該怎樣跟洋人打交道，「剛亦不吐，柔亦不茹」，人家軟硬不吃。打又打不過，談吧，又不是一種話語體系，自己很是放不下天朝上國的架子，心裡總是拿洋人當本該給自己進貢的蠻夷。

葉名琛之所以看起來怪，僅僅是因為他的處境。他不幸的是一個特別有抱負的舊式士大夫，卻撞上了新時代的門檻。他到死也沒有明白對手是些什麼人，只有按照古書上的古人模樣行事，學伯夷叔齊，自命蘇武。

葉名琛的悲劇實際上是很多晚清官員的悲劇。

三一、最後一位出生在紫禁城的皇帝

咸豐皇帝在他生命中的最後幾年，很不好過。長久以來，他一直處在內憂外患的煎熬中。只有一件喜事，就是兒子載淳的出生。載淳即是後來的同治皇帝。

咸豐六年（一八五六年），新年伊始，大清紫禁城儲秀宮內一片繁忙。太監、宮女在總管太監來韓玉來的指揮下，不停地來回奔走著。原來，甚得咸豐寵愛的懿嬪，也就是後來赫赫有名的慈禧太后，已經懷孕七個月了，接近臨產期。早在年前臘月二十四，咸豐皇帝就命總管太監韓來玉傳旨，把懿嬪的母親接到宮中照看女兒。

按照清宮的規定，嬪妃等人懷孕，一般要到八個月時才開始進行臨產期的各項準備工作。但咸豐皇帝自二十歲登基以來，至今已有六年，只有麗妃生過一個女孩。皇位無人繼承，咸豐焦慮萬分。因此，大年一過，整個皇宮就忙碌起來了。隨著預產期的臨近，新生兒用的衣物，尿布等物也都準備齊全。由於是皇室所用，自然不同尋常，不僅種類齊全，而且用料講究。三月初九，御醫為懿嬪摸脈，根據脈象，懿嬪妊娠已近九個月。第二天，又由兩位經驗豐富的接生婆摸脈，估計將在三月底或四月初分娩。於是各項準備進入最後階段，各種接生工具陸續被送到儲秀宮。

咸豐六年（一八五六年）三月二十三日未時，一聲嬰兒長啼從儲秀宮中傳出，劃破紫禁城的上空。咸豐皇帝盼望已久的喜訊終於傳來。總管太監韓來玉前來奏報：「三月二十三日未時，懿嬪分娩阿哥，已經收拾俐落，母子均安，萬歲爺大喜！」

咸豐皇帝欣喜萬分，當即下旨，晉封懿嬪為懿妃，儲秀宮的太監也都提職的提職，升官的升官。對宮女，接生婆也各有封賞。一時間，整個紫禁城一派喜氣洋洋的景象。

然而，這種景象在紫禁城很快便一去不復返了。歷史進入十九世紀中葉，大清王朝江河日下，中國封建王朝即將走到盡頭，同治皇帝成了在皇宮中誕生的最後一位皇帝。儘管咸豐皇帝的玫貴人曾在咸豐八年二月生有一子，但旋即夭折，從此載淳（即同治皇帝）成了咸豐皇帝的獨苗。

就在載淳出生的第二年，也就是咸豐七年（一八五七年），英國軍隊攻佔了廣州。次年，英法聯軍北上，到了天津大沽口，攻陷了大沽，同清朝簽訂了《天津條約》。

咸豐十年（一八六〇年），第二次鴉片戰爭的烽火，眼看就要燃到了北京。咸豐皇帝坐不住了，帶著后妃和一批官員逃到熱河行宮（今河北承德），留下皇六弟恭親王奕訢在北京，負責與英法聯軍議和。

這一年的八月，英法聯軍進入北京，並闖入大清帝國的皇家園林——圓明園。英法軍隊在圓明園瘋狂搶劫，當他們發現實在無法帶走全部珍寶時，就放了一把大火，將圓明園付之一炬。

此時的咸豐皇帝，回天乏力，不僅是因為大清帝國在軍事上的軟弱，還因為他自己的病情越來越重。

咸豐十一年（一八六一年）八月二十一日，熱河行宮氣氛低沉，咸豐皇帝病危了，在最後時候，他緊急召見了端華、載垣、肅順、景壽、穆蔭、匡源、杜翰、焦佑瀛八位大臣來到床榻前，宣佈立載淳為太子，並讓八位大臣輔佐年紀尚幼的載淳。

次日，咸豐皇帝病逝了。他的獨生子載淳繼承皇位。載淳的母親被尊為慈禧太后。慈禧太后欲利用聖母皇太后的身分，謀奪最高統治權，她很快就同留在北京的恭親王奕訢勾結起來。

慈禧太后授意御史董元醇奏請皇太后垂簾聽政，實際上是由她掌握實權。但是，這一個提議遭到了以載垣、肅順為首的八大臣的堅決反對。他們的理由是，本朝從來沒有皇太后垂簾聽政的。慈禧太后的計畫未能得逞。

這一年的十月，恭親王奕訢在和英法聯軍進行密謀之後，藉「奔喪」之機趕赴熱河，同慈禧太后商議回京發動政變。奕訢回到京城之後，籠絡了京、津一帶駐紮並手握兵權的兵部侍郎勝保，為政變做好了充分的準備

從承德回北京的時候，慈禧太后命肅順護送咸豐皇帝的棺槨走大路，她和載垣、端華等大臣則走小路，提前四天到達了北京。

十一月一日，慈禧太后到達北京後的第二天早上，便發動了政變。宣佈解除肅順等人的職務，載垣、端華當場被逮捕，並派人去逮捕路上的肅順。十一月八日，慈禧發佈上諭，否認了咸豐皇帝的遺詔，下令把肅順斬首。並命載垣、端華自盡，另外五位大臣，革職的革職，充軍的充軍。

那麼，八大臣究竟犯了什麼罪呢？慈禧太后給的第一個罪名是「不能盡心和議，以致失信於各國」。這也相當於在跟西方列強表示自己是「盡心和議」的。

十一月十一日，慈禧太后宣佈廢除八大臣原擬的「祺祥」年號，改為「同治」，取東、西兩太后共同治理朝政的意思。

自清朝入關後，皇帝一般都採用一個年號，只有同治皇帝用過兩個年號。一個就是「祺祥」，

一個就是「同治」。「祺祥」是咸豐十一年（一八六一年）擬定的。這兩個字出自於《宋史・樂至》中「不涸不童，誕降祺祥」一語。「不涸不童」就是說河流暢通，山川茂盛，地盡其利，物阜民豐，故而「誕降祺祥」。

按清朝的祖制，年號一般是皇帝舉行登基大典後頒佈。但以肅順為首的八大顧命大臣，在小皇帝即位不久，就忙於擬定年號，主要是出於經濟上的考慮。

因為在咸豐皇帝逃奔熱河後，官錢票迅速貶值，銀價上漲，物價昂貴，民不聊生。當時京城許多富商把大量銅錢屯集起來，加劇了現錢的短缺。所以，肅順等人想立即鑄造出一批新幣投入流通。

一開始，慈禧和慈安太后欽准了這個年號。肅順等人便立即派人到雲南採辦銅料，開鑄「祺祥重寶」。「祺祥」本是吉祥之意，但卻沒給肅順等人帶來任何好運。不久，慈禧太后聯合恭親王奕訢發動政變，「祺祥」年號的「祺祥重寶」尚未正式發行，就被政變者扼殺了。

這次政變在歷史上被稱為「辛酉政變」，因為這一年剛好是辛酉年。而政變發生的地點是北京，所以又叫做「北京政變」。

政變成功後，恭親王奕訢集團掌權，就重新集議改元之事。為奕訢等人搞政變搖旗吶喊、大造輿論的李慈銘，向肅順的改元問題發難，他說：國朝即位改元，向來都是由大學士及軍機大臣等擬定數個，交給皇帝，由皇帝親自選定。現在新君還沒有即位，就先商議改元，不符合祖制。

李慈銘是奕訢集團的重要成員，他說肅順在幼帝即位前改元是非法的。而所用「祺祥」年號又文義不順，歷史上很少有人用，進而譏諷肅順等人不學無術。事實上，李慈銘自己也高明不了多少。在否定了「祺祥」年號後，他搜腸刮肚地擬了「熙隆」和「乾熙」兩個年號。奕訢很不滿意，不屑地說：他這是迂腐書生之見，不能用。

後來，經奕訢、文祥等共同商議，最後決定用「同治」兩個字。這兩個字的妙處在於會意。在兩宮太后看是兩宮同治，在臣子們看來是君臣同治，在民間看來是上下一心同治，因為都覺得滿意。

這個年號呈給兩宮太后，慈安太后沒說什麼，慈禧太后則拍手稱好。慈禧是很重名位的人，她一直對太后分東西宮，自己名分比慈安遜色而耿耿於懷。現在用「同治」二字，恰恰可以表示兩宮並尊，沒有嫡庶之分，這是她非常滿意的。當然，她也能體味到「君臣同治」這一層的含義，她給奕訢加上「議政王」的名銜，正好是「同治」二字最好的注解。

然而，注解只是注解。事實上，在辛酉政變四年後，也就是同治四年（一八六五年），慈禧太后和奕訢，這一對辛酉政變的盟友便爆發了一場權力爭奪戰。

三二、慈禧與奕訢的權力爭奪戰

辛酉政變的成功，是慈禧太后邁上權力巔峰的第一步。她很清楚，要想在政治漩渦中不被淹沒，還要一步步奠定自己不可動搖的地位。

隨著對外交好列強，對內鎮壓太平天國運動的順利進行。慈禧太后感覺到自己的地位已經鞏固，便開始著手對付和她分享權力的恭親王奕訢。雖然在辛酉政變剛剛結束的時候，兩位皇太后曾對奕訢大加封賞，但限制奕訢權勢的行動，也同時被提上了日程。

奕訢被授予議政王之後的第二天，兩宮太后就宣告說：軍國大事要由兩位皇太后親自處理，其他大臣有什麼重大的事務還可以向兩位皇太后上密摺奏報。這無疑是給奕訢一個下馬威。

奕訢自然一眼就看穿了慈禧太后的用意，但他覺得自己一步步苦心經營，在北京與洋人周旋，才有了今天的局面。況且，北京的很多官員都是自己一手提拔起來的，因此他並沒有忌憚慈禧太后發出的警戒信號，依然我行我素。反而很有點權勢熏天的架勢，有時候，政見不合，他與慈禧太后當面爭辯。

奕訢這種「不敬」的行為更加促使慈禧太后下定決定要限制奕訢的權力。

當時，奕訢的主要勢力在總理衙門和軍機處。這裡，要特別說一說總理衙門。這個部門的設立，要從咸豐皇帝說起。咸豐十年（一八六〇年），英法聯軍入侵北京，咸豐皇帝被迫出逃熱河，圓明園被焚毀。奕訢在北京主持與外國列強簽訂《北京條約》之後，陷入了反思。列強的實力已經不容忽視了，遙想六十多年前，乾隆皇帝還能趾高氣揚地面對英國使臣馬戛爾尼率領的訪華使團。六十年之後，大清王朝完全喪失了高高在上的資本，這個王朝已經虛弱得不堪一擊了。

奕訢認為，清政府再也不能靠閉目塞聽來自欺欺人，於是他奏請咸豐皇帝設立總理各國事務衙門，總理外務事宜，以免總是對外務缺乏系統的認識和管理。

咸豐皇帝看到奕訢的奏摺後，立即召見心腹大臣肅順、載垣等人商議。商議的內容不是該不該設立總理衙門，因為外務的重要性已經不容置疑了；而是建立總理衙門後是否會出現總理衙門權勢過大，造成尾大不掉的局面。

肅順思忖再三後，向咸豐皇帝提出的建議是：隨著時事變遷，洋務事宜的增多，的確需要一個部門來加強對外務的管理。但是，不同意「總理各國事務衙門」這個提法，應該給這個衙門的名號再加上「通商」兩個字。這樣一來，以往設立的禮部、理藩院都還有事可幹，不至於使這個部門總攬大權，也不至於讓奕訢的權勢大到難以控制。

肅順的這個提議，立即得到了咸豐皇帝和其他大臣的一致認可。

奕訢接到咸豐皇帝的批示後，發現「總理各國事務衙門」的名號上加上了「通商」兩個字，立即明白了其中的意思。但他並不肯就此甘休。一方面，總理衙門如果權力過小，對他自己肯定沒有什麼好處；另一方面，如果總理衙門在諸多的外務事宜上還要和禮部、理藩院互相扯來扯去，那麼這個部門的意義也就不大了。

於是，奕訢又給咸豐皇帝上了一道奏摺，強調單純的通商事務已經有其他部門來管理，現在清政府所面對的列強，不單單是通不通商的問題，總理衙門的管埋範圍也應該是包羅萬象的，這樣才能夠更好地應對外國列強的諸多舉措。

奕訢的第二道奏摺，振振有詞，情真意切，雖然肅順等人仍然堅持要在總理衙門上加上「通商」二字，咸豐皇帝權衡之後，還是同意了奕訢的請求。

咸豐十年十二月十日（一八六〇年一月二十日），總理各國事務衙門正式批准成立，總攬外交以及外國相關的財政、軍事、教育、礦務等多方面的內容。

總理各國事務衙門（簡稱總理衙門）正式成立以後，不僅成為了清政府的外交機構，還成為了與軍機處並駕齊驅的權力部門。而總理衙門的組織結構也是效仿軍機處建立的。主要由總理大臣和章京組成。首席總理大臣一人，由親王等皇族兼領。奕訢任總理衙門首席總理大臣的時間最長，長達二十八年。總理大臣總體上無固定數額，總理衙門初設時，由奕訢、桂良、文祥三人擔任，此後人數略有增加，從七、八人至於十餘人不等。在內部組織上，由英國股、法國股、俄國股、美國股、海防股、以及清檔房、司務廳組成，每個股辦理與自己管轄範圍相關的對外事務，責任明確。在京師有海關總稅務司及京師同文館兩個附屬機構，抽調各衙門章京、分屬辦事。

辛酉政變之後，隨著奕訢權勢的提升，總理衙門的地位也有了進一步的提高。總理衙門管轄的範圍一步步拓展，凡是和外國有關的且不屬於六部管轄範圍的，都劃歸總理衙門管轄。比如關稅、學堂、鐵路、電報、海防、傳教等，都是總理衙門管轄的範圍。

所以，慈禧太后要限制奕訢的勢力。慈禧藉著一次和奕訢鬧僵的機會，連發兩道上諭，明確指出奕訢今後不得為發展自己的勢力，而推薦官員升遷。慈禧還逐步罷免了傾向於奕訢的一些官員，既達到了震懾奕訢的作用，又剪除了奕訢的羽翼。

隨著慈禧太后與奕訢的矛盾加深，一些投機取巧的官員正在緊緊盯著這個機會，把慈禧太后所好看成自己飛黃騰達的絕佳良機。蔡壽祺就是這樣一個官員，他仔細權衡後，認為還是倒向慈禧太后這一邊有利可圖，於是上了一道奏摺，指出議政王奕訢有貪污、驕橫、大權獨攬、徇私舞弊四大罪狀。慈禧太后看到奏摺後心中大喜，立即召見奕訢進宮，對其當面斥責。奕訢不僅沒有誠惶誠恐，反而火冒三丈，嚷嚷著要找蔡壽祺算帳。慈禧太后見奕訢如此驕橫，便命人將他逐出大殿，隨後避開被奕訢掌控的軍機處，命一些老臣直接發佈詔書，責成一些官員對奕訢所犯罪狀進行一一核查。

詔書一出，內外震驚。在內，大量身居要職的官員力保奕訢無罪，指責蔡壽祺誣告，一份份替奕訢求情的奏摺雪片般飛到了慈禧太后的眼前；在外，外國使館的官員也對奕訢的事十分關注，甚至想出面干涉。

這樣的局面是慈禧太后始料未及的。另一方面，奕訢見慈禧太后發佈了這樣一道措辭嚴厲的詔書，知道其手腕強硬，因此請其他大臣向慈禧太后轉達了自己的和解之意。慈禧太后正好有了這麼一個臺階下，於是召奕訢進宮，當面訓誡。

在訓誡過程中，奕訢收起了以前的倨傲，慈禧太后則順水推舟地取消了奕訢的議政王封號，使奕訢的地位和權力大大削弱。而本想投機取巧的蔡壽祺，最終不僅沒有撈到好處，反而被革除官職，罷免回鄉。

三三、安德海被殺真相

在取消了奕訢的議政王封號後，慈禧太后當政順風順水，可就在同治八年（一八六九年），卻突然發生了一件令慈禧太后大丟顏面的事情，這件事說大不大，說小也不小。說「不大」是因為不過是殺了個太監；說「不小」，則是因為被殺的太監是慈禧太后最寵信的安德海。

安德海是直隸青縣人。十四歲時自閹入宮，憑藉自己的聰明伶俐，不出幾年時間，就被提拔到當時的四阿哥奕詝（即後來的咸豐皇帝）身邊伺候。聰明的安德海積極地為奕詝出謀劃策，而得其心意。

道光三十年（一八五〇年）正月，咸豐皇帝登基，於其奪位有功的安德海，順理成章地升為了御前太監。御前太監主要負責皇帝的日常起居等事務。一來二去，安德海就與後來的慈禧太后，當時的蘭貴人結成了緊密同盟。

中肯地說，慈禧太后此後十數年對安德海的信任，根本是取決於安德海的忠心耿耿和智勇雙全。因為安德海曾多次救助慈禧於危難之中。辛酉政變時，咸豐皇帝在承德暴斃，面對肅順、載垣、端華等八大臣的阻撓，兩宮皇太后無法與身在北京的恭親王奕訢保持聯繫，一時焦急萬分，在危急關頭，安德海主動請求擔任信使，捨命奔赴京城。他日夜疾馳，終於趕在阻止恭親王奕訢承德奔喪的聖旨前，到達了京城，並見到了奕訢。這才轉變政局，為日後殺肅順，捉拿載垣、端華等人，鞏固慈禧太后的地位，立下了汗馬功勞。

憑此一舉，安德海被破格提為四品藍翎大總管。從此，他在皇宮大內的地位進一步提高，進入了人生中極端輝煌燦爛的時期。

背靠慈禧太后這顆大樹，安德海要風得風，要雨得雨，逐漸張狂起來，不知道自己的斤兩了。幾年時間，把該惹的人和不該惹的人都得罪了，就連經常入宮的恭親王奕訢都難以忍受。據說有一次奕訢去見慈禧太后，而慈禧太后因為和安德海說話，正說到興頭上，竟然推辭不見。奕訢後來得知，大感恥辱，恨恨地說，我要是不殺了安德海，就對不起祖宗，對不起朝廷綱紀！

安德海得知後，十分恐懼。於是經常藉著各種機會在慈禧太后面前說奕訢的壞話，以挑撥兩人的關係。就連年幼的同治小皇帝，都知道安德海和母親過於親密，由此對安德海非常憤恨。有一次，同治小皇帝還親手做了一個小泥人，背後寫上「安德海」的名字，並用小刀削掉泥人的頭。旁邊的太監問他這是幹什麼，同治怒氣沖沖地說：殺小安子！

可是，安德海依然很放肆，為了斂財，他開始利用出入宮廷之便，陸續夾帶宮中珍品出宮變賣，收入頗豐。嘗到了甜頭的安德海膽子越來越大，盤算許久後，他又打著為同治皇帝大婚採辦衣料的名號，向慈禧太后請求出宮，實際上，安德海的意圖是到富庶地區變賣古玩，大撈一筆。

儘管有「太監不准出京」的祖制，但慈禧太后禁不住安德海的軟磨硬泡，最終勉強同意了，只是囑咐安德海一定要低調行事。

同治八年（一八六九年），安德海帶著一大批隨從，打著欽差的旗號，大張旗鼓地坐龍舟順運河南下。他以為既然慈禧太后都首肯了，祖制便不在話下，因此沿途尋歡作樂，接受地方官員殷勤地孝敬，可謂風光至極。

這一天，安德海來到山東德州境內。很快便有人報告了山東巡撫丁寶楨。

丁寶楨原本是咸豐三年（一八五三年）進士出身，為人剛正不阿，做事一向勇敢果斷。當年僧格林沁在山東剿殺捻軍的時候，對待地方官員極其傲慢，他見巡撫以下的官員，是從來不給讓座的，下面的官員懾於僧格林沁的威勢，也是敢怒而不敢言。當時丁寶楨剛升任山東按察使，恰巧有事要去拜訪僧格林沁。在去之前，丁寶楨就聽說了僧格林沁的規矩，於是便先讓人轉告僧格林沁：要是設座就來見，不設座就不來。

手下的人勸他不要得罪僧格林沁，免得惹麻煩。但丁寶楨堅持要把自己的話傳到。僧格林沁得報後，大為驚怒，一個小小的山東按察使，居然敢跟自己提條件，倒要看看這是何方神聖！不料，丁寶楨來後，果然非同尋常，一副不卑不亢的氣度，讓僧格林沁也為之折服。

再說丁寶楨得知太監出巡的事情後，十分震怒。他早就聽過安德海宦官亂政，想為國除害，可惜沒有機會。這次倒好，安德海送上門來了。於是，丁寶楨傳令德州知府趙新，讓他將安德海的招搖情形即時彙報，如遇有安德海不法之事，就立刻擒拿。趙新官小膽子也小，不敢動手，只是將安德海情況報告給丁寶楨。丁寶楨迅速地寫了一道密摺，將安德海一路上的所作所為上報朝廷。同時，丁寶楨命東昌知府程繩武追趕安德海，伺機將其拿下。程繩武也害怕得罪慈禧太后，他帶人尾隨了安德海三天，但一直不敢動手。丁寶楨等了三天沒見回報，便派總兵王正氣率兵追趕，終於在泰安將安德海等人擒獲。

安德海被押送到濟南後，還以太后派出的欽差自居，自信沒人敢動自己，根本不把丁寶楨放在眼裡。丁寶楨大怒，命人掌嘴，將安德海打得遍地找牙。隨後，丁寶楨決定不等朝廷命令，而是按照清廷「太監不得出都門，違者就地正法」的祖制，直接將安德海處死。

安德海是慈禧太后最寵信的太監，將之處死是非同小可的事，丁寶楨身邊的官員都跪求丁寶楨不要輕舉妄動，等朝廷旨意來了再說。畢竟，萬一慈禧太后追查下來，不僅烏紗帽難保，搞不好還要賠進自己的身家性命。然而，丁寶楨正是因為擔心慈禧太后會回護安德海，所以要在旨意到來之前從速處死安德海，為國家除了這一個大害。安德海可能做夢都沒想到，他還沒有風光夠，就在濟南被丁寶楨斬下了頭顱。

再說慈禧太后這邊，她得知安德海被擒拿後，方知事態不妙。無奈之下，她只好同慈安太后一起召見了恭親王奕訢，以及軍機大臣和內務府大臣等人，商議如何處理這件事。令慈禧太后難堪的是，慈安太后、奕訢和朝臣們都一致認為，祖制不可違，要將安德海處死。慈禧太后當然也知道祖制家法，當年順治皇帝鑒於明朝太監干政，導致亡國的教訓，特意在交泰殿外立了一個「內官不許干預政事」的鐵牌，明令凡有太監犯法干政者，都要凌遲處死。

雖然慈禧不同意眾人的看法，但為了挽救安德海的性命，慈禧太后還是要將處死安德海的諭旨扣著，遲發了兩天，試圖讓事情有所轉圜。可是，慈禧太后不知道的是，安德海此時早已是人頭落地。幾天後，安德海已經殞命的消息傳到京城。慈禧太后也只能強壓怒火，她不但未作聲張，反而連發兩道上諭說：我朝家法森嚴，有犯必懲，太監安德海竟敢如此膽大妄為，招搖過市，種種不法，實在是罪有應得。

安德海被處死後，朝中大臣們都認為此事大快人心。據說曾國藩得知此事後，在他的日記裡記了一筆：「我眼睛患病已經幾個月了，在聽說此事後，積翳為之一開！稚璜（丁寶楨的字）真豪傑也！」李鴻章則拿著這條消息，興奮地幕僚們說：「稚璜自此成名矣！」

三四、刺馬奇案

安德海被殺事件可以說是同治朝的一個大案。就在安德海被殺的第二年，又發生一起刺殺案件，這起案件也讓慈禧太后吃驚不小。

事情要從同治九年（一八七〇年）的一天說起。這一天，慈禧太后接到一道六百里加急奏摺。奏摺上寫著：「兩江總督馬新貽遇刺身亡。」

慈禧太后既驚訝又疑惑，問身邊的曾國藩：「這是怎麼回事兒？這麼奇怪？」

曾國藩很惶恐，慌忙說：奇怪，是很奇怪。

曾國藩的神情和回答讓慈禧更加疑惑，當即下令徹查此事，務必要將案子查清查明。

然而，令人意想不到的是，這個案子卻拖了半年之久不能結案。更讓朝廷官員頭疼的是，由於不能結案，各種傳聞四起，使此案更加撲朔迷離。

這樁歷史上稱為「刺馬案」的晚清大案，究竟隱藏著什麼秘密呢？案子又是怎樣發生的呢？

時間回到一八七〇年八月二十一日。這一天是大清「總督閱視武弁投射」（校閱新練的親兵）的日子。可是不湊巧，這一天忽然天降大雨。「總督閱射」這一盛典只好推遲到第二天。

第二天，天氣格外晴朗。時任兩江總督的馬新貽早早地就來到校場演武廳。馬新貽獨自徒步走來，雖然時間很早，卻已擠滿了前來觀看盛典的老百姓。

盛典像以往每年一樣，氣氛熱烈，沒有發生任何意外。盛典結束後，馬新貽返回自己的督署。校場演武廳在督署的西邊，馬新貽回督署要經過一條箭道。此時此刻，箭道兩旁有很多圍觀的群眾。馬新貽的侍衛沒有因為人多而提高警惕性。驚魂的一幕就在馬新貽走到督署後院門外時發生了——馬新貽的一個同鄉忽然衝出人群，撲通跪下，向馬新貽求助，請求馬新貽賞口飯吃。同鄉的這一求助行為已經不是第一次了。馬新貽看了同鄉一眼，顯得很不耐煩，也不理睬，逕直向前走。武巡捕葉華龍走上前，一把將馬新貽的同鄉推開。與此同時，馬新貽身邊的三個侍衛也掉過頭來，把這個同鄉拖到一旁，抽了他幾個耳光。

這個時候，馬新貽身邊僅剩幾個侍衛，他們跟隨馬新貽繼續往前走。走出不到三米，箭道旁的人群中忽然又衝出一個人。這個人高呼著冤枉，跪倒在馬新貽腳下。馬新貽正要彎腰去攙扶，這個人猛然從腿間抽出一把雪亮的匕首，以迅雷不及掩耳之勢插入馬新貽的右肋。侍衛根本來不及反應，只聽見馬新貽慘叫一聲。

馬新貽倒在地上，一名侍衛趕緊去扶，另外幾名侍衛上前捉拿刺客。人群頓時大亂。然而，令人不解的是，這名刺客沒有做出一點反抗，他神情自若地看著被刺後的馬新貽。

這個刺客是誰？為什麼在光天化日之下公然刺殺兩江總督，卻沒有一點恐懼？他的背後隱藏著什麼秘密呢？

馬新貽被侍衛扶起的時候，已經面如土色。他用雙手抱著胸部，右臂緊緊夾著右肋，身子不停地抽搐，根本站不穩。侍衛只好取來門板，將馬新貽抬進督署。

在督署上房的床上，馬新貽氣若遊絲，他叫來兒子，語焉不詳地口述的一份遺疏，並囑咐兒子，請江寧將軍魁玉代呈朝廷。

督署外，中軍副將喻吉三已下令將刺殺馬新貽的凶犯綁縛起來。刺客竟然仰天狂笑，說了一句話：「養兵千日，用在一朝。」

惱怒的侍衛將刺客連拖帶打弄進衙署，關押起來。

由於案情重大，中軍副將喻吉三立即派人通報江寧將軍魁玉和司道要員。消息很快傳到魁玉將軍府，魁玉驚慌失措，立刻動身去督署探視馬新貽。

從馬新貽的傷口看，匕首插進他右肋深及數寸。由於失血過多，馬新貽已經奄奄一息，在死亡邊緣無力地掙扎。

馬新貽口述遺疏的時間很長，從八月二十二日下午開始，直到二十三日中午才結束。其間昏死數次，然而，出人意料的是，他又數次奇蹟般地活了過來。中醫們盡力搶救。可是，馬新貽在口述完遺疏後，於二十三日下午二時許最終身亡。

這位兩江總督八月二十二日遇刺，八月二十三日身亡，前後只有一天時間。可就在這短短的一天時間裡，江寧府大亂。江寧府的官員們都知道，自大清朝開國以來，還從來沒有如此高級別的官員遭遇刺殺。身為兩江總督，竟在督署重地被刺殺，對清廷的官員來說，這簡直是一件千古未聞的事。

馬新貽遇刺的當天，江寧將軍魁玉就趕到督署，探視過馬新貽後，便親自提審刺客，得到的答案讓他非常失望。刺客只有交代了兩點：第一，自己名叫張文祥；第二，是河南人。

至於行刺緣由、行刺經過，張文祥絕口不提，再三訊問，張文祥便徹底沉默了。

八月二十三日，一個龐大的審案小組成立。除魁玉將軍外，還有藩司梅啟照、署鹽道凌煥、江寧知府馮柏年、署理上元縣知縣胡裕燕、江寧知縣莫祥芝、候補知府孫雲錦、候補知縣沈啟鵬、陳雲選。八月二十四日，魁玉又加派了臬司賈益謙、候補知府錢海永、皖南道李榮、江蘇候補道孫衣言、山東候補道袁保慶。共十四名官員輪番審訊凶犯張文祥。

然而，結果讓人沮喪。連續四天車輪式的審訊，官員們沒有從凶犯嘴裡得到更多有價值的答案。

凶犯張文祥即使說話，也是滿口胡言。無論怎樣拷打，也不交代刺殺緣由。

兩江總督馬新貽遇刺身亡已經五天。八月二十七日，無可奈何地魁玉將軍上疏朝廷。他在奏摺中說，懷疑凶犯張文祥就是一個地痞無賴。

凶犯的身分真有如此簡單嗎？

清廷對魁玉的推測非常不滿，當即連發四道諭旨。這四道諭旨猶如四支飛箭，於八月二十九日就到達魁玉手中。每一道諭旨都讓魁玉心驚肉跳。

第一道諭旨：命魁玉將軍主審馬新貽被刺案。

第二道諭旨：任命曾國藩任兩江總督一職，未到任之前，總督事務由魁玉將軍全權主持。

第三道諭旨：提醒安徽巡撫英翰注意長江防務和地方治安。

第四道諭旨：強調重申，命魁玉將軍用心審理此案，務必要挖出該案的幕後指使者。

魁玉將軍感到前所未有的壓力，如果不徹底查明案情，他是沒有辦法向朝廷交差的。更讓他意想不到的是，就在朝廷發出這四道諭旨的時候，給事中王書瑞向同治皇帝上了一奏摺。奏摺中說，兩江總督竟光天化日之下死在一名刺客手下，此案甚為古怪，其他的總督又會怎麼想？希望朝廷派親信大臣徹查此案。

於是，九月五日，朝廷又發出一道諭旨，內容是兩江總督馬新貽被來歷不明的刺客刺殺，於情於理不符，務必要查出幕後真凶！

面對來自朝廷壓力的魁玉將軍沒有更多的辦法。他只能督促審案小組成員，讓官員們從張文祥嘴裡找出幕後真凶。

十三天過去，時間到了九月十八日，案情的審理沒有絲毫進展。朝廷又傳來諭旨，內容沒有變化，只是重申——此案必有幕後真凶，速查明。

審訊組官員對張文祥使用酷刑，不堪折磨的張文祥終於又交代出一點東西。他聲稱自己參加過太平軍。接下來，又無後話。

一周後，魁玉將軍上奏朝廷，說案犯供詞「一味閃爍」、「語言顛倒」。根據案犯自稱參加過太平軍的供述，已將其女兒張寶珍、兒子張長幅，及舅母羅王氏拿獲。

魁玉的這道奏摺，儼然是為了應付朝廷。無論如何，案情終歸有了進展。可是，朝廷方面對魁玉的奏摺十分惱火，奏摺中根本沒有他們想要的東西。關於案犯「一味閃爍」、「語言顛倒」的供詞也無具體說明。

由此，朝廷方面開始對這位魁玉將軍產生了懷疑。難道魁玉在偏袒案犯嗎？

朝廷方面很快做出決定，派出時任漕運總督的張之萬，趕赴江寧府會審。

十月七日，漕運總督張之萬抵達江寧府。第二天，張之萬便傳見審案小組的各司道府官員。了解情況後，張之萬親自提審張文祥。讓各司道府官員頗感疑惑的是，在整個審訊過程中，張之萬都沒有對張文祥動刑。張文祥自然也未交代出更有價值的材料。

張之萬不對張文祥動刑原因很簡單，他擔心萬一不小心將案犯拷打致死，無法向朝廷交代。這個時候，江寧府的官員們都已經明白了一件事情，此案的背後一定有幕後策劃、主使者。而幕後主使者敢殺派刺客殺害兩江總督，自然也不是一般人。張之萬更明白這一點。因此，無論這一大案子怎麼審、怎麼了結，都討不到好。審不出幕後主使者朝廷不答應，馬新貽的家人也不會答應。

在這種情況下，張之萬能做的就是等待。他要等來一個人。這個人就是朝廷八月發出的四道諭旨中，執行第二道諭旨的曾國藩。

張之萬想把這個頭痛棘手的案子移交給曾國藩。可是，曾國藩始終沒有到來。一向辦事雷厲風行的曾國藩為什麼一反常態，拖延時日，遲遲不啟程呢？

張之萬找不答案。無奈之下，他上奏朝廷，說案犯張文祥死不招供，甚至當面拷打其子女也不心軟。最後，張之萬還是請朝廷放心，他一定能夠了結此案。

又過了一個月，朝廷方面仍未收到結案的消息，震怒之下，責備張之萬和魁玉辦事效率低下，並警示二人：馬新貽遇刺案已歷時四個月，若再延誤，後果自知。

十二月九日、十二日、十八日朝廷又連下三道諭旨催促結案。魁玉和張之萬終於承受不住壓力，共同編造了一份結案報告。報告上說：張文祥交代，自己是一個海盜，因為馬新貽在浙江剿滅了他的同夥，張文祥為了給同夥報仇，所以刺殺馬新貽。這個交代大概可信。

這份報告讓朝廷方面啼笑皆非，一樁震動朝野的人命大案，竟然用「大概可信」來敷衍搪塞。朝廷方面對魁玉和張之萬徹底失望。案犯拒不交代，從馬新貽最後口述的遺疏中也看不出任何端倪。馬新貽在遺疏中只說明了兩件事情：第一，向同治皇帝彙報工作，並特意指出，自己在擔任兩江總督期間，前總督曾國藩和李鴻章給予了極大的幫助，因此才有了今天的成績；第二，馬新貽談到曾國藩正在處理的天津教案。馬新貽聲稱，當自己聽到天津刁民衝進外國人教堂滋事時，恨不得親自去將那些刁民處死，只是自己職位所在，也只好天天生氣罷了。

對於自己遇刺的事，馬新貽在遺疏中卻輕描淡寫，一筆劃過，只是留下一個令人匪夷所思的疑問句：為什麼一個我不認識的人要殺我？

就這樣，馬新貽遇刺身亡已經幾個月，卻沒有一個讓人信服的結果。這樁案子成為了一樁懸而不決的奇案。朝廷只能寄希望於曾國藩，希望他能審清此案。

然而，朝廷在八月二十九日發出命曾國藩再任兩江總督的諭旨，八月三十日上午，曾國藩在天津接到諭旨，卻拖延至十一月還未啟程前往江寧府，這幾個月他在幹什麼呢？

八月三十日這一天，曾國藩接到朝廷上諭後，立刻召集幕府和江蘇巡撫丁日昌、毛稟熙商議。這時候的曾國藩正在處理天津教案，不斷受到中外輿論抨擊，外國列強指責他懲處不力，國人罵他是漢奸走狗。曾國藩的心理壓力非常之大，回任兩江總督，正好讓他脫離困境。可是，曾國藩並沒有感到輕鬆，而是更加心驚肉跳。

兩天後，曾國藩向朝廷上了一道謝恩疏，推脫說自己近來時常頭暈眼花。江寧府路途遙遠，恐身體無法支撐，懇請朝廷另選高明。

朝廷方面卻沒有答應曾國藩的請求，只說：你曾經經營過江南，對那裡非常熟悉，無須四處奔波，只要坐鎮江寧即可。

然而，又過了個半個月，曾國藩仍未沒有動身。十月二十日，慈禧太后只得召見曾國藩，命他速速趕赴江寧。曾國藩仍然推脫說自己身體不好，經不起長途跋涉。

十一月一日，慈禧太后再次召見曾國藩。這一次慈禧的太后的態度很堅決，開門見山質問，你什麼時候去江寧？此時的曾國藩已無法再推脫，只好說，就在近期。

曾國藩的行為讓朝廷大為不解，沒有人知道他在想什麼。兩江總督遇刺這樣的大案，朝廷方面自然急於找到真相，而作為朝廷重臣的曾國藩，似乎對此漠不關心，這其中有何蹊蹺呢？

我們把時間推回到一八七〇年八月二十一日，也就是馬新貽遇刺的前一天。江蘇巡撫丁日昌匆忙趕到天津直隸督署，求見曾國藩。就在這一天，丁日昌和曾國藩進行了長時間的密談。第二天，八月二十二日上午，遠在江寧的馬新貽遇刺。八月二十三日，馬新貽身亡。之後，丁日昌與曾國藩日日密談，夜夜磋商。密談和磋商的內容沒有人知道。

馬新貽遇刺案審理幾個月後，忽然傳來一條消息：說馬新貽遇刺是因為和江蘇巡撫丁日昌不和。

這個消息讓丁日昌十分驚慌，他迫切希望好友曾國藩親自審理此案。而曾國藩得知這個消息後，再沒有推脫朝廷的上諭，於一八七〇年十一月七日啟程南下。可是，在路上，曾國藩盡情地欣賞風景。十二月十四日，花了三十六天時間的曾國藩才抵達江寧。

難道丁日昌就是馬新貽刺殺案的幕後主使者？而曾國藩又在其中扮演了什麼角色呢？

如果是這樣，丁日昌為什麼要派刺客殺馬新貽呢？是否真如傳言所說，二人不和呢？

不幸的是，這個傳言並非空穴來風。一年前，準確地說是一八六九年十月五日這一天，太湖水師後營右哨勇丁，徐有得和劉步標陪同哨官王有明到蘇州看病。夜二夜至二更，徐、劉二人閒遊妓館，正巧碰上丁日昌之子丁惠衡、侄子丁繼祖，帶著一幫家丁等同遊妓館，雙方發生爭執，蘇州親兵營游擊薛蔭榜帶親兵胡家岳、丁玉林（丁日昌族人）巡夜，見徐、劉滋事，責打徐有得四十軍棍。徐有得不服，又遭重責。四天後，徐有得因傷死亡。

丁日昌得知子侄閒遊妓館滋事，導致勇丁喪命，不得不上奏，自請朝廷議處。上諭命馬新貽審理此案，丁繼祖投案，丁惠衡傳喚未到。據丁日昌說，丁惠衡夜裡越牆逃匿，不知去向。此案因丁惠衡拒不到案，一直拖到一八七〇年七月六日才結案。此案結案後四十多天，馬新貽被刺，此時丁惠衡仍未歸案。

丁日昌之子案與馬新貽被刺案聯繫到了一起，朝廷上下沸沸揚揚。有人認為，丁日昌為了庇護兒子丁惠衡，從而派刺客殺害此案主審馬新貽，致使案子不了了之。而在馬新貽被刺前後幾天，丁日昌與曾國藩數次密談，甚為詭秘。當傳聞一出，丁日昌再也坐不住了，他立即上奏朝廷，請求朝廷下旨命曾國藩迅速趕赴江寧。

而曾國藩到達江寧後，正式擔任兩江總督一職，卻不提案子，只是玩。對馬新貽被刺案採取拖延迴避的態度。如果心中沒有鬼，為什麼要如此對待這樣一樁大案呢？不能不說，這一切和曾國藩、丁日昌密談有關。他們似乎早已定下了應對的策略。

曾國藩要把這個案子推給另一個人。朝廷在曾國藩赴江寧的同時，還派出一個欽差大臣，時任刑部尚書的鄭敦謹。朝廷方面要求撤換張之萬和魁玉兩位主審大員，連同審訊組的司員也一起換掉。清廷處理此案的決心是異常堅定的。

可是，曾國藩來得晚，欽差大臣鄭敦謹來得更晚。曾國藩足足等了鄭敦謹三個月。在這三個月中，曾國藩只做了三件事：一、待客閒聊；二、讀《閱微草堂筆記》；三、弔唁馬新貽，並作輓聯一副。

直到一八七一年二月十七日，欽差大臣鄭敦謹到來的前一天，曾國藩才翻開馬新貽被刺一案的卷宗，記下有關案犯的名字。

一八七一年二月十八日，欽差大臣鄭敦謹抵達江寧。二月十九日，大年初二，新的審案組成立。成員為：鄭敦謹及隨從伊勒通阿、顏士璋；曾國藩和他委派的江安糧道王大經、江蘇題補道洪汝奎；以及馬新貽生前的親信候補道孫衣言、袁保慶。

案子開審，讓鄭敦謹意想不到的情形出現了。這位時任刑部尚書的欽差大臣，審案、斷案自然有一套手段，然而，第一天審訊，沒有任何收穫；第二天、第三天、第四天同樣如此。同坐正堂的曾國藩始終閉著眼一言不發。鄭敦謹只好一個人發問，案犯張文祥沒有交代出更多的東西。

兩周後，鄭敦謹痛苦地明白了，一切似乎都在別人操縱、安排之中。曾國藩的不配合，案犯張文祥沉默，讓鄭敦謹放棄了審案到底的決心，他對曾國藩說：「看來，只好仍照魁、張二人原奏之法奏結了。」

曾國藩笑了。鄭敦謹的心涼透，看來這世界上的有些事情不能深究，如同這個案子，深究下去，只能自陷其中，無法自拔。

接下來，鄭敦謹要面臨的問題是撰寫結案呈詞。難道真要照搬魁玉和張之萬的結論嗎？這對朝廷是沒法交代的。於是，鄭敦謹只好表演性的繼續審案。

在審案過程中，鄭敦謹也不對張文祥動刑。來來回回就問一個問題。候補道孫衣言憤怒地提出，如果不對張文祥動大刑，他是不會招供的。

鄭敦謹急忙說，使不得，萬一不小心打死了，怎麼向朝廷交代？在這種「大家都不知道怎麼交代」情況下，馬新貽被刺一案就此了結。

鄭敦謹和曾國藩連袂上書朝廷——此次審理與魁、張二人的審理結果相同，維持原判。在上書中，鄭敦謹特別加上了一條：處決張文祥的刑罰要格外嚴酷，除凌遲之外，還應當摘其心以祭奠馬新貽的亡靈。

這一份奏結，在呈送朝廷之前，候補道孫衣言、袁保慶拒絕簽字。他們認為，此案並不算了結束。而曾國藩笑著說，不簽就不簽吧。

事實上，朝廷方面根本就不知道，在新的審理小組中有孫衣言、袁保慶這兩位候補道。

一八七一年三月十九日，鄭敦謹將奏結呈送朝廷。同時，將張文祥的口供抄錄分送軍機處、刑部存案。這次審理的結果成為既定的事實，朝廷方面只好接受這一事實。

一八七一年三月二十六日，朝廷下達諭旨，肯定了鄭敦謹和曾國藩的奏結。並下令，四月四日將案犯張文祥凌遲處死，並摘心致祭。由曾國藩監斬。

四月五日，就在張文祥被處決的第二天，未等聖旨下達，鄭敦謹便憤然離開江寧，打發了一個郎中代他回京交旨，聲稱自己有病不能回京。欽差大臣不回京交旨，按清制是要治罪的。曾國藩覺得有點對不住這個湖南同鄉，藉巡視地方為名，到清江去看望鄭敦謹，百般安慰，勸其回京赴任。而後，朝廷下諭旨，命鄭敦謹回京。鄭敦謹再次以有病為託詞，請求開缺，並終生不再為官。

而鄭敦謹的兩個隨從回京後也悄然消失。同年六月，顏士璋被放逐到蘭州，與充軍流放所差無幾，不久回籍賦閒。伊勒通阿八月十九日「給全俸以養餘年」也回老家去了。

所有這一切，都使人們感到馬新貽遇刺案的背後有一股強大的勢力，而這股勢力的操縱者會是誰呢？難道他就是晚清重臣曾國藩？

有一個事實無法迴避——一八六八年，曾國藩統領的湘軍擊敗了太平天國。太平天國經營十年，天王府金銀財寶堆積如山，其他王府、將軍府也有不少收藏。曾國荃攻陷天京，縱湘軍搶掠數天。為了滅跡，又放了一把火，大火燒了幾天幾夜不息。湘軍均飽私囊，大車小輛向湖南老家運送財物，幾年中，湘軍子弟搶購土地遍及湘鄂。朝野議論紛紛，恭親王頗有微詞，慈禧太后心中不快。尤其令朝廷坐臥不安的是，十幾年來湘軍的實力迅速膨脹。太平天國失敗後，人們傳言曾國藩有野心，其實他的部下早就慫恿他謀取帝位。在與太平軍作戰時，清廷不得不倚重湘軍，但是，如今太平軍被「蕩平」了，慈禧太后能允許曾國藩在江南坐大嗎？東南臥著一隻虎，她睡覺也不安心。於是她把曾國藩調離江寧，派馬新貽任兩江總督，迅速裁撤湘軍。

江寧本是湘軍浴血奮戰攻打下來，他們在那裡經營數年，視江寧為私有財產，豈能輕易拱手讓給馬新貽。除掉馬新貽，江寧便可以重回到湘軍手中。因為馬新貽從進士直到總督，一直沒有自己的軍隊，他孑然一身來到江寧，卻不知道自己已身處凶險的境地。

而馬新貽被刺身亡後，還有一種傳言，說他被刺殺的根本原因，是因為「漁色親友」。就在馬新貽被刺身亡後，立刻就有「刺馬案」的戲文上演。

馬新貽被刺身亡，又有身後之玷，人們津津有味地談論著桃色緋聞，而且又有為友復仇，義薄雲天的俠義故事，迎合人們獵奇的心理，適應玩家的口味。如果馬新貽不死，也是百口莫辯。史家也對此望而卻步，因為誰也不願意去為一個漁色負友的小人辯白，冤不冤由他去吧。

這一切只能說明，馬新貽遇刺案是一起有計劃、有組織、有預謀的政治謀殺，從刺殺的實施來看，刺客張文祥在警衛森嚴的督署重地一撲而中，顯然是經過精心演練和準備的，到後來製造馬新貽「漁色親友」的輿論，以及對案件審理和結案的設計，都足以說明是高手策劃的結果。這個高手，除了曾國藩還能有誰呢？

因為，還有一個事實也不容置疑，在馬新貽遇刺後，曾國藩再任兩江總督，這個寶座從此一直掌握在湘系手中，再無人敢問津。

事實上，在辛酉政變發生的半個月多以後，慈禧太后就任命曾國藩為欽差大臣，督辦江蘇、安徽、江西、浙江四省軍務，四省的巡撫、提督以下的文武官員都歸他節制，曾國藩集該地區的軍、政、財權於一身，他當然不肯放棄手中的權力。不過，曾國藩也的確為大清王朝做出了不少貢獻，除了鎮壓太平天國運動外，他還是洋務運動的代表人物。

三五、洋務運動之爭

兩次鴉片戰爭中，西方列強的堅船利炮讓大清帝國吃了不少虧。清政府的一些官員認為，必須學習西方資本主義國家的「長技」，才能挽救搖搖欲墜的滿清統治。於是，他們出面宣導和主持了以學習西方科學技術、引進機器生產為中心內容的「富強」運動。這就是「洋務運動」。宣導「洋務運動」的人，被稱為「洋務派」。洋務派的代表，主要是擔任封疆大吏的曾國藩、左宗棠、李鴻章、沈葆楨等人，他們在清朝的中央政府中，獲得了恭親王奕訢和軍機大臣文祥等人的支持。

然而，還有一派是反對「洋務運動」的，被稱為「頑固派」。代表人物大學士倭仁、徐桐、李鴻藻等人。他們唯祖宗之法是尊，唯古聖先賢是尚，閉目塞聽，因循守舊，盲目排斥一切新事物，幻想回到閉關鎖國的時代。他們對洋務派提倡的學習西方語言文字，引進科學技術，採用機器等活動深惡痛絕。

洋務派與頑固派最早的論爭，是由在京師同文館，開設天文算學館而引起的。

先是在咸豐十年（一八六〇年）十二月三日，恭親王奕訢奏請設立總理事務衙門，作為外交機構。但是，在與外國人打交道的過程中，遇到了語言和文字的障礙。

因此，奕訢建議從廣東、上海物色專學習英、法語言文字的人，挑選其中誠實可靠者，各派二人來京充當教習。並在八旗中挑選天資聰慧，年齡在十三、四歲以下者各四、五人進行學習。遺憾的是，奉旨已有一年的時間，廣東、上海均未能派人來。於是，又轉向外國聘請。由英國駐華公使館參贊威妥瑪舉薦，聘請英籍通曉漢文的傳教士包爾騰充當英文教習，並說明只學習語言文字，不准傳教。

隨後，又派漢人徐樹琳教習漢文，並暗中監督包爾騰。初收八旗學生十名，成立英文館，這就是京師同文館創建的開始。

同治二年（一八六三年）又聘請法國籍傳教士司默靈和俄國駐華公使館翻譯柏林為教習，增收八旗學生二十名。

同文館開始成立，因為是仿照原先俄文館的舊例，只是創辦一所培養翻譯人員的臨時學校，所以沒有引起什麼爭議。到了同治五年，學生已經在館學校數年，已經能粗通洋文洋話了，只是年齡太小，對漢文的文義尚不能貫穿，所以很難再讓他們學習天文算學了。奕訢認為，洋人製造機器、火器、以及航行、編練軍隊等，沒有一件事能離開天文、算學。現在，上海、浙江等處急需輪船製造和航海方面的人才，如果不從根本上用功夫，只學習皮毛，沒有什麼實際意義。

因此，奕訢建議，在同文館內添設天文算學館，招收翰林、進士、舉人，貢生及正途出身的五品以下京外各官入館學習。本來，設天文算學館的計畫朝廷已經批准了，著手進行就是了。但是，奕訢等人料到頑固派必將出來反對，所以預先在奏摺中聲明：此次招考天文、算學，並不是出於好奇，而是迫於西人的術數之學。同時一一駁斥了那些頑固派的保守觀點，堅定了朝廷的決心。

果然，不出奕訢等人所料，同文館增設天文算學館的消息傳出後，頑固派立即做出反應。山東道監察御史張盛藻首先上摺表示反對，認為科甲正途人員都是讀孔孟之書，學堯舜之道，何必要他們學習製造輪船、洋槍的原理呢？

朝廷駁回了張盛藻的上奏，指出學習天文、算學，只不過是借西法來印證中法而已，並非誤入歧途。

張盛藻碰了壁，頑固派的首領人物倭仁便親自跳了出來。倭仁是文淵閣大學士，又是同治皇帝的老師，講求宋儒之學，堪稱「理學大師」。在當時的士林中具有很大的影響力。他反對的理由主要是：立國的道理，應崇尚禮儀，而不應崇尚權謀；根本之圖，應在人心，而不應在技藝。並說天下如此之廣，不怕沒有人才，即使像天文、算學這些必須講求的學問，也一定有精通它的人，何必向外國人學習呢？如果科甲正途人員拜外國人為師，後患將不堪設想，正氣不伸，邪氣瀰漫，數年以後，國將不國了。

清廷將倭仁的奏摺交給總理衙門議奏，奕訢等人針鋒相對，反駁說：開設天文算學館，並非誤入歧途，上了洋人的當；而是讓今日士大夫痛心疾首，臥薪嘗膽，以求自強。並針對倭仁在奏摺中所稱「天下如此廣大，不怕沒有人才」的話，提出讓倭仁保舉數人，擇地另設一館，由倭仁負責，以觀成效。並說倭仁公忠體國，必定實心保舉，不會誤國誤民。

這一下，不僅擊中了倭仁的痛處，還將了他一軍。清廷根據奕訢所奏，當即下旨要倭仁保舉數人，另行擇地設館。倭仁連忙聲明，自己前奏不必討論，不用另外設館。但平時會留心觀察，一旦發現人才，馬上保奏，設館教習，以收實效。

倭仁阻止設立天文算學館受挫，情緒非常激動，在與奕訢當面爭論的時候，幾乎到了拍案而起的地步。為同治皇帝授書時，由於激動，鼻涕都流出來了。

隨後，倭仁病倒，面色憔悴，茶飯不思，同僚前來看望，相對無言，只是歎息。

然而，倭仁雖然失敗了，卻贏得了一批守舊官員的同情。因此，在頑固守舊的士大夫中形成了一股反對學習西方的逆流。當時京城人言沸沸，謠言頗多，並常用俚語笑罵：「胡鬧、胡鬧，教人都從了天主教！」「孔門弟子，鬼谷先生！」等等。甚至有人作對聯云：「詭計本多端，使小朝廷設同文之館；軍機無遠略，誘佳子弟拜異類為師。」

在這種氣候下，一些頑固守舊官員紛紛出動，尋找各種藉口，反對開設天文算學館。通政使的官員于凌辰上奏摺說：天文算學館招考正途人員，幾個月來，議論紛紛，一天比一天厲害。而報考中，有的省份幾乎沒有人報考，有的省份僅有一、二人報考，即使有願意考的，也為同鄉所不齒。

有一個叫楊廷熙的小人物，是候選的直隸州知州，直接跑到督察院呈遞條陳，請為代奏。楊廷熙編造說：今年從春季到雨季，久旱不雨，河流枯竭，京城中疾病流行，這不同於以往的災害呀。說到這裡，他語氣一轉，將災象之生歸咎於同文館的設立，指出現在京城中人們街談巷議的，都是關於開設同文館的。以此為基礎，楊廷熙進一步大談「十不可解」。

所謂「十不可解」，是說本來中國的天文、算學已經超過西學，何必反去向夷狄學習？對付敵人的堅船利炮，主要是想出破敵之法，何必徒費錢糧、人力去學習？天文、算學、輪船、機器等皆無關乎自強之道，堅甲利兵再精也難操勝算，關鍵在於人心可用，何必還要依樣畫葫蘆地去製造？

此外，楊廷熙在條陳中對奕訢等人大肆攻擊，實際上變成了對奕訢等人的參奏，已經超出了爭辯同文館問題的界限。他給奕訢等人加上了「專擅挾持」等罪名，這是非同小可的。

那麼，為何作為一個區區的候補知州，楊廷熙就敢濫施攻擊，詆毀中央大員呢？這是因為他身後有個倭仁做靠山。

事情鬧到這個地步，已經很難收場了。奕訢便奏請朝廷，派大臣核議楊廷熙所奏的事情，並讓總理衙門的大臣暫停工作，聽候查辦。這樣一來，朝廷只好於同治六年五月二十九日發佈上諭，對開設同文館給予肯定，這才暫時平息了這場爭論。

這場關於設立天文算學館的爭論，不完是意氣之爭，或名利之爭。而是要不要學習西方先進科學技術的問題。論戰雖以頑固派失敗而告終，但是其陰魂不散，其言論仍有相當的市場。一有機會，在一定的條件下，仍然會跳出來。譬如，接下來的造船工業的興廢之爭。

在洋務派推行的近代活動中，造船工業是最早的重點項目。在其創建之初也是卓有成效的。福州船政局是中國近代成立的第一個專門製造輪船的造船企業，也最為頑固派所嫉恨的，從而使這一企業屢次面臨下馬的危險，由此發生了造船工業的興廢之爭。

福州船政局是左宗棠任閩浙總督時，一手創辦的，但左宗棠不久就調任了陝甘總督，清廷派漕運總督吳棠繼任。咸豐初年的時候，吳棠任清河知縣時，任勞任怨，頗得人們讚譽。但他思想守舊，敵視洋務，並反對製造輪船。其言論行事都與頑固派如出一轍。

但吳棠與倭仁不同，倭仁雖然身為帝師，位居相國，名聲顯赫，卻不掌握實權；而吳棠是封疆大吏，掌握實權，其影響力非同一般。所以，吳棠一到任，就使福州船政局面臨下馬的危機。

吳棠抵達福州之前，閩浙總督一職一度由福州將軍英桂兼任。同治六年三月，吳棠到任後，便對英桂說：船政未必能成功，即便成功也有什麼益處呢？而且，吳棠一反左宗棠所為，對船政之事處處掣肘，想用釜底抽薪之法，將其搞垮了事。

在吳棠的影響下，福州到處是流言蜚語，並傳佈一些匿名的揭帖，表達了一些人對造船的不滿，並把誣陷的矛頭直接指向船政。吳棠則一面編造總理衙門說船政「用錢失當」的謊言，一面利用匿名揭帖，打擊左宗棠所委派的船政骨幹。弄得船政人員人人自危。

前江西巡撫沈葆楨奉旨總理船政之時，就知道吳棠對船政有成見，後來見吳棠步步緊逼，不肯罷手，便決心抗爭。

沈葆楨是福建侯官人，咸豐五年初，任江西九江知府，隨曾國藩管營務。咸豐十年，由曾國藩推薦，出任江西巡撫，鎮壓太平天國軍。同治五年，由左宗棠推薦，繼任福州船政大臣，專主福州船政局。

沈葆楨上奏朝廷說，值此國家危險之時，願與吳棠同舟共濟，齊心將船政辦好。並表示：船政是本大臣專門負責，願以生命為代價，一定要辦好船政大業。並懇請啟用那些被誣陷的船政人員。

沈葆楨上奏以後，見朝廷仍然舉旗不定。於是，又上書總理衙門，指出船政乃國家大事，吳棠身為封疆大吏，卻不明事理，暗中為難船政人員，如此下去，將貽誤國家大事。左宗棠得知後，極為憤慨。他給沈葆楨寫了一封書信，表明自己的態度。同時，又考慮到吳棠在任清河知縣時，名聲很好。於是，就又寫了一封書信，規勸吳棠。

哪知道，吳棠回信敷衍一番，仍然一意孤行。左宗棠見勸說無效，便上書朝廷，請求盡快定奪。

事態發展到這個地步，朝廷一面批准了沈葆楨的請求，一面努力調和各方面的關係。但是，問題的根源還是在吳棠那裡，吳棠思想頑固，一開始就厭惡船政，加上對沈葆楨的成見，兩人很難再攬手工作。於是，清廷便於十天後，調任吳棠為四川總督。吳棠破壞船政的企圖，終究未能如願。

然而，一波未平，一波又起。幾年後，頑固派再一次掀起波瀾。同治十一年一月，正當造船工作進展順利之時，停止造船的議論又起，使船政再次面臨下馬的危險。鼓吹這種觀點的是內閣學士宋晉，他以花錢太多為由，奏請停止造船。聲稱：福建連年製造輪船，經費已花去四、五百萬，這未免花錢太多了。製造輪船是為了抵禦外來侵略，如今中外早已講和，再造輪船，豈不引起外人的猜疑？

宋晉的話似乎有點道理，因此也有一些人附和。朝廷對此不做明確表態，並將宋晉的奏摺發給兩江總督曾國藩和福州將軍兼閩浙總督文煜議奏。

曾國藩對宋晉所奏不以為然，並致函總理衙門說：西方各國的輪船多而且堅固，日本雖地處偏遠，近來新造輪船也很多，而且不惜花費巨資，這是治理國家的人不得已而為之的。

可是，文煜的態度卻是模稜兩可，這時朝廷一時舉棋不定，處於兩難之中。考慮到經費緊張，認為暫停造船，節約一下部分資金用於急需之處，也未嘗不可。於是，又向左宗棠、李鴻章、沈葆楨三人重新徵求意見。

左宗棠是湖南湘陽人，太平天國起義後，一度在家辦團練，後由曾國藩保舉，清廷下特旨任他為四品堂襄辦軍務，咸豐十年，又任浙江巡撫。太平天國失敗後，奉命進擊太平軍餘部入福建，與沈葆楨在福州設馬尾造船廠，製造輪船。還設有船政學堂，其中分前、後兩學堂；前堂學習法文，主要培養製造輪船的人才；後堂學習英文，主要培養駕駛輪船的人才。

同治五年八月，左宗棠奉命調任陝甘總督，才不得不將此重任交給沈葆楨。因此左宗棠對船政事業懷有厚愛，對於宋晉所奏停止造船一事，早就義憤填膺，他的意見是可想而知的。沈葆楨則是以具體事實，對宋晉的言論進行逐條批駁。最後，他斬釘截鐵地說：造船之事不但不能馬上停止，即使五年之後，也不能裁撤。

清廷先後受到左宗棠和沈葆楨的奏章後，態度漸趨明朗，但還要等李鴻章的奏章到了，再降諭旨。不久，李鴻章的奏摺到了，他從清帝國所面臨的形勢入手，分析了中國的出路，指出只有學習西方的先進技術，多設廠，多造船，多製槍炮，才能抵禦外來的侵略。如果士大夫還囿於章句之學，苟且偷生，國家的前途不堪設想。

由於左宗棠、李鴻章、沈葆楨三人的支持，清廷不得不批准了繼續造船的計畫。這場由宋晉挑起的爭論，最後以洋務派的勝利而告終，使岌岌可危的造船局面，得到了扭轉，保證了輪船的繼續興造。

頑固派本想扼殺製造輪船這一新生事物，但效果卻適得其反。這是頑固派始料未及的。但是，頑固派並沒有就此甘休。又過了兩年，到了同治十三年春，原先左宗棠與法籍技術人員日意格等所定的合同期滿，大批外籍技術人員即將離廠回國，造船的技術設計改由清帝國的技術人員主持。

在日意格擔任船廠監督的五年中，福州船政局共造了十五艘輪船，總排水量達到一萬六千噸，使中國的輪船從無到有，造船工業初具規模，應該是很大的成績。如今，日意格和一些外籍技術人員離去，輪船能否繼續造下去呢？這又使船政局面臨一次新的嚴峻考驗。

在這個重要的時刻，一些頑固派官員又舊調重彈，大談船政之害。沈葆楨不顧壓力，再次挺身而出，與頑固派針鋒相對，但朝廷遲遲不肯表態，船政不能繼續興工。

當時，正是日本出兵入侵臺灣，東南沿海形勢緊張，清朝統治集團大為震驚。在此關鍵時刻，船政所造的船起了重要作用，沈葆楨還親自乘輪船到了臺灣。在解決日軍侵臺事件中，清廷看到了船政的作用，決定批准沈葆楨的請求，大力支持造船。在沈葆楨的堅持下，終於擊退了頑固派又一次的興風作浪，使船政的造船工作得以繼續發展。

如果說，洋務派和頑固派的思想交鋒，在關於設立天文算學館的辯論中，以及在造船工業的興廢之爭中，只經過了幾個回合，洋務派明顯佔了上風的話；那麼，在修築鐵路的醞釀和計畫中，由於兩派的鬥爭時而對峙，時而反覆，風波迭起，因此判明最後的勝負就不是那麼容易了。

在近代中國，修築鐵路問題的提出和醞釀，有著極為複雜的背景。最早提出修築鐵路的人叫洪仁軒。

咸豐八年，洪仁軒在《資政新篇》中就曾建議在全國二十一省修築二十一條鐵路，作為國家聯絡的主幹。而在一年前，西方殖民主義者處於侵略的動機，也有人建議在中國修築鐵路。這個人名叫斯普萊，是從印度軍隊退伍的一名大尉，他致函英國外交部稱，修築一條從緬甸經中國西南邊陲到華中的鐵路。並且，自己印了一本《英國與中國鐵路》的小冊子，廣為散發以爭取輿論支持。

當時，英國外交部對斯普萊的建議未予重視，而受到商界的多方指責。正是由於最初是西方侵略者急於修築中國鐵路，因此，儘管他們在很長時間內反覆施展威脅利誘的手段，還是遭到了中國官員一致的堅決抵制。

先是同治二年，英、法、美三國駐上海領事通過江海關道，正式向李鴻章建議，修築從上海到蘇州的鐵路，遭到斷然拒絕。隨後，一些西方的老牌侵略者赫德、威妥瑪、巴蘭德等人致函總理衙門，大談修築鐵路的好處。聲稱：「自從西方國家修建了鐵路，風土人情大為改觀。至於工商業的發展，更是近水樓臺先得月，利益均沾」。

當時，有一位英國商人杜蘭德在北京永寧門外修了一里長的小鐵路，將小機車在上面運行，速度飛快，使北京城上下的人大為驚訝，他們從未見過這種新鮮事物。英國人修築這段小鐵路的目的，是想讓中國人開開眼界，能夠接受建造鐵路的建議。但是，從清王朝的朝廷到內外臣工，任憑洋人如何遊說，甚至現身說法，都不為所動。

十九世紀六〇年代，在對待西方國家在中國修築鐵路的問題上，清政府內部基本上不存在什麼分歧。只是到了六〇年代後半期，洋務派開始認識到開鐵路的益處，希望將來中國人直接承建鐵路，不被外國人竊取。這是中國近代第一次倡議自建鐵路。

同治十一年，李鴻章致函丁日昌，首次正式透露自己想要修築鐵路的主張，他指出：俄國人拒守伊犁，我軍遠隔萬里，萬難征服。只有修建鐵路，才能運轉自如，達到鞏固邊疆的目的。

當時，聽說這一建議的人，無人不搖頭咋舌，嗤之以鼻。同治十三年，日本出兵臺灣，東南沿海形勢緊張，李鴻章趁機提出修築鐵路的建議，但朝中阻力很大，無人敢出面支持。

一直到了光緒三年（一八七七年）的時候，洋務派才得到了開始實施修建鐵路計畫的機會，先是福建巡撫丁日昌提出在臺灣修建鐵路的計畫。丁日昌，是廣東豐順人。同治二年，被李鴻章從廣東調至上海專辦軍事工業。

由於丁日昌的建議合情合理，切中時弊，因為被朝廷批准。但因為修建鐵路的巨款難籌，丁日昌只好抱憾而去。

臺灣修建鐵路的計畫雖然順利通過，而內地修建鐵路的計畫卻遇到了意想不到的強大阻力。光緒六年，清政府派曾紀澤赴俄談判，要求俄國歸還伊犁。當時，傳出俄國要派艦隊封鎖中國海面，清廷極為緊張，慌忙召見直隸提督劉銘傳，向他徵詢防務的意見。

劉銘傳藉此機會提出修築鐵路的建議，他主張中國要道應修築四條鐵路：南路二條，一條由清江經山東到北京，一條由漢口經河南到北京；北路二條，一條由北京東通盛京，一條由北京西通甘肅。由於工程浩大，不能同時興建，他建議先修建清江至北京一路。

劉銘傳的建議一出，立即遭到頑固派的反對，首先跳出來的反對者是翰林院侍讀學士張家驤，接著，其他頑固派的官員也紛紛登臺亮相，大喊大叫，列舉了種種理由反對建造鐵路。他們說建造鐵路改變了祖宗的成法，是大逆不道。然後煞有介事地說：中國一旦建成鐵路，沿途的旅店，靠騾馬運輸的貧民，都將失業。

這還不夠，他們甚至無知地認為：修建鐵路時，用火藥炸山開石，不但會驚動鬼神，破壞風水，而且還會帶來不祥之兆。可見，頑固派愚昧到何種程度。

這是洋務派與頑固派關於修築鐵路的第一次爭論，其結果是頑固派佔了上風。這一方面是由於當時頑固派保守勢力相當強大，另一方面是由於洋務派本身對建造鐵路的計畫也沒有確實的把握。

光緒十年，又發生了關於修築鐵路的第二次爭論。在光緒七年的時候，唐山開平煤礦因運煤的需要，請修鐵路一條，考慮到當時禁駛機車，於是聲明用驢馬拖載，最後得到批准。這條路從唐山煤井起，到胥各莊止，共二十一里，被命名為「唐胥鐵路」。開車之始，先以驢馬拖車，第二年改用小機車牽引。

這就引來了頑固派的反對，他們以「機車行駛，震動了皇陵，噴出的黑煙，損傷了莊稼」為由，要求朝廷禁止機車運行。結果，小機車運行不久，就被停止了。

但是，洋務派經過多方努力，幾個月後，小機車又開始運行了。唐胥鐵路的建成及投入運行，無疑是洋務派的一個勝利。李鴻章受到鼓舞，重提修築清江至北京鐵路之事。這次就不比以前了，頑固派紛紛出來反對，而洋務派這邊，只有李鴻章和左宗棠出來講話，修鐵路之事，只好暫緩。

在這次爭論中，雖然頑固派再次佔了上風，但由於洋務派的爭取，醇親王奕譞對鐵路問題的態度有了轉變。此後，奕譞與李鴻章內外配合，聯手推進鐵路興建工作。

光緒十二年，奕譞巡閱北洋海口時，與李鴻章商談過將鐵路接建至大沽和天津的問題。經過反覆協商，決定試著建造從閻莊到大沽，從大沽到天津的鐵路。

第二年，奕譞正式上奏朝廷，請准建設津沽鐵路。他首先說明自己對鐵路認識的變化，然後指出鐵路興建與海防和商業的關係。最終，奕譞的計畫得到了批准。這一結果，使洋務派無不歡欣鼓舞，接著奕譞趁熱打鐵，又奏准了天津至通州的鐵路。

然而，正當洋務派大幹一番時，頑固派又跳出來反對了。他們要求朝廷立即宣佈，對已建造的鐵路，暫放一邊，未建造的鐵路，立即停止。頑固派的口氣十分強硬，大有不達目的誓不甘休的架勢。奕譞看到，感歎道：「在中國創辦一新生事物，是何等艱難啊！」

奕譞的感慨不是沒有理由的，隨後，頑固派反對修築鐵路的奏章鋪天蓋地而來。在奏章中，頑固派羅列的鐵路之害，主要由三個：一是資敵，二是擾民，三是奪民生計。為了回擊頑固派的反撲，洋務派與之進行了針鋒相對的鬥爭。但終因頑固派的氣勢洶洶，最後折衷處理了事。至此，第三次關於修建鐵路的爭論結束。

洋務派與頑固派進行的三次關於修築鐵路的爭論，持續了整整十年之久。通過多次爭論，可以看出，在晚清時期，大清朝頑固派的力量確實很強大，而且有著廣泛的社會基礎，而洋務派儘管在學習西方問題上大聲疾呼，並身體力行，卻限於枝枝節節，不敢放開手腳。這就決定了洋務運動的發展必然是一波三折，從而使近代化的進程舉步維艱，難以有太大的起色。

洋務運動時期，洋務論者與頑固派之間始終存在著複雜尖銳的思想和政治鬥爭。雖然兩派維護封建統治的立場和目的是基本上一致的，但達到目的的手段確實迥異的。當洋務改革思潮湧來之時，頑固守舊勢力以封建統治的衛護者的姿態出現，對方興未艾的新思潮進行猛烈的反撲。

洋務派宣導學習西方，廣造輿論，並利用手中掌握的一定軍事、經濟實權，身體力行製器練兵，振興商務和培養人才，代表著時代發展的方向。

頑固派恪守祖宗法度，糾舉彈劾，唱起「愛國」、「保社稷」的高調，呼風喚雨，並利用其廣泛的社會基礎和政治影響，竭力抗拒洋務派，誹謗洋務運動。因為兩派的論爭不可避免。

清朝的最高統治者慈禧太后，並沒有把洋務作為國策，她一方面不得不依靠洋務派來支撐危局；另一方面又怕洋務派勢力過分膨脹危機到自己的統治地位，有意藉頑固守舊勢力的彈劾來壓制洋務派。頑固派的囂張氣焰，顯然是和慈禧的縱容分不開的。慈禧太后在洋務派和頑固派之間保持平衡，使他們互相牽制，她自己則從中加以操縱和利用，表面維持著清朝政府的統一，這就是當時清朝政局的特點。

三六、晚清官場大腐敗：捐官與科場行賄

從洋務運動中頑固派的勢力和囂張氣焰，可以看出，晚清時期的官場，是極端腐敗的。當時的官場如市場，一個大賄賂的市場。在晚清官場上，許多東西都可以買賣，很多事情不搞賄賂就辦不成。買賣和賄賂時，或公開交易，明碼實價，露骨地行賄索賄；或偷偷摸摸，暗地成交，將行賄受賄裝扮得含蓄儒雅。

當時，有一個流行詞叫「捐官」。「捐官」又被稱為「捐納」和「捐班」，而讓這個詞傳遍天下，要歸功於清朝中央政府。因為清政府公開推行用錢買官的制度，並把這種行為稱之為「捐官」。

捐是美稱（意為捐款授官），實際上就買官。晚清的老百姓常說：「捐官做，買馬騎。」捐與買並稱。清朝政府雖然出臺了這項制度，但也並不是任何人都可以買的。八旗戶下人、漢人家奴，優伶這些人就在此項制度之外。事實上，即使該項制度授予這些人買官的權利，他們也沒有能力行使。因為買官是需要一大筆銀子的。

這三種以外的人，只要有錢就可以買到官職。銀子少，買到的肯定是小官；銀子多，買到的肯定是大官；銀子少，買到的官職多是虛銜；銀子多，買到的官職則是實官。成本越高，實惠越多，官職儼然就成了商品。

在這種情況下，是否能當官並不是看能力，而是看財力。官職與能力沒多大關係，大量有錢而無能的人都當上了官。這些人中雖然也有個別出類拔萃之輩，但大多數卻都是財主少爺，紈絝子弟。

紈絝子弟一旦買了官，其劣根性就表現出來了。他們通常捐了一個官職後，就以衣錦還鄉的姿態歸家。在家鄉，大家雖然都知道這個官來得不正，但因為是官，不正也得正。所以，百姓對這些人的態度還是很恭敬。這些捐了官的人，也不要臉，常自命縉紳，出門乘轎，僕從持大字旗，充斥衢巷，洋洋自得。

還有不少商人，大字都不識一個，因為捐了官，竟然成為主管文化方面事宜的官員。有個商人捐了一個巡檢的官職後，很快當上了巡撫，去監考鄉試。於是，一個商賈就成了掌握眾多士子命運的官員。有人做對聯譏諷道：「巡檢作巡撫，一步登天；監生當監臨，斯文掃地。」

官職是具有極大誘惑力的，有人之所以想做官，是因為可以在大街上橫著走，而沒有人敢管。也有的人是為了光宗耀祖，還有的人乾脆就是想憑著官職撈點錢。

於是，就出現了許多捐官的現象。有的人賣掉家產，有的向親友借錢，有的幾人搭夥湊錢，還有的因為錢少，便先捐了個價廉的小官，然後上任撈夠了錢，再捐大官。

大名士李慈銘為了捐官，賣掉了田產，捐了個京官郎中。漢口有兩個要好的小販想捐官，因為各捐一個官錢不夠，就商量好先捐一個官職給其中一個人。在兩人湊得的三千兩銀子中，甲販出了七成，乙販出了三成，於是捐的官給了甲販，乙販則當了甲販的司閽，也就是看門人。

在紹興，有個叫蔣淵的遊民想捐官，但錢不夠用，就和四個朋友商議湊錢買官，說好買到官職後，撈了錢按捐官時出資的比例分成，後來，捐得的知縣一職由由蔣淵擔任，其他四人就分別做了蔣淵的師爺和長隨。

事實上，這些人根本就不用擔心自己所捐的官會丟掉，他們只擔心有沒有足夠的錢捐得一個像樣的官。因為在大清晚期，錢出，官必來。

「錢不是萬能的，但沒有錢是萬萬不能的。」這句話在大清朝可謂是至理名言。很多人都把這至理名言當成終生信條，並矢志不渝。比如御史，他不掌握任官之權，自然也就無官可賣。而他的薪水又很低，又買不起官。所以，他靠山吃山，靠水吃水。從自己的工作職責上下功夫。因為他有著參奏的權力，所以很多官員都有些怕他。因為即使一個官員沒有犯錯，但御史隨便向上參一本，即便是一件很小的事，但天長日久，皇帝對這個官員的印象就差了，御史當然也知道自己的這個「優勢」，於是就「賣奏」。

晚清官場上，可供賣錢納賄的，不只是官職和參奏文字，還有其他許多東西。比如在清朝還有一個不成文的慣例：職官有忤朝廷，要受「傳旨申斥」處罰。所謂「傳旨申斥」，就是由太監將被申斥的大臣臭罵一頓，而大臣只得跪在那裡挨罵，絕不能還口。自從這個慣例開闢以來，許多官員都有被太監臭罵的遭遇。有的太監罵人罵得熟練之極，可以不重樣的罵上三天三夜。

對於朝廷命官，特別是在京的官員，這實在是一項不堪忍受的侮辱。有聰明的官員從「有錢能使鬼推磨」這句話上延伸出來，便得到了「有錢能保不挨罵」的真理，於是就賄賂太監。後來，這種送給太監的銀子，就被當時的官員稱為「免辱銀」。

光緒末年，清政府剛剛成立了郵傳部。當時，尚書張百熙和侍郎唐紹儀彼此相處不和，二人經常在皇帝面前相互指責和攻擊對方。都請假不來辦公，被御史彈劾。光緒皇帝傳旨對兩人進行「申斥」。唐紹儀暗中送了太監四百兩銀子，而張百熙卻一分也沒有給太監。「申斥」時，張百熙跪下，太監破口大罵，所罵之句，張百熙聞所未聞，罵了好一陣。而唐紹儀去跪聽的時候，太監只是隨便說了幾句。一分錢不給太監，就遭到驚天地泣鬼神的臭罵。而唐紹儀給了太監銀子，就換得了耳根清淨。一個「申斥」的處罰就造成了貪污行賄，這大概是大清的皇帝始料未及的。

另外，清代皇帝召見大臣時，如果詔令中言及大臣的祖父、父親，算是皇帝對大臣的極大恩寵。這時大臣要磕頭謝恩。磕頭時必須很響亮，用自己的腦袋和地面的碰撞強度，來證明自己對皇帝的敬意。但這種敬意是需要代價的，那就是有時候皇帝聽不見或者故意聽不見，所以想要碰出響動來，就不能投機取巧。

因此，這完全是體力活，每每有大臣謝恩出來，額頭就突出一塊，眾大臣都深受其苦。於是就以重金向太監行賄，太監就會告知大臣，在什麼地方磕頭既響亮，又不怎麼痛。

以上種種事例，都足以說明晚清官場的腐敗。而晚清科場的行賄現象，也非常嚴重。光緒十九年的時候，發生過一起科舉行賄的奇案，從這起案子，也能看出晚清的科場是多麼腐敗。而且這起行賄案的主角，還是魯迅的祖父周福清。

事情要從光緒十九年，西元一八九三年八月下旬說起。

浙江巡撫嵩駿委派按察使趙舒翹，會同布政使劉樹堂，以及杭州知府陳橋，一同辦理周福清行賄舞弊案。

動靜挺大。看樣子，非把這案子查個水落石出不可。劉樹堂和陳橘先是審訊涉案人員陶阿順。經過兩次審訊，陶阿順招認，自己只是奴才，替主人辦事，背後指使的主人是周福清。於是，浙江巡撫嵩駿通令周福清的原籍紹興府會稽縣，迅即捉拿嫌疑犯周福清。

翻開清宮檔案中，我們可以尋覓到周福清的名字，他是清朝末年的一個七品小官。同治六年考取舉人，四年後通過會試、殿試、成為三甲第十五名進士。後又在翰林院庶常館學習五年。同治十三年，被派往浙江省杭州府金溪縣任知縣。四年後被革職，降為教官。

次年，周福清花錢捐了內閣中書官。也沒什麼要緊的公務，終日抄抄寫寫。至此，京城內多了一個庸碌的七品小公務員。

捐官這件事，可以說是周福清的前科。他有這份心計，才會幹出以後的事情。

按照清朝定制，官員的父母去世，官員要離職回原籍居喪三年。光緒十九年，也就是案發的一八九三年三月，周福清的母親過世，他離職回到浙江。剛一到家，就聽到兒子周用吉要參加同年八月的舉人考試。當爹的自然上心。望子成龍無可厚非，周福清四處打聽，得知這次鄉試的主考官居然是熟人——二十二年前，他和這位主考官殷如璋一起考中的進士。

殷如璋是江蘇揚州人。混得不錯，此時的官職是通政使司參議。周福清很興奮，沒想到是故交。好，該打點打點，該行賄行賄，老友面子和金錢雙重保險，兒子篤定高中。

周福清說幹就幹，馬不停蹄，立刻從上海趕到蘇州。這一天是一八九三年七月二十五日。

清朝科考舞弊重要的是打通「關節」。這「關節」就是考生直接或間接與考官串通作弊的方法：進考場之前，在考生的試卷的某一處做記號。考官則根據記號，給予照顧。

周福清當然知道打通「關節」的方法。他分別寫了兩張字條，一張字條上，寫下試卷記號所用的字，他寫了四個字「宸忠、茂育。」另一張字條上，他寫了「洋銀一萬兩」。這是事成之後酬謝的價錢。一切都寫得明明白白。當然，案發後，這兩張字條也成明明白白的證據。不光有字條，周福清還將自己的名帖和字條一起裝信封中。安排妥當，周福清在船上安然等候他的殷年兄到來。

三天後，一八九三年七月二十八日，主考官殷如璋乘官船抵達蘇州碼頭。他的到來，周圍自然很熱鬧，人多眼雜，周福清不敢貿然前往。想來想去，周福清想出一個主意，自己不出面，讓隨行的奴僕陶阿順去送關節。這樣安全。

殊不知，正是周福情自認的安全舉措，把他推向絕路。

陶阿順臨行前，周福清千叮嚀、萬囑咐，說你到了官船上，先投拜會帖，爭取讓殷主考官接見，當面送上「關節」書信。如果主考大人不見，再送信函。

事情交代的清清楚楚，可周福清忘了一點，主意再妙也得看什麼人用。陶阿順是個粗人，原來在紹興府陳順泉家當傭人。就在七月才被周福清借來。這主僕二人相處沒幾日，周福清就安排辦這等重要機密的事情，這實在是致命的大意。

小紕漏，惹大禍，世間萬事，大抵如此。

話說陶阿順上了官船，立刻就把機密全部洩露，周福清囑咐的全白搭了。事情經過雖然很簡單，但歷史上卻有三個版本。

這第一個版本，說事發當時，蘇州知府王仁堪正在官船上，向主考官殷如璋進行禮節性的拜訪。兩人正寒暄間，殷如璋的僕人遞上一封書信，並說送信人叫陶阿順，就在船外等候。按照規定，主考官是不能接受私人信件的。何況還當著蘇州知府的面。為了避嫌，殷如璋乾脆讓王仁堪拆信來看，顯得自己很廉潔。王仁堪拆開信一看，眼睛都直了，信裡裝著舞弊和一萬兩行賄的銀票。王仁堪感到事情嚴重，立即下令拘捕送信人。愣頭愣腦的陶阿順被拿下。殷如璋的反應也很強烈，他拍案大怒，請求王仁堪將送信人嚴加審訊，以表明自己的清白。

這個版本具有多少真實性暫且不論，先看第二個版本，說當時官船上確實有兩個人，一個當然是殷如璋，另一個卻不是蘇州知府王仁堪，而是副主考官周錫恩。兩位大人正在品茗閒聊，陶阿順來了，送上書信，殷如璋是個明戲的人，知道這信裡內容不凡，於是他裝出一副漫不經心的樣子，把信往桌上一擱，讓陶阿順先回去，自個兒繼續若無其事地喝茶。哪知天才般的陶阿順冒出一句：「此信關係銀錢大事，怎麼不當面打個回條？」

這話當場把殷如璋雷翻。殷如璋惱恨交加，為了保住自己的清白，他立即下令把陶阿信交到地方官府查辦。

還有第三個版本，殷如璋靠岸後，大小官吏人來人往，熱鬧喧囂。陶阿順託殷如璋的僕人將信送去。殷如璋此時正忙亂，無暇接待陶阿順。陶阿順站在岸邊，左等不見人，右等不見人，心裡焦躁不耐煩，索性大喊起來。他這一嗓子驚動船上的官吏。喊的具體內容估計是「怎麼還不接見、回覆之類」。殷如璋無奈，只得拆開信看，於是貓膩曝光。殷如璋多油，官場混了二十多年，反應超快，立刻把陶阿順逮捕，交官府查辦。自己把這事兒推得一乾二淨。

三個版本三種說法，哪個離事實真相更近呢？我認為，不是第一個，殷如璋是個精明的人，這一點，在事發後他果斷表明自己的清白就可以看出。這樣一個精明人，是不會草率讓一個知府來拆信的。何況，他是主考官，有人忽然送來書信，自然會感覺到這書信裡藏有特別的內容。不管當時誰在場，他應該是擺出不在意的樣子，越淡然越平常，旁人越不起疑。因此，第二個版本更具有一定的真實性。陶阿順雖粗莽，但好歹也是在大戶人家當僕人。他要一個回覆，一方面是受人之託，忠人之事，另一方面是自作聰明。主動詢問，也不是無禮。而第三個版本說他站在岸邊大喊大叫，這不太合情理，詢問可以理解，大喊大叫就有些傻過頭了，也有些過分無禮了。

實質上，哪個版本更真實，並不是最重要的。三個版本雖在細節有些差異，但案情發生的過程是一致的——周福清派僕人陶阿順送信，而後事情敗露。敗露之後，整個蘇州沸沸揚揚。

此時，周福清已經逃跑了。他本在船上等候佳音，哪知道陶阿順一去不復返，他很敏感，覺得事情不太對頭，立刻開船從蘇州去往上海藏匿。

由於案發地點在蘇州。蘇州王仁堪將案子上報江蘇按察使司，並先行提審陶阿順。

一開始，陶阿順拒不交代實情，支支吾吾，閃爍其詞，只交代自己是浙江人，案子沒有太大進展。到了八月初六，江蘇按察使司向浙江按察使司發了通報公函，將人犯陶阿順及行賄舞弊證據一併移交案犯所在地浙江。

這一案件，引起了浙江按巡撫嵩駿的高度重視。他安排按察使趙舒翹，會同布政使劉樹堂，以杭州知府陳橘一同查辦此案。

這三個人兩度提審陶阿順，陶阿順終於招供，他在受審訊時稱「係周福清令伊投信」但是，「信內之事，伊實不知」。這句話，也證明案發過程的第二個版本更具有可信性。

根據陶阿順的交代，浙江巡撫嵩駿和辦案大臣們商議，一致認為，此案的關鍵人物在於周福清，若不將周福清捉拿到堂，便不能查出案情真相。於是，追捕周福清的行動開始了。

八月下旬，浙江按察使趙舒翹命令仁和、錢塘二縣訪查周福清蹤跡。得到的報告是未見周福清其人。其實，這時候周福清悄悄地從上海回到了紹興原籍。浙江按察使趙舒翹命令會稽縣，一旦發現周福清，立刻查傳，押解省垣質省。與此同時，光緒帝下了一道諭旨：「內閣中書周福清即行革職，查拿到案，嚴行查辦。」

這下子，周福清不但丟了官，還成了被追捕的要犯。從皇帝到封疆大吏，從浙江省會到會稽縣，上上下下，一併通緝周福清。周福清有自知之明，知道自己插翅難逃，於是選擇自首，隻身來到會稽縣衙投案。

會稽縣衙當即將他轉押到省城，送往杭州接受審訊。

對周福清的審訊，並不輕鬆。第一輪審訊，由杭州知府陳橘主審。第二輪審訊，由按察使趙舒翹、布政使劉樹堂「藩臬兩司會審」。最後，由浙江巡撫嵩駿親自提審。周福清原原本本交代了事情經過，沒有一點隱瞞。可是交代歸交代，態度卻很不老實，他振振有詞，為自己辯解：「交通關節，已不止一科，也不是我一人，某科某人，就是通關節中了舉人，我不過是照樣子來罷了。」意思很明瞭，就是說這行賄舞弊，打通關節的事，早就有人幹了，我只是不過是其中效仿者之一。

周福清為什麼要說這段話呢？我認為，這時候的他，一方面抱有僥倖心理，認為大家都這麼幹，法不責眾；另一方面，他還是不服氣，自己是被曝光了，如果沒曝光呢，還不是無罪逍遙法外。

晚清科場舞弊叢生。周福清的心理和想法，就是一個的反映。他的所作所為是一個毛細血管，一路進入到晚清科場腐敗的主動脈。

周福清行賄舞弊案，經過長達數月的審理，終於在光緒十九年，西元一八九三年十一月初十日，由浙江巡撫嵩駿向朝廷上報了審理意見。意見中說，周福清暗通關節，按大清律例該處斬，但是，他是作案未遂，一萬兩銀票的贓款只是口頭承諾，並且，他主動投案自首，因此建議從輕處理。

這份審理意見很有些坦白從寬，抗拒從嚴的味道。認真說來，這就叫執法力度太弱。嵩駿的這份奏摺，傳到光緒帝手裡，光緒帝提主筆批示四字：刑部議奏。

十二月二十五日，刑部最終議定，贊同浙江巡撫嵩駿的意見，提出：「對周福清於斬罪上量減一等，擬杖一百，流三千里。」

打一頓流放。這個決議光緒帝不接受，他很生氣，後果很嚴重。當天就頒下諭旨，宣佈將周福清處以死罪。只不過改為斬監候，秋後處決。所謂斬監候，就是死緩，不立即處決，等到次年秋天執行。

然而，令人不解的是，到了第二年秋天的時候，周福清沒有被執行死刑，具體原因不明。更讓人迷惑的是，非但不處決，而且再次減刑，改為「牢固監禁」。死緩又改無期了。這就是晚清的執法。

就這樣，周福清一直被關押在杭州監獄裡。關到光緒二十八年，西元一九〇二年的時候，按照庚子年八國聯軍入侵時趁亂逃跑出獄，事後又主動回歸的罪犯均給予寬免減刑待遇的特例，周福清被獲准出獄。

算起來，周福清一共蹲了八年大獄。在出獄後第三年，他病死於家中，他的兒子周用吉，因為父親的舞弊案不但沒當上舉人，連秀才的功名也被革除，終日鬱鬱寡歡，積憂成疾，年紀輕輕剛三十五歲就死去了。

原本富庶的周家，也因這場重大變故，急速敗落，生活窘困，舉步維艱。那時候，魯迅才十多歲，不得不跟著母親到鄉下去避難，飽嘗人間冷暖，世態炎涼。

魯迅曾在回憶中說：祖上本是殷實富足的大家，但在我十三歲時，我家忽而遭了一場很大的變故。幾乎什麼都沒有了；我寄住在一個親戚家，有時還被稱為乞食者。

此段回憶裡的「乞食者」就是乞丐，要飯的。其中「很大的變故」，就是指祖父周福清舞弊案。案子背後是晚清科場不可告人的勾當，看在眼裡都是悲哀，看不到的都是秘密。

三七、透視甲午戰爭

晚清時期，由於政治的腐敗，再加上兩次鴉片戰爭的失敗，一系列不平等條約的簽訂，大量的割地賠款，讓大清帝國一步步走向衰亡。雖然開展了洋務運動以圖自強，但以慈禧太后為首的頑固派勢力，仍佔主導地位。因此，洋務運動沒有使中國走上富強的道路。

而鄰國日本則不同，自漢唐以來，日本就效仿中國建制，多次派使者向中國學習。十九世紀中期，傳統的封建國家日本也遭到了美國等列強的侵略。但是事後，日本與中國走上了截然不同的道路。

一八六八年，日本通過明治維新建立了君主立憲制，成為資本主義國家。此後，日本逐漸強大，對外擴張的意圖越來越強，數次侵犯中國東南沿海。隨著中日力量的變化，一場改變遠東格局的戰事蓄勢待發。

光緒二十年（一八九四年）春，朝鮮爆發了東學黨領導的農民起義，朝鮮正當極為恐慌，請求清政府派兵協助鎮壓。日本政府乘機誘使清廷出兵朝鮮，保證「我政府必無他意」。

李鴻章聽信了日本的保證，派直隸總督葉志超等率領一千五百名淮軍，乘船東渡朝鮮，同時照會日本政府，表示中國軍隊一旦平息了叛亂，馬上撤回，不再留防。但日本仍以護送駐朝公使和保護僑民為藉口，乘機出兵朝鮮。

當清軍和日軍到達朝鮮時，東學黨起義已經平息。於是，清廷提出，兩國軍隊按照約定同時從朝鮮撤軍，同時命令後續增援的清軍停止進發。但是，日本決意挑起戰爭，不僅拒不撤兵，反而命令駐紮仁川的日軍開進漢城，並繼續向朝鮮增派軍隊。侵朝日軍很快增至一萬餘人，比清軍多出數倍，戰爭已迫在眉睫。

光緒二十年六月二十三日（一八九四年七月二十五日），日本艦隊在牙山口外豐島附近海域，對清軍運兵船及護航艦發動了突然襲擊。在襲擊清軍軍艦的同一天。日本陸軍進犯駐紮在牙山的清軍。清軍主帥葉志超放棄牙山，逃到了平壤。

光緒二十年七月一日（一八九四年八月一日），清政府被迫宣佈對日作戰，日本政府也同時宣戰，這標誌著甲午戰爭的開始。

甲午戰爭的第一個戰場在平壤。

光緒二十年八月十三日（一八九四年九月十二日），清軍和日軍在平壤打響了開戰以來第一次大規模戰鬥。作戰的清軍三十五個營，兵力約一萬七千餘人，而進攻的日軍有一萬六千餘人，雙方實力相差不大。

平壤之戰分大同江南岸、玄武門外、城西南三個戰場進行。日軍首先在將領大島義昌的率領下，與駐守在大同江南岸的清軍展開激戰。清軍在總兵馬玉崑的指揮下，奮勇迎敵。日軍死傷頗多，日軍將領大島義昌也受了傷，只得無功而返。

玄武門外是日軍進攻的重點，尚文、佐藤兩將領統帥優勢兵力向清軍發起猛攻，當時，負責指揮迎戰的清軍總兵，是愛國將領左寶貴。他親臨陣前指揮，與士兵一起點燃大炮，浴血奮戰，在場官兵無不振奮，英勇殺敵。然而，玄武門外的清軍兵力不足，在日軍的炮火下死傷慘重，左寶貴堅守不退，不幸中彈陣亡。

在城西南戰場，日軍將領野津道貫率領日軍師團與清軍總指揮葉志超統帥的清軍作戰。日軍以炮火掩護，後有步兵衝鋒，清軍以馬隊展開反擊。經過一段時間的僵持，日軍未佔到便宜，暫時退守。此時，清軍正可以乘勢追擊，不料葉志超竟然貪生怕死，命人舉起白旗投降，自己則騎馬逃跑，六天狂奔五百里退過鴨綠江。

於是，朝鮮全境被日軍控制，戰場自此轉入中國境內。

幾乎在平壤之戰的同時，清軍和日軍在黃海海面上打響了黃海之戰，亦稱甲午海戰。同年八月十八日（九月十七日），日本海軍聯合艦隊在鴨綠江出海口附近的大東溝，遭遇清帝國的北洋海軍艦隊，日方派出戰艦十二艘，清軍派出戰艦十艘，雙方激戰五個多小時。這是中日海軍主力的首次交戰，也是世界歷史上第一次大規模的鋼鐵軍艦海戰。

交戰之初，由於北洋海軍的任務是護運十二營淮軍在遼東大東溝著陸，所以戰艦從朝鮮駛來，呈一字形排開；而日本戰艦則出於衝鋒的需要，呈尖峰形陣勢。發現日軍後，北洋海軍在總指揮丁汝昌的統領下，立即變陣為尖峰形，並主動發炮攻擊。

北洋海軍的火炮、魚雷發射管、總兵力等與日軍相比都佔劣勢，但全艦官兵毫不畏敵，眾炮齊發，一時間硝煙滾滾，海浪翻騰。北洋海軍的「定遠」、「鎮遠」、「致遠」、「經遠」等戰艦衝在前面，日本「松島」、「吉野」等戰艦也全力抗擊。

然而，戰鬥開始不久，北洋艦隊的旗艦「定遠號」飛橋被日軍猛烈的炮火震塌，海軍提督丁汝昌從二層的指揮臺摔到甲板上，左手骨折，信號旗也被毀。丁汝昌堅持不回內艙調養，仍坐在甲板上鼓舞士氣。

「定遠號」管帶劉步蟾接替指揮，但其他戰艦已失去信號，無從獲得命令。此時，日軍戰艦迅速從右側包抄，右側的北洋艦隊被擊毀，緊接著，日軍戰艦又繞到北洋艦隊背後，前後夾擊。「致遠艦」遭受重創，船身起火，管帶鄧世昌指揮「致遠艦」前衝，欲撞毀日軍主艦「吉野號」，不料被日軍發射的魚雷擊沉；「經遠艦」繼續迎戰「吉野號」，也被日軍擊沉，管帶林永升及全艦大部分官兵陣亡。

但同時，北洋海軍也重重打擊了日本艦隊，使日本艦隊的「松島」、「比睿」、「赤城」等戰艦遭到重創。當日軍看到千瘡百孔的「松島艦」時，紛紛驚呼「不可思議」。戰鬥進行到下午，北洋海軍的主艦「定遠」、「鎮遠」仍堅持戰鬥，受創的「靖遠」、「來遠」也搶修完畢，重新迎戰。日軍看到形勢不利，便下令撤離了戰場。

這次戰役，雙方均有損失。北洋海軍損失了「經遠」、「致遠」等五艘巡洋艦，另有四艘戰艦受損，死傷官兵一千餘人，日本海軍有五艘戰艦遭受重創，死傷官兵六百餘人。此後，李鴻章等人主張消極避戰，以「保船制敵」為藉口，命令艦隊全部藏於威海衛軍港不出，把制海權拱手讓予了日本海軍。

黃海海戰結束後，甲午戰爭的主戰場轉到遼東半島，主要進行陸戰，大規模的戰鬥有鴨綠江防之戰和金旅之戰。

光緒二十年九月二十六日（一八九四年十月二十四日），日軍侵入鴨綠江，駐紮在鴨綠江北岸的清軍為保衛國土而出戰。作戰清軍兵力有八十二個營，約兩萬八千餘人，日軍兵力有兩個師團，約三萬人。可以說，鴨綠江防之戰是作戰雙方旗鼓相當的一場戰事。

然而，清政府內部的主和輿論早已佔了上風，軍隊士氣低迷，各部派系分割，將領無心戀戰。當時，清軍的總指揮是宋慶，他奉命節制各軍，但實際上各軍根本不聽調動。日軍進犯的當天，就輕易地跨過了鴨綠江上游的安平河口。夜裡，日軍又在鴨綠江中佈設浮橋，越過江水，直逼清軍陣地。

清軍對這一系列行動竟然沒有察覺，更沒有部署。當地守將馬金敘、聶士成率領士兵奮勇殺敵，但終因寡不敵眾而失去陣地。周邊駐防清軍聽此噩耗，竟土崩瓦解，四散而逃。就這樣，日軍僅用了三天就擊潰了鴨綠江防線，侵入中國領土。

同時進行的是金旅之戰。九月二十六日，日軍兩萬五千人從旅順附近的花園口登陸，駐守的清軍約三萬人，人數上略佔優勢。誰知日軍登陸十二天，清軍竟然無任何反應。日軍乘勢攻陷金州、大連灣等地，沿途所至，清軍都望風而逃。潰不成軍。日軍不戰而勝。

十月中旬，日軍開始進攻旅順，駐守旅順的統領逃跑。僅僅數日，日軍就佔據了旅順。攻佔旅順的日軍暴露極其凶殘的面目，展開了殘酷的屠城行動。他們到處殺戮平民，搶掠婦女，放火燒城，使旅順一時間屍骨遍野，血流成河。短短四天時間，日軍竟然屠殺旅順平民兩萬餘人，使旅順全市只剩三十六人。

金旅之戰是決定甲午戰爭戰局的一戰。此戰失敗後，日軍佔領旅順口，在渤海灣立穩了足，清帝國戰敗的結局就已經注定了。

再說北洋海軍，在經歷了黃海海戰的失利後，奉李鴻章之命躲在威海衛。光緒二十年十二月（一八九五年一月），日本陸軍兩萬五千餘人登陸榮成，集中力量進攻威海衛。威海衛南岸炮臺駐守的清軍僅有三千餘人，奮力抵抗日軍，犧牲無數，日軍也傷亡慘重。最終，由於清軍勢單力薄，日軍攻佔了南岸炮臺。

接下來，日本陸軍、海軍開始配合進攻北洋海軍總指揮坐鎮的劉公島。北洋海軍先後八次迎戰日軍，都擊退日軍的進攻，但也付出了沉重的代價。「鎮遠艦」觸礁受創，無法再投入戰鬥；「定遠艦」中彈擱淺，仍堅持出戰，最後彈藥用盡，管帶劉步蟾下令自沉戰艦，自己吞藥殉職。

此時，丁汝昌已是孤軍奮戰，面對日軍多次勸降，丁汝昌不為所動。可是沒想到，他身邊的威海營務處提調牛昶炳和海軍洋員勾結外敵，積極獻降，脅迫丁汝昌答應日軍的要求。而清政府也早已做好了投降的準備，停止了一切戰爭支援。走投無路的丁汝昌只好服毒自盡。死的時候，他那隻在黃海海戰中受傷的左臂，還打著石膏繃帶。

幾天後，牛昶炳與日方簽訂《劉公島降約》，日軍進駐劉公島，威海衛陷落，北洋海軍全軍覆沒。至此，持續一年多的甲午戰爭以清帝國失敗而告終。

百餘年來，關於甲午戰爭失敗的原因探討紛紜。有人說，是因為清王朝武器落後，實力懸殊，但根據戰爭的統計資料來看，大清王朝雖處於弱勢，但並不是完全佔下風；有人說，是經費問題，慈禧太后為自己的六十壽辰做準備，把海防經費也用修築頤和園去了；也有人說是因為日本蓄謀已久，清王朝準備不足；有人說因為戰略保守，消極避戰。

在《清末海軍見聞錄》一書中，對甲午海戰的失敗原因是如此解釋的：海軍軍官生活大多奢侈浮華，嫖賭是平常事，劉公島上賭館妓院林立。從各國家海軍歷史來看，嫖妓現象比較普遍，但像北洋軍中這樣公開成群結隊嫖妓卻是罕見的。

生活如此奢靡腐化的海軍，戰鬥力自然低下，根本抵擋不住訓練有素、軍紀甚嚴、蓄謀已久的日本海軍。前文說過，在甲午海戰前，清軍和日軍曾在朝鮮的牙山縣成歡地區交鋒，史稱「牙山戰役」。雙方兵力對比三千比四千戰役中，雙方傷亡相差不多，但清軍還是以戰敗告終，牙山失守。戰役總指揮葉志超戰敗後，謊報戰績，卻受到了清政府的獎賞。

由此可見，甲午戰爭失敗的原因是多方面的，但從根本上說是清王朝制度的落後和政治腐朽的結果。

甲午戰爭失敗後，以慈禧太后為首的投降派慌忙敦促李鴻章赴日本和談。此時，日軍不僅佔領了澎湖，直指臺灣，而且逼近直隸一帶，威脅清政府的中央政權。在這樣的情況下，李鴻章赴日談判必然落盡下風。

在甲午戰爭中，光緒皇帝數次主張積極應戰，無奈實權旁落，未能奏效。戰敗後，在慈禧太后的逼迫下，光緒皇帝只好答應和談。李鴻章臨行時，光緒皇帝再三囑咐：「要斟酌輕重，與日本多加磋磨」。因此，當《馬關條約》的條文傳來，光緒皇帝認為喪權辱國至極，堅決不肯簽字。

於是，慈禧太后慫恿奕訢等大臣，在朝堂上集體威逼光緒皇帝盡快批准。光緒皇帝萬般無奈，提起筆來寫下准奏意見，然後昭告天下說：「希望臣民能夠體諒朕吧！」

與此同時，身在日本談判的李鴻章也遭遇了一個意外。他被日本暴民小山豐太郎刺殺，槍彈擊中了左邊面頰，當場昏死過去，幸好子彈未擊中要害，又有隨行醫生及時搶救，李鴻章才漸漸痊癒。和談使臣遭到刺殺，各國紛紛譴責日本的野蠻殘暴。李鴻章也希望藉此討得一些談判的籌碼，誰知日本早已探知慈禧太后給李鴻章定的底線，因為除了同意停戰之外，其他條款一概堅決不讓。經過幾天的僵持，李鴻章只好答應了日本的全部條件。

光緒二十一年三月二十三日（一八九五年四月十七日），中方代表李鴻章、李經芳與日方代表伊藤博文等人，在春帆樓簽訂了《馬關條約》。

《馬關條約》共十一款，附有《另約》三款、《議定專條》三款、《停戰展期專條》兩款。其主要內容是：中國解除與朝鮮的宗藩關係，承認朝鮮是自主獨立的國家，並從朝鮮撤兵；中國賠償日本軍費兩億兩白銀，分八次還清；中國割讓遼東半島、臺灣島及其附屬島嶼、澎湖列島給日本；中國開放重慶、蘇州、杭州、沙市（隸屬荊州）四地為商埠；中日彼此享有最惠國待遇（實際上最惠國待遇只是日本單方面的）；中國准許日本在各通商口岸開設工廠，輸入各種機器；臺灣島和澎湖列島的居民，兩年內變賣家產遷居界外，否則視為日本臣民。

幾天後，由於日本割佔遼東半島之事侵犯了俄、德、法等國的利益，在上述三國的干涉下，日本同意放棄《馬關條約》中割讓遼東半島的條款，但要中國以三千萬兩白銀贖回。

李鴻章簽約之後感歎道：「日本終將成為中國的大患！」梁啟超回憶起這段不堪回首的歷史也說：「中國四千年的大夢，就是被甲午戰爭的失敗後割讓臺灣，賠款兩億喚醒的。」

而面對兩億兩白銀的巨額賠償，日本又是怎樣使用的呢？具體有四方面：

其一、擴充陸海軍軍備。這筆支出幾會佔去了全部款項的一半。引人注意的是用於海軍的資金投入，力度很大。其後的日俄海戰及二戰中日本海軍的不凡成績，與其早期吸納甲午賠款得到發展，有著一定的關係。

其二、用作幣制改革的準備金。甲午戰爭期間，日本仍實行銀本位的貨幣制，而改為金本位的貨幣變革，由於資金匱乏的原因而無法啟動。明治政府用七千兩百六十餘萬日圓的賠款作為銀元兌換的準備金，於一八九七年十月開始確立金本位的貨幣制度。這次變革的成功，使日本迅速融入世界經濟體系。

其三、設立基金。軍艦水雷艇補充基金三千萬日圓，災害準備基金、教育基金，各為一千萬日圓。

其四、其他支出。如臺灣經營費和特別獻給皇室的費用等。所謂「臺灣經營費」，數額一千兩百萬日圓，於一八九八年撥出，歸入「臺灣總督」的財政，日本政府欲長期開發和經營臺灣島的計畫，已經初步顯露出來。至於獻給皇室的費用，數額高達兩千萬日圓。甲午戰爭勝利之後，日本舉國沸騰，明治天皇大肆封賞貴族和重臣。眾多大臣、將軍授獎晉爵，相關支出頗為浩大，所以以高額「獻金」回報皇室。

從這些方面，可以看出甲午戰爭賠款為日本的資本主義經濟發展注入了資本，割佔的土地擴大了其勢力範圍，通商優惠為日本的商品、資本輸出提供了廣闊的市場。自此，日本一躍成為亞洲最強的國家，遠東格局也由此改變。

三八、戊戌變法一百零三天

光緒皇帝，名愛新覺羅・載湉，同治十年（一八七一年）生於醇親王府。同治十三年十二月，同治皇帝病死，無子。按照慣例，應當在近支的晚輩中挑選一位未來的皇帝，但是掌握著清朝生殺大權的慈禧太后，卻斷然打破成規，宣佈由年僅四歲的載湉繼位。慈禧為什麼要這樣做呢？原因很簡單：年幼的小皇帝能懂什麼？她自然可以繼續執政。從此，載湉踏上了坎坷的「帝王」之路。

為了讓光緒皇帝養成逆來順受的習慣，除了每天向慈禧太后定時請安的繁瑣禮節外，還要聽幾位老師輪流講古文。上朝時，他名義上端坐在龍椅上，實際上只是點綴而已。坐在簾子後面，對跪在地上的那些官員指手畫腳，喜怒無常的慈禧太后，才是真正操縱國家命運的人。

隨著光緒皇帝一天天的長大，知識的增多，權力的欲望在他內心裡漸漸膨脹起來，他非常想參與軍國大事，指點江山，當一個實實在在的皇帝。但周圍的環境，使他不得不把想法深埋在心裡，耐心地等待時機。

光緒十三年，載湉十六歲，慈禧太后不得不宣佈皇帝親政。載湉生父奕譞深知慈禧太后想獨攬大權，豈能甘心交出權力？慌忙上奏，請求慈禧繼續「訓政」，其他一些王公大臣也隨聲附和。慈禧太后在一番虛假的推讓後，又堂而皇之地繼續「訓政」了。

光緒十五年，機會終於來了，載湉大婚。結婚象徵皇帝已成年，繼續「訓政」實在說不下去，慈禧太后只得「撤簾歸政」，實際仍掌握大權。

但是，對光緒皇帝來說，畢竟是多了一些參政的機會，多多少少可以施展一下自己的抱負。光緒皇帝親政後所遇見的第一件大事，就是中日甲午戰爭。

面對一場迫在眉睫的戰禍，京城內外卻彩旗招展，戲臺高築，一派熱鬧景象——慈禧太后正為她六十壽辰做準備，把海防經費也挪用到修築頤和園去了。慈禧雖然於光緒十五年「歸政」，但始終不忘攬權，並把朝內和地方上的實權人物都集結在自己的周圍，形成了以她為核心的后黨集團。她懼怕日本武力，一意苟安；同時又怕戰爭破壞了祝壽氣氛，所以支持北洋大臣李鴻章等人避戰求和的主張。

年輕的光緒皇帝面對國難當頭，立志圖強，不甘做亡國之君，決心向日本開戰。同時也希望戰爭取勝，為自己贏得一些實權和威望，改變自己受制於人的處境。光緒皇帝的主張，得到他的師傅翁同龢等人的支持，結成「帝黨」集團，與慈禧太后抗衡。

到了中日戰雲密佈的六、七月間，光緒皇帝和部分帝黨官僚既為國家前途憂慮，又希望藉機加強自己的權力和地位，便藉助國內輿論不斷電諭李鴻章積極備戰。

然而，李鴻章這時卻目無這位傀儡皇帝，對他的諭令置若罔聞，並拒絕出動北洋海軍，主張「避戰自保」。由於后黨的妥協退讓，戰場形勢急劇惡化。光緒皇帝面對深宮高牆，仰天長歎，束手無策。最多也不過痛罵李鴻章及其下屬幾句，解解恨而已。

光緒二十年十月，旅順失守，中國人慘遭屠殺，戰火已燒入國門。此時此刻，北京城卻沉浸在節日的歡樂中，家家張燈結綵，處處歌舞聲樂。文武百官都在熱烈祝賀慈禧太后六十大壽，並奉旨聽戲。前線戰敗消息的傳來，后黨官僚們無動於衷，依然如前。帝黨集團個個咬牙切齒，無奈手中無權。光緒二十一年一月，威海衛陷落，北洋海軍全軍覆沒，光緒聽說此消息後，失聲慟哭，其下屬也搖頭歎息。

中日談判開始後，日方先聲奪人，步步緊逼。光緒皇帝則反對割讓臺灣，鼓勵大家發奮圖強。儘管光緒愛國心切，但一個傀儡皇帝怎能扭轉大局？同年三月，喪權辱國的《馬關條約》簽訂，其中包括割讓遼東半島、臺灣、澎湖列島。面對此賣國條約，后黨官僚孫毓汶竟大搖大擺地直上宮殿，大言不慚地要求光緒皇帝簽字。光緒皇帝心如刀絞，暗下決心，再不當傀儡皇帝了，再也不做亡國之君了。

光緒二十一年四月八日，都察院門前人聲鼎沸，熱鬧非凡，成群的北京居民湧向這裡。原來，在北京參加會試的各省舉人一千多人，聯名寫了一封萬言書，要求都察院轉呈皇帝。

在這封萬言書裡，舉人們強烈地要求懲辦賣國賊和臨陣脫逃的將領，表示了對國家命運的深切關注，並提出「拒和、遷都、變法」的政治主張。這就是有名的「公車上書」。

其中，有一個人正站在門前的石臺上，慷慨陳詞，痛切地指出國家面臨的危局，深入淺出地講述變法圖存的必要性。這個人便是這次運動的領導者，年僅三十六歲的康有為。

康有為是廣東南海人，出身於官僚地主家庭。青少年時期，康有為接受了正統的儒家教育。他的祖父康贊修講程、朱之學，是他最早的教師。康有為從十九歲起到廣州有名的理學大師朱次琦那裡學了三年。受朱次琦的影響，康有為鄙棄了漢學家在故書堆裡進行繁瑣考據的風氣，開始獨立的思考問題。

二十二歲時，康有為離開朱次琦，一個人來到風景秀麗的西樵山白雲洞。在這裡，康有為雄心勃勃，一面領略秀麗景色，一面潛心研習學問。

一日，翰林院編修張鼎華來遊西樵山，路遇出來遊玩的康有為，兩人順路遊山，邊走邊談。張鼎華講述了當時京城內外的奇情異事，康有為感到茅塞頓開，相見恨晚，也乘機請教了不少問題。

受張鼎華的影響，康有為讀了不少經世致用之書，有感於外患不已、國事衰退和朝政的腐敗，產生了「經營天下」的抱負。

光緒五年，康有為第一次來到香港，他深被香港建築的華麗，道路的整潔，制度的嚴密所懾服。三年後，他入京投考，再次經過香港，並到達上海。此時他的眼界更加開闊，親眼看到了資本主義文明遠勝封建制度，從此康有為大購西書，努力鑽研，從聲光化電到史志遊記，無不涉獵，逐漸形成了一套變法思想。

光緒十四年，康有為決定利用去北京參加鄉試的機會，寫一封上皇帝書，痛陳列強對中國環窺伺機的險境，要求皇帝引咎罪己，勵精圖治。一個布衣秀才竟敢橫議朝政，而且言辭又這樣激烈，自然不會有人理會，所以不但這封上書沒有送到皇帝手中，康有為還被人斥為「狂生」。

上書無路，參政無門，無奈之下，康有為在廣州設立了「萬木草堂」，一面研討維新理學，一面課業授徒，培養變法維新的人才。他的主張吸引了不少憂國憂民的熱血青年，晚清思想界的泰斗梁啟超就是在這時向他拜師求學的。從此，師徒二人依依相隨，成為風雲一時的人物。

在萬木草堂裡，康有為寫了兩部重要著作：《新學偽經考》和《孔子改制考》。他把被封建頑固派視為通靈寶玉的傳統儒學一律斥之為「偽經」，又編造了一套孔子托古改制的理論，把自己的變法思想和孔子學說聯繫起來。

康有為打出孔子托古改制的旗號，是想利用孔子這個招牌，來為變法維新製造理論依據和歷史依據。這兩部書，一破一立，奠定了維新變法的理論基礎。

光緒二十一年，康有為又到北京參加會試。這時傳來了清政府要簽訂《馬關條約》的消息，這個喪權辱國的噩耗深深地震動了他。基於愛國義憤，他聯合了一千三百餘名應試的舉人，一起請願，並由他起草了一萬八千言的上皇帝書，遞到都察院。

舉人們的上書又一次被頑固勢力拒絕，並沒有送到光緒皇帝手裡。但這次行動卻衝破了歷來對於群眾集會、士人干政的禁令，對一潭死水般的封建專制體系產生了巨大的影響。而且上書的內容被廣泛傳播，在社會上引起了巨大的反響。

康有為和梁啟超通過這次上書活動，逐步團結了一批愛國的進步的知識份子，形成了資產階級第一個政治派別——維新派。他們發動了一場以「救亡圖存」為目的、以政治改革為內容的維新變法運動。歷史的種種機遇，使維新派與帝黨集團結合起來，並緊緊依靠帝黨集團，共同推動了這場變法運動。

「公車上書」後不久，張榜公佈成績，康有為榜上有名，考中進士，授職工部主事。學而優則仕，這是中國傳統士子寒窗苦讀的最高理想。康有為對這個結果很是滿意的，但他也感到一種壓力，一種歷史的責任感使他徹夜難眠。

康有為苦苦思索著救國救民之路，憑著不怕風險，堅韌不拔的毅力，又寫了上皇帝第三書。言語懇切，發人深思，這封上書遞到了光緒皇帝手裡，光緒皇帝看完康有為的上書，彷彿看到了國家富強、民族振興之路，馬上命令謄抄分送慈禧、軍機處和各省督撫。從此維新派開始取得了光緒皇帝的支持。

光緒皇帝對變法主張的重視，給予以康有為為首的維新派帶來了很大希望。但是，清朝統治階級內部派系林立，矛盾重重。以光緒為核心的帝黨官僚並不掌握實權，真正把持中央和地方實權的，是以慈禧為首的后黨集團和一部分洋務派首領。他們思想保守、反對革新、極力維護舊的統治秩序。

在這場錯綜複雜的政治鬥爭中，維新派大都年輕氣盛，思想激進，但缺少政治鬥爭的經驗。處於無權地位的光緒皇帝，幻想通過實行維新派的主張，從慈禧太后手中奪取統治大權，推行新政，改變國弱民窮的處境。

於是，這兩大政治集團各自招兵買馬，養精蓄銳，其衝突的態勢如地下熾熱的岩漿，迸發只是時間問題。

正當帝黨集團與維新派緊密合作，為變法做準備的時候。為了爭取更多的士大夫和知識份子支持和參加變法，康有為等人除在北京、天津創辦報刊、組織學會、開辦學堂外，還不辭勞苦，南下上海、湖南、廣東等地，大力宣傳變法思想，大造變法圖強的輿論。

僅僅靠人力去遊說是不夠的，只有通過新聞媒體才能取得事半功倍的效果。光緒二十一年七月，康有為憑藉較優厚的經濟實力，自費創辦了《中外紀聞》，由梁啟超等人編輯撰稿，宣傳西學，鼓吹變法。

《中外紀聞》開始每期印一千份，隨當時的專載詔書、奏章的邸報分送給北京的官員。後來印數增至三千份，流暢的文筆，新穎的觀點，使在京的官員眼界大開，產生了不小的影響。

在此推動下，一些開明官僚也開始傾向維新變法了。首開先例的，是翰林院侍讀學士文廷式，他在康有為、梁啟超等人的鼓動下，出面組織了「強學會」。

「強學會」是一個宣傳變法維新，尋求強國之路的愛國團體。強學會每十天聚會一次，大家輪流上臺講述中國自強的學問。慷慨激昂的演講，熱情洋溢的討論，每次都能吸引眾多的旁聽者，每次都能增加許多新會員。

「強學會」誕生在國破家亡的危難時刻，鮮明的宗旨，曾一度團結和影響了不少愛國官吏和知識份子。在維新派聲勢初步高漲的時刻，連一些反動的軍閥官僚也投機混跡於「強學會」。例如在天津小站練兵的袁世凱參加了強學會，洋務派大官僚、署兩江總督張之洞也捐款給強學會作經費，甚至連李鴻章也想捐銀入會，由於他名聲太壞而被拒絕。

形勢的發展如此迅速，連維新派也沒有預料到。英、美等國的一些帝國主義份子也打著支持中國變法的旗號，極力拉攏維新派。有些傳教士，如李提摩太、李佳白、林樂知等人居然加入了強學會，甚至英國當時駐華公使歐格訥也親自參加，並捐助圖書。

表面上看起來，他們對中國的變法運動很熱心，實際上他們是想乘機攪亂中國，然後為本國政府謀取利益。錯綜複雜的政治環境，要求維新派分清敵我，審時度勢，及時應付可能出現的任何情況，這也對他們提出了更高的要求。

正如任何新生事物的發展規律一樣，「強學會」興旺的背後也蘊藏著危機。慈禧太后無法容忍維新派在自己眼皮底下行此「大逆不道」，一些頑固派守舊官僚早就心領神會。他們暗中破壞，散佈流言蜚語，準備伺機反撲。

形勢急轉直下，如果再在北京滯留下去，不僅不利於發展，而且自身難保。三十六計走為上策，康有為果斷南下，留梁啟超在京堅持工作，自己則在上海成立強學分會，並於光緒二十一年十一月出版《強學報》，將東南一帶的維新派組織起來。

儘管維新派做了一定的讓步，但頑固派守舊勢力不肯就此罷手，翻雲覆雨一向是他們的拿手好戲。果然不出所料，李鴻章的親家、御史楊崇伊首先跳出來彈劾「強學會」，說強學會「植黨營私」，大罵《中外紀聞》鼓吹西學，背叛「聖經」，請求嚴禁。

此時，慈禧太后早就不耐煩了，下令查封北京「強學會」。一些見風使舵的官僚漸漸疏遠維新派，烏雲籠罩著北京城。

此時，上海的情況也發生了變化，一向以開明自詡的張之洞見勢不妙，也板起面孔，跟著查封了上海的強學會和《強學報》。就連出面牽頭組織強學會的文廷式，也受到了牽連，竟被革職查辦。

維新派遭此打擊，能否重整雄風，這不僅是對康有為、梁啟超等維新志士的考驗，也關係到晚清政局的變化。

「強學會」的被迫解散，是封建頑固勢力向維新派發動的一次反撲。他們本想以此手段，嚇唬一下維新派，不想康有為等人不吃這一套，我行我素，一如既往。而且維新派因禍得福，在為難時刻，得到帝黨官僚的有力支持。

帝黨集團的核心人物翁同龢，此時已經坐不住了，他不能眼看剛有起色的局面，就這樣被斷送掉，更不想讓自己辛勤培育過的皇帝，當一輩子傀儡。怎麼辦呢？頂風而上，顯然不是明智之舉，一旦惹惱了慈禧太后，後果不堪設想。這一次可真讓翁同龢寢食不安，大傷腦筋。

終於有一天，他想出了一條「曲線救國」的妙計，憑著他在北京多年的關係，經過多方疏通，在北京強學會舊址設立了官書局。官書局是一個什麼樣的機構呢？名義上，清政府每月給銀一千兩，主要的任務是翻譯外國新書和報刊文章。而實際上，維新派可以以此為基地，繼續傳播西學，宣傳變法。

維新派受此鼓舞，精神為之一振，黃遵憲、汪康年等馬上在上海創辦《時務報》，邀請聞名遐邇的梁啟超到上海擔任主筆。從此一篇篇「切中時弊，文筆犀利」的文章傳遍大江南北，鼓舞無數愛國青年投身於改革洪流。

接著說說維新派的二號人物——梁啟超。

梁啟超是廣東新會人，出生在一個小地主家庭。他的父親花去畢生心血去考科舉，然而時運不濟，屢試不中。連個秀才都沒當上。而聰敏過人的梁啟超，不負父望，年僅十一歲就考中秀才，十六歲又中舉人。應該說，梁啟超就是循著此路走下去，前途也是很光明的。

但萬萬沒想到，一個看來偶然的事件就徹底改變了他的人生之路。光緒十六年，年近十七歲的梁啟超，經人介紹，認識了比他年長十五歲的康有為。他立刻被康有為的理論所吸引、折服。當即拜康有為為師，全盤接受了康有為的思想，成為康有為主辦的萬木草堂中深得老師真諦的得意門生，開始走上維新之路。

甲午戰爭時，梁啟超與康有為都在北京參加會試，結果梁啟超沒中進士。但胸懷大志的梁啟超毫不介意科場功名，南下上海主筆《時務報》，為維新事業吶喊，成為時代號手，激勵著仁人志士為維新變法而奮然前行。梁啟超於是聲譽鵲起，與康有為齊名，被人合稱為「康梁」。

正當南方的維新運動方興未艾之時，北方的天津也成為一個新的中心。光緒二十四年二月，一本名叫《天演論》的書在中國出版，立刻震動了全國。

《天演論》原為英國著名生物學家、唯物主義者赫胥黎所作，把這部世界名著翻譯成中文介紹到中國來的，就是曾被毛澤東同志譽為「向西方尋找真理的代表人物」嚴復。

嚴復家境貧寒，無力供他上學，但他以第一名的優秀成績，考取免費的福州船政學堂。光緒三年被送到英國學習海軍，兩年後回國，任天津水師學堂總教習。他在主編《國聞報》和北方其他報刊上，用古文發表許多宣傳變法的文章。他反覆強調「物競天擇」，「適者生存」、「優勝劣汰」等觀點，大聲疾呼中國必須順應歷史潮流，否則就要被淘汰，亡國滅種。

嚴復的文章一時風行天下，人人爭讀，成為宣傳維新變法、救亡圖存的有力思想武器。《時務報》和《國聞報》，一南一北，遙相呼應，把全國的維新運動，推向了高潮，形成了近代中國第一個思想解放的潮流。

維新運動的普遍高漲，使以慈禧太后為首的頑固派勢力感到驚恐和不安。一些頑固官僚聞風而動，煽風點火，唯恐天下不亂。他們串通一氣，大罵康有為等維新派是士林敗類，把變法維新思想說成是異端邪說，一頂頂歪曲事實，不顧真理的大帽子扣到了維新派頭上。

湖南當時是全國最富有朝氣的一省，同時也是封建頑固勢力集中的地區。嶽麓書院山長王先謙早就看不慣這幫年輕人搞的這一套，他糾集了一批頑固士紳，擁向巡撫衙門，向陳寶箴遞交了一份《湘紳公呈》。他們假託民意，攻擊譚嗣同等人不務正業，引誘學生誤入歧途，要求整頓時務學堂。深知內情的陳寶箴，不但不予理會，反而給予譚嗣同等人有力的支持。

湖南的新舊鬥爭僅是全國鬥爭的一個縮影，資產階級的維新變法和地主階級的頑固守舊，形成了尖銳的對立和激烈的鬥爭。

恰在此時，為討慈禧太后歡心，張之洞拋出了《勸學篇》，成為這一時期對抗變法維新思想的代表作。

張之洞頭腦靈活，為人機警圓滑，善於見風使舵，把自己打扮成「聖人」、「君子」，鼓吹《勸學篇》是為了正人心，開風氣。因此，他的這本書具有調和中西、折衷新舊的色彩，反映了統治階級中頑固派和洋務派的共同願望，並且比頑固派的主張帶有更大的迷惑作用，連光緒皇帝也被矇騙了。

面對封建頑固勢力的攻勢，維新派以報紙為有力武器，給予守舊勢力迎頭痛擊。

頑固派曾經叫囂過，說什麼祖宗的成法是不能改變的，如果改變，則是違背天理，禍亂國家。聽起來挺嚇人，實際上一攻即破。維新派沉著迎戰，給頑固勢力做了透徹的分析：第一次煙片戰爭，我們失敗了，在此後的五十年間，我軍的武器由刀矛弓石發展為洋槍洋炮，這說明了什麼？過去我們的祖先不和外國人打交道，現在卻設立了總理各國事務衙門，這又說明了什麼？

維新派步步深入，駁得頑固派體無完膚。在批駁頑固派的同時，維新派還把變法與救亡聯繫起來，用嚴峻的現實駁斥頑固派的迂腐守舊，向世人表明了誰是真正的愛國者。

在這場交鋒中，維新派作為新的經濟力量和政治力量的代表者，第一次向封建制度和封建思想進行挑戰。維新派主動發動進攻，發表了大批具有鮮明的觀點，論辯性極強的文章。論戰所涉及的問題是多方面的，但中心問題是一個，就是要不要讓資產階級參與政權，實行君主立憲。

光緒二十三年十月的一天，山東膠州灣的海面風平浪靜，人們已隱約感受到了初冬的寒意。突然，德國的炮艇駛進了膠州灣，打破了這裡的平靜。原來，德國以傳教士被殺為藉口，來強佔膠州灣。以此為開端，各帝國主義國家爭相效仿，掀起在華劃分勢力範圍的惡浪，瓜分的局面逼到眼前。

維新變法運動，隨著民族危機空前嚴重而加速了發展。這時康有為又趕到北京，一再給光緒皇帝上書，強烈地要求變法救亡。在上書的同時，康有為又在北京發動建立了「保國會」，提出「保國、保種、保教」的口號。

開會之日，康有為首先登臺演說危亡慘禍，慷慨激昂，聽眾無不為之感動，甚至失聲痛哭。然而，為時不久，「保國會」即遭到頑固派群起攻訐，被迫解散。「保國會」的夭折，固然與某些當權派的攻擊有關，但同時還因為康有為已經打通了一步登天的途徑，不再需要這種群眾性的組織了。他的政治活動的著眼點在於爭取光緒皇帝，利用光緒皇帝的權力來推行他的主張，這一點，似乎已經開始可以做到了。

在此之前，有一個都察院的官員，名叫高燮，他很賞識康有為。因此在光緒皇帝面前極力推薦，希望委以重任。本來光緒皇帝已準備召見這位風雲一時的人物了，但收到了恭親王奕訢的阻攔。恭親王奕訢說：「按照老例，非四品以上官員，皇帝不能接見。」光緒皇帝只好下令，讓大臣接見康有為問話。

光緒二十四年正月初三上午，康有來到總理衙門，走進大廳，但見兩側正襟危坐著李鴻章、翁同龢、榮祿等幾位大臣。除翁同龢外，其餘幾位均面容嚴峻，似乎把康有為當成一名囚犯。

康有為環視了一眼大廳，然後在一角落坐，心想盼望已久的時刻來了。

「問話」開始了，幾位大臣輪番上陣，你一言我一語，恨不能把康有為給吃了。康有為鎮靜自若，引經據典，由古及今，由中到外，對答如流。他不僅系統闡述了自己的變法主張，而且批駁了李鴻章、榮祿等人的詰問，受到了翁同龢的讚賞。

在翁同龢的推薦下，光緒皇帝諭令對康有為的條陳隨到隨送，不得阻攔扣壓。同時，命令總署呈送康有為所著的《日本變政考》、《俄羅斯大彼得變政記》等書。

看到這些書後，光緒皇帝更加堅定了變法的決心。他對慶親王奕劻說：「太后若仍不給我事權，我願意退讓此位，不甘做亡國之君。」慈禧太后聽後大怒，但一時不便阻攔，只好讓他「鬧去」，以後再說。這才給光緒一個實驗新政的短暫機會。

光緒二十四年四月二十三日，光緒頒佈「明定國是」詔，向全國宣佈變法開始。從四月二十三日到六月上旬，維新派通過光緒皇帝公佈了一系列改革的上諭，涉及經濟、文教、軍事等領域。從六月上旬到八月中旬，新政擴展到政治方面，這已經極大地震動了統治集團。

康有為見頑固勢力太大，勸光緒皇帝在政治改革上不可操之過急，否則會引起天下大亂。光緒只好無可奈何地表示：「幾年以後再說吧。」

大學士孫家鼐也勸告光緒皇帝說，推行新法將失掉君主的權力。光緒皇帝慨然回答說：「朕想要拯救中國，只要能有益於國民，朕失去權力又如何呢？」

光緒皇帝推行新政的態度是積極的，勇氣是難能可貴的。這些新政措施猶如一聲驚雷，打破了古老中國的沉寂，社會上出現了一些新氣象。

然而，以慈禧為首的守舊頑固勢力掌握實權，對這些有局限性的政令也千方百計地進行破壞，或公然拒不執行，或陽奉陰違，搪塞拖延，不了了之。百日維新就是在維新和守舊兩種勢力的激烈鬥爭中進行的。

新政開始的第四天，即四月二十六日，慈禧太后強迫光緒皇帝撤去帝黨首領，軍機大臣翁同龢的職務，勒令回籍。這等於砍去光緒的一隻臂膀。

同一天，慈禧太后又來到頤和園，在這裡召見了她的親信榮祿。兩人密談了很久，並商定了必要時對帝黨採取軍事行動的步驟。之後，任命榮祿為直隸總督兼北洋通商大臣，統帥北洋三軍，控制京畿軍政大權。同時，任命另一些親信管理京師衛戍軍隊。

慈禧太后深知，只要軍隊在握，維新派和他們的支持者光緒皇帝都是可以玩弄於股掌之上的。接著，慈禧太后又下詔，凡新授二品以上官員都要向她謝恩，表明大權仍在后黨手中。

光緒皇帝為變法的前景所鼓舞，對慈禧太后進行了相應的反擊。他召見了康有為，本準備委以重任，但受守舊派的牽制，僅委以總理衙門章京，梁啟超只命專辦譯書局事務。

七月四日，光緒皇帝下令，將阻撓禮部主事王照上書的頑固派官員，全部革職，並讚揚王照不畏強暴、勇猛可嘉，賞給三品頂戴，帝、后公開對抗，朝野震動。

翌日，光緒皇帝又任命譚嗣同、楊銳、劉光第、林旭為軍機章京，賞四品卿銜，參預新政事宜。這是是百日維新中，光緒皇帝親自決定的一次人事大變動。

光緒皇帝採取的這些措施，都未涉及新政內容本身，只是組織性的手段。但正因為是組織性手段，對慈禧太后和光緒皇帝來說，卻是與權力有關的大事。慈禧可以容忍光緒皇帝頒發某些新政上諭，但絕不能容許光緒排斥她的親信，更不能容許他在朝廷內組成自己的黨羽。

帝、后兩黨的鬥爭已經達到空前激烈的程度，一切頑固守舊勢力群集慈禧太后周圍，策劃撲滅變法運動。

這時，京津一帶盛傳慈禧太后和光緒皇帝十月赴天津閱兵時，會發生兵變。慈禧太后將廢掉光緒皇帝。大難臨頭，形勢危急。光緒皇帝從慈禧太后的臉色上也察覺到了這種危險性。

七月三十日，光緒皇帝給康有為等人寫了一封密詔，要他們設法相救，找到一個既能堅持改革，又能不致過分激怒慈禧太后的辦法。

這個辦法顯然是不存在的，一無軍隊、二無武裝的維新派拿不出切實對策，最後只能把希望寄託在袁世凱身上。

袁世凱是怎樣一個人物呢？他是北洋三軍之一「新建陸軍」的統領，榮祿的親信和部下。他曾參加過「強學會」，正是這一點使維新派把他誤認為自己的同志。在走投無路的情況下，光緒皇帝接受了康有為的建議，兩次召見袁世凱，並授以侍郎銜，專辦練兵事務，不受榮祿節制。袁世凱表面表示效忠皇帝，實則另有打算。

處境的險惡，使維新派越來越感到軍隊的重要性。為此，譚嗣同實行了一個自以為直截了當的辦法。

八月三日深夜，譚嗣同隻身前往袁世凱的住處法華寺。袁世凱對不速之客的到來，心中早就有數，在驚奇與寒暄之後，仍裝聾作啞地問有何事相商。譚嗣同從袖子裡拿出光緒皇帝的密詔，要求袁世凱迅速出兵，先殺榮祿，然後包圍慈禧太后的住處頤和園。並說事成以後，立即升任袁世凱為直隸總督。

譚嗣同聲淚俱下地對袁世凱說：「你如果不答應我，我就死在你面前。你的生命在我的手裡，我的生命也在你的手裡。我們至遲要在今晚決定，決定後我立即進宮請皇上辦理。」

袁世凱十分狡猾，當面並不拒絕譚嗣同的要求，而是慷慨激昂地說：「殺榮祿如殺一條狗。」但是，他提出糧、械、子彈準備不足，須等到九月份慈禧太后和光緒皇帝到天津閱兵時才能執行。

譚嗣同再三要求提前，袁世凱表示無法做到，譚嗣同只好同意了袁世凱的意見。

當維新派設法營救光緒皇帝的同時，慈禧太后和榮祿也積極行動起來了。八月五日，袁世凱從北京一回到天津，立即向榮祿告密，全盤交代了譚嗣同夜訪的情況。當天榮祿就乘專車趕到北京，同諸多后黨官僚一起面見慈禧，會議至夜半方散。

八月六日清晨，慈禧太后怒氣沖沖地從頤和園回宮，發動了政變。就在這天黎明，光緒皇帝還到頤和園去請安，慈禧卻已由間道入西直門。她帶人直達皇帝的住處，把一切文件都搜刮拿走，又把皇帝召來訓斥說：「我撫養你二十多年，你竟聽小人之言來害我？」

光緒皇帝沉默良久，才說出一句話：「我無此意。」慈禧又唾了一口說：「癡兒，今天如果沒有我，明天你還能在這兒嗎？」慈禧當即傳旨說，光緒皇帝生病不能辦事，由她「臨朝訓政」。

就在這同一天，慈禧就下令逮捕維新人士。康有為已於前一天離開北京到天津，後在英國領事館的幫助下，脫險來到香港。梁啟超在知道大局已定後，逃到日本大使館，又化裝前往天津。在天津剪去髮辮穿上和服，躲過清軍搜查，乘日輪逃往日本。

政變發生後，被逮捕的維新人士很多，其中有譚嗣同、楊深秀、楊銳、林旭、劉光第、康光仁等。譚嗣同本來還有機會逃走，但他決定不走，靜待逮捕。在他被捕前的幾天內，他還同北京的鏢客王五籌畫，想把光緒皇帝救出來，但事起倉促，計畫落空。

譚嗣同的一些朋友勸他到日本避難，譚嗣同說：「各國變法，無不從流血而成。今中國未聞有因變法而流血者，此國之所以不昌也。有之，請自嗣同始。」

八月九日，譚嗣同在瀏陽會館被捕。在獄中，譚嗣同鎮定自若，於壁上題詩一首：「望門投止思張儉，忍死須臾待杜根。我自橫刀向天笑，去留肝膽兩崑崙。」表達了自己對變法的獻身精神。

慈禧太后對自己的政敵，向來是不手軟的。八月十三日，將譚嗣同等六位維新志士斬於宣武門外的菜市口。其他參與或支持維新的官吏，陸續被革職、判刑。新政的絕大部分被廢除了，京師大學堂（今北京大學）被保留下來，成了戊戌變法的紀念品。

對於光緒皇帝，慈禧太后不能殺，也不好廢掉，但可以軟禁起來，於是，慈禧太后下令，將光緒皇帝囚禁於中南海的瀛台。

曇花一現的戊戌變法運動失敗了，政治局面又回到了那種令人窒息的黑暗狀態。向西方尋求救國真理的資產階級維新派，依舊沒有找到一條民族振興之路。

戊戌變法運動的失敗是不可避免的。維新派推行改革的辦法，就是竭力爭取光緒皇帝支持變法。他們天真的以為，抓住一個皇帝，頒發一紙詔書，改革就會成功。

然而，這種改革的成功要具備一個基本前提，就是改革派必須掌握政權，用政權的力量推行改革。維新派恰恰缺少這個力量。知道臨失敗前夕，他們才想到依靠兵力保護新政。

袁世凱的出賣，並不說明維新運動失敗出於偶然性，即使袁世凱不出賣，也無法抵抗強大的頑固派，而他也是權衡利害得失之後徹底轉到頑固派一邊的。

不過，戊戌變法運動儘管失敗了，但傳播了西方的社會學說和自然科學，同封建思想展開了激烈的鬥爭，打開了人們的眼界，衝破了封建主義思想的壁壘，為以後的民主革命思想的傳播提供了有利條件。

戊戌變法失敗後，總結歷史教訓，促使一些先進份子走上資產階級革命道路，可以說沒有戊戌變法及其失敗，就不會有辛亥革命。

而光緒皇帝在民族危亡之秋，不甘做亡國之君，投身當時的進步潮流，積極參與，領導了戊戌維新運動，追求國家的進步與光明前景，其志可嘉，應是一位值得肯定的愛國者。

三九、光緒帝死因探疑

戊戌變法失敗後，光緒皇帝被慈禧太后囚禁。光緒皇帝在度過了十年沒有人身自由的囚徒生活後，於光緒三十四年十月二十一日（一九〇八年十一月一日）死亡，終年三十七歲。緊接著，第二天，即光緒三十四年十月二十二日，慈禧太后在儀鸞殿死亡。也就是說，在二十二時之內，這對母子相繼去世，死亡時間的詭異與巧合，光緒帝與慈禧之間早已存在的政治矛盾，不得不讓人感覺，光緒帝的死亡背後，深藏著一個驚心而巨大的陰謀。由此，繁衍出種種猜測和議論。

第一種說法：慈禧知道自已即將歸西天，不願意在她死後，光緒皇帝重新掌權，派人毒死了光緒帝。主要依據有清末給光緒看病的名醫屈桂庭他的回憶錄中說：「光緒在臨死前三天，在床上不停地翻滾，並且不停地大叫，肚子疼得不得了，臉色發暗，舌頭又黃又黑，明顯是中毒症狀。」根據這種說法，光緒是被毒死的，最大的嫌疑人是慈禧太后，因為她是當時最有權勢、又嚴密控制光緒帝的、最好下毒、最可能下毒的人。

此說法的依據和記錄有《清室外記》、《清裨類抄》和《崇陵傳信錄》。

第二種說法：袁世凱見慈禧一病難起，怕慈禧死後，光緒掌握實權，報復自已在戊戌變法出賣皇帝的行為，於是賄賂宮廷宦官，用劇毒藥物害死光緒帝。這種說法最有權威的依據是清朝最後一個皇帝溥儀的說法，溥儀說：「我親耳聽到一個侍候光緒帝的老太監講：『光緒帝死前一天，只是用了一劑藥，才變壞的。後來才知道這劑藥是袁世凱送的。』」

第三種說法：太監李蓮英得悉光緒帝的日記中載有西太后死後將誅袁世凱和他的消息，與慈禧一起陰謀將毒藥投入光緒帝的食物中致使光緒帝中毒身亡。

第四種說法：這幾年來有專家根據光緒帝生前的病歷，結合當時的歷史背景和現代中醫學理論，推斷是光緒帝因為嚴重肺結核病加上其他併發症，導致死亡的。

歷史背景的根據是光緒二十五年正月初二日，太醫朱琨等為光緒帝診得脈案：「口渴思飲，喉癢嗆咳，氣不舒暢，心煩而悸，不耐事擾，時作太息。目中白睛紅絲未淨，視物朦朧……耳內覺聾，時做轟聲。胸中發堵，呼吸語言，丹田氣覺不足……夜寐少眠，醒後筋脈覺僵，難以轉側……」

第五種說法：光緒帝有嚴重的腎虧，加上光緒帝從小身體虛弱，幼多病有長期遺精史《病原述略》中說：「遺精之病將二十年，前數年每月必發十數次，近數年每月不過二三次……冬天較甚。近數年遺洩較少者，並非較癒，乃係腎經虧損太甚，無力發洩之故。」

光緒帝有這樣一種病症，再加上從幾歲起就受慈禧的壓制，長期處在緊張之中，後來又在做皇帝時更是經歷一連串的挫折和打擊，病情逐漸加重，引起一系列呼吸道、消化道、等併發病症，最後病亡。這一說法主要依據是光緒生前的病歷和光緒生前自己的一段回憶。

究竟哪一個說法更接近於事實呢？光緒帝的確切死因到底是什麼？史學界關於光緒死因的辯論從未停止，懷疑謀殺說和正常死亡說幾經交鋒，卻一直沒能形成學術定論。

而據最新的研究認為，光緒帝是死於砒霜中毒。中國原子能研究院反應堆工程研究設計所、北京市公安局法醫鑒定中心，先後提取了光緒分別長二十六釐米、六十五釐米的兩小縷頭髮，清洗後晾乾，剪成一釐米長的截段，逐一編號、秤重和封裝，然後用核分析方法逐段檢測光緒頭髮中的元素含量。

結果顯示，光緒頭髮中含有高濃度的元素砷，且各截段含量差異很大，第一縷頭髮的砷高峰值出現在第十段（2404微克／克），第二縷頭髮的砷高峰值出現在第二十六段（362.7微克／克）和第四十五段（202.1微克／克）。而同時對比測試的頭髮砷含量，當代人為0.14至0.59微克／克，與光緒同時代並埋在一起的隆裕皇后為9.20微克／克，清末一個草料官乾屍頭髮為18.2微克／克。

後來，又按照規範的法醫檢驗要求和方法，提取了光緒遺骨及衣物樣品測試，結果肩胛骨、脊椎骨和每件衣物的胃區部位、繫帶和領肩部位的含砷量很高；內層衣物的含砷量大大高於外層。再對光緒棺槨內、墓內物品和陵區水土等進行對比實驗，結果表明光緒頭髮上的高濃度砷物質並非來自環境沾染。最後他們得出結論：光緒頭髮上的高含量砷並非為慢性中毒自然代謝產生，而是來自於外部沾染；大量的砷化合物曾存留於光緒屍體的胃腹部，屍體腐敗過程進行再分佈，侵蝕了遺骨、頭髮和衣物。而砷化合物也就是劇毒的砒霜。

經過科學測算，光緒攝入體內的砒霜總量明顯大於致死量。

按照這一研究，那麼就與第一種說法一致——光緒帝是被謀殺的，那麼謀害他的最大犯罪嫌疑人就是慈禧。慈禧為什麼一定要謀害光緒帝呢？原因有五。

第一、光緒帝與慈禧太后之間積怨太久，仇恨太深，早已到了勢不兩立，有我無你、有你無我的地步。在中法戰爭前，他們之間關係還是友好、親密的，但由於在中法戰爭中，他們一個主戰一個主和，對戰爭的分歧太大，他們的親密關係蕩然無存，矛盾和仇恨開始出現。後來經過光緒「親政」、甲午戰爭、戊戌變法失敗、準備廢掉光緒帝的大阿哥事件、光緒「愛妃」被害等等事件，他們之間已到仇深似海、你死我亡的地步。慈禧也多次想害死光緒帝，慈禧極為害怕自己死後，光緒報復她，讓她死後不得安寧、死不瞑目，所以她預先設計毒死了光緒。

第二：慈禧歷來心狠手辣，狠毒無比，被她害死的人不計其數。比如：肅順、珍妃。所以對既是她侄子、又是她外甥的光緒，她也會毫不留情地下殺手。

第三：不管光緒帝是否有癆病、腎病，但這兩種病都沒有嚴重到致他於死地的地步。大家知道癆病到了不停地大口吐血的地步，才是比較嚴重。在光緒的病歷中根本沒有「吐血」記載，說明光緒的癆病不是很嚴重。因此光緒死於癆病、腎病的說法是不能成立的。另外光緒死前幾天的病歷突然將光緒的病描述得很嚴重，使人感覺到光緒是正常死亡。這一點十分可疑，請不要忘記了給光緒帝看病的全部過程都在慈禧監視和掌握之下，光緒死前幾天的病歷極有可能是慈禧出於不可告人的目的派人「偽造」的。

第四：戊戌變法失敗後，慈禧太后將光緒帝關在中南海瀛台，整整十年間，光緒帝一直處在囚禁狀態。瀛台是中南海一個四面環水的小島，與陸地相連的只有一個木板橋，島上慈禧派人二十多個心腹太監日夜嚴密監視光緒。整個紫禁城、中南海已是戒備森嚴，加上瀛台更嚴密的保安措施，外人是非常難以進入瀛台的，更何況你根本不熟悉中南海一帶的地形。並且光緒帝吃住還有一套安全程序。別說外人，就是一個長期生活宮中的人都難以接近皇帝。所以根據以上情況推斷，害死光緒帝的不可能是袁世凱，只有嚴密控制中南海、瀛台、大權在握的慈禧才有最大嫌疑。

第五：光緒帝在死亡前一天，向全國發佈詔令，命令各地總督巡撫尋找名醫名方，推薦進京，為皇帝治病。這件事起碼說明了兩點，一是皇帝這時非常清醒，不像一個意識模糊、即將升天的人；二是皇帝對治好自己的病充滿信心。但是就在第二天皇帝就突然死了，令人感到奇怪。還有一點更讓人奇怪的是：就在同一天，也就是在慈禧死之前二天，清朝廷以光緒帝的名義發佈兩道詔令。

第一道：命醇親王之子溥儀，在宮內教養，並在上書房讀書。

第二道：授溥儀之父載灃為攝政王。

這兩道詔令意思很清楚，一旦皇帝升天，就讓溥儀繼位，讓溥儀父親載灃主持朝政，輔助年幼的新皇帝。這兩道命令是誰下的？不可能是光緒帝，因為光緒帝早已無權力，更沒有可能指定自己的接班人。最有可能下這道命令的人是誰？慈禧。

為什麼慈禧要下這兩道詔令？從中看出兩個問題。

一：慈禧自己的病已非常嚴重，到了最後關頭，已到了不得不對後事進行安排的地步。但這一天光緒正好下詔令遍求全國名醫，為他治病。

二、慈禧已經決定，要光緒帝死在她自己之前。道理很簡單，如果光緒死在她後面，這兩道詔令就成了一紙空文。因此，慈禧發了兩道詔令，就是要光緒帝在她之前死。

果然，詔令下達第二天，光緒升天，溥儀繼位，載灃監國，第三天，慈禧嗚呼哀哉，上了西天。結果與慈禧設計的一樣。

由此可見，關於光緒死因，第一種說法似乎更接近於真相。

四〇、末代帝王與清王朝覆滅

溥儀是清王朝的末代皇帝，在他繼位前，滿清皇族還上演了一場立儲的鬧劇。

光緒皇帝支持維新被囚禁，慈禧太后訓政。光緒二十五年（一八九九年）十二月二十四日，慈禧太后發出一道懿旨，溥儁入繼穆宗為嗣，號「大阿哥」。隨後，大阿哥在弘德殿讀書，師父為同治皇帝的岳父、承恩公、尚書崇綺和大學士徐桐。光緒二十六年（一九〇〇年）正月初一，溥儁代皇上到高殿、奉先殿行禮。

慈禧太后預定庚子年（即光緒二十六年）舉行光緒皇帝禪位典禮，改年號為「保慶」。然而，京師內外，議論紛紛，大學士榮祿和慶親王奕劻以及各國公使均有異議，各種勢力也反對，建議此事停止。

不久，義和團起事，大阿哥溥儁的父親端郡王載漪篤信義和團，認為義和團是「義民」，不是「亂民」。五月，載漪任總理各國事務衙門大臣。日本使館書記杉山彬、德國駐華公使克林德被殺，義和團圍攻法國使館。七月，八國聯軍進逼京師，慈禧太后與光緒皇帝等一行西逃。載漪、溥儁父子隨駕從行。慈禧太后逃到大同，命載漪為軍機大臣。十二月，載漪被認為是這次事變的禍首，削去了爵位，發配至新疆。

光緒二十七年（一九〇一年），慈禧太后回京途中，以載漪縱容義和團，其子溥儁不宜做「皇儲」為理由，宣佈廢除溥儁「大阿哥」名號。後來，溥儁生活落魄，死得很慘。

這齣「大阿哥」的鬧劇收場了，隨後，溥儀繼位的正劇就開始正式上演了。據《清德宗實錄》記載：光緒皇帝臨終前一天，慈禧太后發懿旨，由溥儀繼承皇位。之後，慈禧太后又發懿旨，將溥儀的父親醇親王載灃，定為攝政王。

溥儀繼位後，改元宣統。由於溥儀年幼，才三歲，真正掌權的是隆裕太后和攝政王載灃。據溥儀自己回憶，舊曆十月初九的「登基大典」，被他哭得大煞風景。小皇帝坐在龍椅上哭得撕心裂肺，把龍椅旁照顧他的父親載灃急得滿頭大汗，小聲哄著：「別哭，別哭，馬上就完了！」聽到這些話的文武百官大驚失色：「怎麼能說『馬上就完了』呢？這是凶兆啊！」

果然，一語成讖，不出三年，在溥儀還懵懂無知的時候，清朝就真的「完了」。宣統三年（一九一一年），辛亥革命爆發，北洋新軍成為清王室唯一可以抵抗革命的力量，清政府再次起用袁世凱，先任命袁世凱為湖廣總督，旋即又任命其為內閣總理大臣。袁世凱一面以武力鎮壓南方革命，另一方面又暗中與革命黨人談判。

袁世凱一方在談判中放出口風：若推舉袁世凱為總統，則清室退位不成問題。與此同時，他又向清朝報告：革命軍勢力浩大，倘若開戰，北洋新軍難以取勝；各國公使都希望和平解決；南方代表伍廷芳說，必須實行共和，希望早定大計。

宣統三年末（一九一二年元旦），孫中山在南京宣誓就職，宣告中華民國臨時政府成立。南京領事政府成立後，遇到了一連串的困難：列強不予承認，卻公開支持袁世凱；財政上也缺少來源，軍餉難繼，軍隊隨時可能譁變。立憲份子和軟弱的革命黨人主張對袁妥協。孫中山迫不得已，電告袁世凱，再次聲明：如清帝退位，立定共和，臨時政府絕不食言，自己立即辭職，推舉袁世凱為大總統。

袁世凱見奪權已有把握，就公開宣稱向南方進攻實有困難，同時密奏隆裕太后：此次開戰，東西友邦的貿易損失已經不小，拖戰事僵持太久，難免沒有列強干涉。最後，袁世凱亮出了底牌：在此種情況下，清帝應該「禪位」，以順民心。

隆裕太后召集御前會議，進行討論。由王公貴族少壯派組成的宗社黨人痛恨袁世凱欺負孤寡，密謀篡權，他們主張訓練新軍，發動暴動倒袁。其中身為皇族的良弼態度最為堅決。恰在當天，袁世凱在北京王府井丁字街，遭到北方共和黨人的炸彈襲擊，袁世凱的隨從十多人喪命，袁世凱僥倖逃脫，之後，他稱病不露面。

良弼在袁世凱遭襲擊的十天後，也碰到了同樣的遭遇，被炸斷了左腿，三天後死去。良弼一死，皇室要員便失去了主心骨。袁世凱的部下段祺瑞又聯合二十八名戰將，從湖北前線打來電報，請求共和，並請袁世凱派全權代表與南方對話。良弼之死，加速了清帝遜位。隆裕太后只得在宣統三年十二月十三日（一九一二年二月一日）再次召集御前會議，決定遜位。並詔命袁世凱與南方革命黨磋商遜位條件。

袁世凱為了從清王朝手中奪取政權，主張優待皇帝、皇族。而革命黨為了廢除君主制，也被迫同意袁世凱訂立的《優待條例》。條例上規定：皇帝尊號不廢，待以國君之禮，每年供其新幣四百萬元費用，暫住宮中，以後遷居頤和園；宗廟陵寢及其私產，派兵保護；皇族世爵依舊，私產保護，免予當兵，享有一般公民權；滿、蒙、回、藏王公世襲與宗教信仰依舊，各族與漢族平等。

宣統三年十二月二十五（即一九一二年二月十二日），在袁世凱的逼迫下，隆裕太后代溥儀頒佈了《退位詔書》：全國人民心裡傾向共和，人心所向，天命可知，特率皇帝將統治權公諸全國。自此，統治中國兩百六十八年之久的清王朝，在風雨飄搖中走到了盡頭，中國兩千多年的封建君主專制制度也宣告結束。而清王朝的末代皇帝溥儀仍舊保留「皇帝」的名號，居住在紫禁城中。

幾十年後，溥儀略帶苦澀地回憶起這一幕時，說：「我呢，則作為大總統的鄰居，根據清室優待條件開始了小朝廷的生活。」

雖然是遜位的帝王，但溥儀畢竟還小，沒有什麼心理壓力，皇宮對他來說只是一座大房子，任他撒歡兒跑。在這塊小天地裡，溥儀一直住到民國十三年（一九二四年），才被馮玉祥驅逐出紫禁城。在紫禁城裡，溥儀度過了「人世間最荒謬的少年時代」——當人類進入二十世紀，中華號稱民國的時候，他「仍然過著原封未動的帝王生活，呼吸著十九世紀遺留下的灰塵」。

溥儀的帝王生活雖然微型，但仍然派場不小。在他的記憶裡，桌子、椅子、轎子等等，一切都是自己獨家佔有的黃色；即使是去趟頤和園，也有幾十輛汽車尾隨，還有民國的員警沿途警戒；吃飯時，也還是按原樣，由幾十名太監抬著大小七張膳桌，浩浩蕩蕩地從御膳房綿延到養心殿。這些排場給予逐漸長大溥儀很強的心理暗示：他是最尊貴的，統治一切和佔有一切的人上之人。

當然，年幼的溥儀也是頑皮的，十六歲那年，堂兄溥佳送給他一輛自行車。正值貪玩年紀的溥儀，在眾多太監的保駕護航下，幾天工夫就學會了騎車。本來宮中為了安全需要，有一道門就有一道門檻，而溥儀為了騎車方便，下令將宮門的門檻全部鋸掉。並且溥儀不僅自己騎，還讓皇后婉容和自己的妹妹們，以及伴讀們都來陪自己騎車，甚至連端康太妃也趕時髦地開始騎一輛改裝的小三輪車。可以說，在溥儀的宣導下，騎自行車成為當時宮中的「時尚運動」。

到了一九二四年九月，軍閥張作霖集結十五萬人，分兩路向山海關、承德等地發起進攻。曹錕任命吳佩孚為討逆軍總司令，調集二十萬人迎戰。第二次直奉戰爭爆發。十月，吳佩孚正要向張作霖發起總攻，不料系屬吳部的馮玉祥突然倒戈回師北京，一舉推翻了直系軍閥政府。

十一月十四日，堅決反對帝制的馮玉祥派兵逼溥儀離宮，歷史上稱之為「逼宮事件」。當天下午，溥儀帶著皇后婉容，妃子文繡等人離開皇宮，搬進父親載灃的住處。

由於不滿載灃的膽小怯懦，同時又擔心被馮玉祥加害，溥儀沒在父親處住多久，就逃進了日本公使館。當時日本對落難的溥儀，表現得十分熱心。不僅慷慨地為溥儀提供舒適的棲身之地，而且還利用日本控制下的《順天時報》，連續發出表示對「皇帝」的無限「同情」，對攝政內閣和國民軍無限的「激憤」。這樣的消息和評論，讓溥儀不由得對日本人心生親近之感。

此時的溥儀面臨三種選擇：做個平民、「復員還宮」和「借外力謀恢復」，當一班清朝遺老們為此吵來吵去，爭執不休的時候，滿懷複雜野心和仇恨的溥儀已經暗中做出了自己的決定：一定要藉助日本的力量重新做皇帝！

溥儀最初打算先出洋到日本去，再謀劃下一步出路。於是，在日本人的護送下，溥儀首先到達天津，「為出洋做準備」。不料，由於各方的推脫和局勢的不允許，溥儀在天津一住就是七年。

此時的溥儀，是一位失勢的舊皇帝，在軍閥林立的亂世，被無數人覬覦，利用著，對其進行了大量情感投資的日本也不例外。一九三一年日軍發動「九一八事變」，佔領中國東三省。為了能在東北順利地實行殖民統治，日本藉口幫助溥儀在東三省復辟，將溥儀從天津騙來。大喜過望的溥儀不及深思，立即同意了日本關東軍的建議——執掌「滿洲國」的大權。

一九三二年三月，「滿洲國」建國，溥儀任「滿洲國」執政，年號「大同」。一九三四年，改國號為「滿洲帝國」，溥儀改稱皇帝。滿心歡喜的溥儀歡喜著利用這個機會，自己能重登大寶，可惜不久後，他就發現，「執政」的職權只是寫在紙上的，並不在他手裡，甚至連登基成「滿洲國皇帝」時，都必須穿關東軍指定的「滿洲國陸海空大元帥正裝」舉行典禮。

在「滿洲國」的日子裡，穿著西服的溥儀幾乎無權過問任何事情，他逐漸意識到自己的幻想破滅，尤其是一向對自己忠心耿耿的偽興安省省長凌升被日本斬首「殺雞儆猴」之後，溥儀的恐懼日益加深。此事過去不久，原蒙古王公德王前來看望溥儀，閒談中，德王埋怨說日本人過分跋扈，自己樣樣都不能作主，溥儀不免同病相憐，還安慰了德王一番。不料第二天，關東軍派人來問：「昨天的談話，是不是對日本人表示了不滿？」溥儀嚇得心驚肉跳，只得隨口搪塞過去。

此後，他戒心加重，再也不和任何人說真心話了。而對於日本人，溥儀則更加小心翼翼，「復辟」的夢破滅了，如何保證自己的安全，不讓日本人「滅口」，才是頭等大事。溥儀後來道出了他當時的恐懼：「我在狼面前是只任人宰割的羊。」

在生命飽受威脅的日子裡，溥儀無事可幹，除了吃、睡之外，就是打罵、算卦、吃藥和害怕。隨著日本崩潰的跡象愈加明顯，溥儀對日本人就更加誠惶誠恐，這也導致他將怒氣轉而發洩到家人和僕人身上，動輒對他們進行打罵。同時，他還終日卜卦算命，吃齋念佛，希望神佛保佑自己。這種不正常的精神狀態，終於毀了溥儀的身體，他只能拼命地打針吃藥，勉強維持精力。

一九四五年八月九日，蘇聯向日本宣戰，日軍即將崩潰，溥儀等人要求緊急轉移到日本，卻在途徑瀋陽機場時，被蘇軍抓捕，隨即被押往蘇聯。

蘇方對身分特殊的溥儀，提供了待遇優厚的俘虜生活：每天有豐盛的四餐，在他的單間住房裡，溥儀可以散步、聊天、聽有線廣播，甚至還可以彈鋼琴。

一九四六年春夏之交，溥儀作為遠東國際法庭的證人，陳述了日本帝國主義奴役滿洲的計畫和實施過程。

此時的溥儀，心中唯一的期望是永遠不回中國。他深知自己在「執政」偽滿洲國期間簽下的一系列密約，不僅出賣了東北的主權，還進一步推行了日本帝國主義的殖民統治，中國人絕不會原諒自己。於是，在蘇聯的五年間，除去口頭請求，溥儀還三次寫信給史達林，要求允許他留在蘇聯，可惜均石沉大海。沮喪的溥儀，只能拉攏身邊的蘇聯看守人員。然而，溥儀百般討好並沒有得到最終的避難允許，蘇聯方面最終決定將他遣送回國。

一九五〇年七月三十一日，根據中蘇兩國有關協定，溥儀被遣送回國。同年八月，溥儀被安排到撫順戰犯管理所學習、改造，這一待就是十年。十年裡，溥儀漸漸走出了初來時深陷死亡恐懼時的崩潰狀態，情緒逐漸緩和，慢慢過上了「正常人」的生活：疊被、鋪床、擠牙膏、繫鞋帶等等，年近半百的末代皇帝溥儀一切從頭開始。

一九五九年十二月四日，溥儀接到了中國人民共和國毛澤東的特赦令——他出獄了，從此成為中華人民共和國公民。

溥儀作為大清王朝，也是中國封建王朝的最後一位帝王，一生有過四次婚姻，娶過五個女人：婉容、文繡、譚玉玲、李玉琴和李淑賢。

溥儀剛選妃時，覺得「每位都有個像紙糊的筒子似的身段……實在分不出俊醜來」。他最後選定了兩個女子——婉容為后，文繡為妃。婉容眉目如畫，可惜性格善妒，她猜忌、排擠文繡，引得溥儀不滿，漸受冷落。偽滿洲國時，長期身心苦悶的婉容與人私通，並生下一子，溥儀得知後，大為惱怒，讓人將新生兒扔進鍋爐火化，最後，長期吸食鴉片的婉容病弱不堪，神智失常，於一九四六年病死在長春。

文繡的命運相對而言稍好一些。離開紫禁城後，追求自由的文繡衝破禁錮，歷經艱難，終於與溥儀離婚。只可惜，脫離皇室的文繡無法適應平民生活，日漸窘困，再度嫁人後生活也沒有起色，最終貧病抑鬱而死。

譚玉玲是溥儀為懲罰出軌的婉容而娶來的，用他自己的話來說，他把這個女子「像一隻鳥似的養在宮裡」。不過，學生出身的譚玉玲天性格天真直率，倒讓溥儀頗為喜愛，他還在曾在譚玉玲的相片後題字：「我的最親愛的玉玲」。一九四二年，譚玉玲暴卒，據稱是傷害致死，也有說法稱是被關東軍所害。

福貴人李玉琴，是日軍與溥儀相互妥協的產物——溥儀堅決不要日本血統的妻子，只好接受日本人為他挑選的中國妻子。溥儀到了蘇聯後，李玉琴回到娘家；後來溥儀在撫順改造時，李玉琴還曾多次探望過溥儀。不過，兩人還是在一九五七年離了婚，之後李玉琴重新建立起家庭。

李淑賢是溥儀特赦之後娶的妻子，也是他最後一任妻子。一九六二年，兩人結婚，在一起生活了五年。

一九六七年，溥儀因患腎癌去世，終年六十二歲，無子。骨灰最終移葬到皇家陵園。

附錄一　清朝大事年譜

一五八三年　太祖愛新覺羅・努爾哈赤襲封為指揮使，開始統一女真各部的戰爭。

一六一六年　努爾哈赤統一女真各部，稱汗，國號曰大金，史稱後金，年號天命，定都於赫圖阿拉。

一六一八年　努爾哈赤以「七大恨」為由發動叛亂。同年，爆發了薩爾滸之戰。

一六二一年　後金遷都遼陽。

一六二五年　後金遷都瀋陽。

一六三五年　太宗皇太極廢除女真族名，正式定族名為「滿洲」。

一六三六年　皇太極改國號「大金」為「大清」。

一六四〇年　明清松錦之戰開始，至一六四二年結束。明將洪承疇降清。

一六四四年　李自成攻陷北京，崇禎帝在景山吊死。明朝覆滅。同年，清軍入關，定都北京。明宗室福王、魯王、唐王、桂王先後建立南明政權（一六四四～一六六一年）抗清。

一六六一年　鄭成功據臺灣反清。同年，永曆帝（桂王）被俘，南明政權告終。

一六六二年　永曆帝於昆明遇害。

一六七三年　康熙帝下令削藩，三藩之亂爆發，至一六八一年被平定。

一六八三年　清軍攻臺灣，鄭氏投降，中華全境統一。

一六八五年至一六八六年 清軍於俄軍兩度雅克薩之戰，清軍大捷。

一六八九年 中俄簽訂《尼布楚條約》，確立兩國邊界。

一六九〇年至一七二三年間 康熙帝屢征準噶爾、青海。平定新疆叛亂。

一七一二年 清政府宣佈此年（康熙五十年）以後，「盛世滋丁，永不加賦」。

一七二三年 清政府宣佈開豁樂戶賤籍的，大批明朝永樂時代遭到迫害的建文忠臣女性後代得以從良。

一七四七年 乾隆帝開始征伐藏邊回疆等地，自記「十全武功」。征伐直到一七九二年結束。

一七六〇年 乾隆擬「平定準噶爾勒銘格登山碑」。

一七七六年 清乾隆四十一年，清朝人口達三億一千一百五十萬。同年，乾隆帝開始寵信和珅，使清朝步入中衰。

一七八二年 《四庫全書》編成，分經、史、子、集四部。

一七九三年 乾隆五十八年，清朝中央政府制定和頒行的『欽定藏內善後章程二十九條』。同年，英使馬嘎爾尼來華，要求開放貿易被拒。

一七九六年 川陝白蓮教起事，至一八〇五年平定。

一八一三年 英使馬嘎爾尼第二次來華亦無功。

一八二〇年 清嘉慶二十五年，清朝人口達三億八千三百一十萬。

一八三九年 林則徐於虎門銷毀鴉片。中英第一次鴉片戰爭爆發（一八三九～一八四二年）。

一八四二年 中英簽訂《南京條約》，英佔香港島，開放五口通商。

一八四三年 中英簽訂《五口通商章程》，《虎門條約》。同年，洪秀全創立拜上帝會。

一八四四年　中美《望厦條約》、中法《黃埔條約》訂立。

一八五一年　清咸豐元年，清朝人口達四億三千六百一十萬。同年，拜上帝會在廣西金田村起事，建號太平天國。

一八五三年　太平軍攻入南京，改名天京，定為國都；並頒《天朝田畝制度》。

一八五六年　第二次鴉片戰爭（一八五六～一八六〇）爆發。英法聯軍侵華。同年，天京事變。太平天國內訌，漸趨敗亡。

一八五八年　英法聯軍攻陷大沽，清廷與兩國簽訂《天津條約》，又與俄簽訂《瑷琿條約》。

一八五九年　英法聯軍再次入侵中國，一八六〇年，英法聯軍火燒圓明園；攻陷北京。中英、中法、中俄分別簽訂《北京條約》。

一八六一年　八月咸豐在熱河駕崩。十一月一日，辛酉政變，慈禧太后登上中國政治舞臺。同年，洋務運動（一八六一～一八九四年）開始，創辦軍事工業、實業，編練陸海軍設西式學堂。

一八六四年　洪秀全病死，清軍攻入南京，太平天國敗亡。同年，中俄簽訂《勘分西北界約記》。

一八八三年　中法戰爭（一八八三～一八八五年）爆發，一八八五年，中法簽訂《越南條約》，法佔領越南。

一八八八年　清廷建立北洋水師，加強軍備，鞏固海疆。

一八九四年　中日甲午戰爭（一八九四～一八九五年）爆發。同年，孫中山在檀香山創立興中會。

一八九五年　中日簽訂《馬關條約》，割讓臺灣及遼東半島。俄法德三國干涉還遼。同年，洋務運動宣告終結。

一八九六年 《中俄密約》簽訂；此後列強紛紛在華租借港灣，劃分勢力範圍。

一八九七年 德國強租膠州灣；沙俄佔旅順及大連。

一八九八年 六月，光緒帝在康有為等推動宣佈「戊戌變法」，同年九月，慈禧發動政變，變法失敗，又稱「百日維新」。

一八九九年 義和團興起，在山東各地殺教士、教民。

一九〇〇年 六月二十一日，慈禧對全世界宣戰。八月十六日，八國聯軍攻陷北京。同年，興中會惠州起義失敗。

一九〇一年 清政府和西方列強十一國簽訂《辛丑合約》。清廷下令籌畫新政。

一九〇五年 清政府罷科舉，派五大臣出洋考察憲政。同年，孫中山創立中國同盟會，提出三民主義。

一九〇六年 清政府宣佈「預備立憲」。

一九〇七至一九〇八年 同盟會發動六次起事均失敗。

一九〇八年 光緒帝、慈禧太后先後駕崩；宣統帝即位。

一九一一年 四月黃花崗起事未成；五月清攻府宣佈鐵路國有，引起保路風潮；十月武昌起義，南方各省紛紛宣佈獨立，史稱辛亥革命。

一九一二年一月一日 中華民國宣佈成立。二月十二日，溥儀宣佈退位，清朝統治被推翻。

附錄二　清朝十二位皇帝簡介

太祖（努爾哈赤）西元一五五九年～一六二六年。努爾哈赤，姓愛新覺羅，號淑勒貝勒，明嘉靖三十八年，出生在建州左衛蘇克素護部赫圖阿拉城（遼寧省新賓縣）的一個滿族奴隸主的家庭。明萬曆十一年（一五八三年），「自中稱王」。萬曆四十四年（一六一六年），在赫圖阿拉建元稱汗，國號金（史稱後金）。與明將袁崇煥在寧遠交戰中，大敗而回並受傷，於天命十一年（一六二六年）八月死去。終年六十八歲。**年代大事：**包衣奴，薩爾滸之戰，移宮案，紅丸案，寧遠之戰。西元一六一六年登基，西元一六二六年去世（在位十一年）。

太宗（皇太極）西元一五九二年～一六四三年。愛新覺羅・皇太極，是努爾哈赤的第八子，其母葉赫那拉氏。皇太極生於明萬曆二十年。努爾哈赤寧遠戰敗身亡後即後金汗位，卒於清崇德八年。廟號「太宗」。**年代大事：**袁崇煥之死，徐霞客遊記，松錦之戰，濟南屠城。西元一六二六年登基，西元一六四三年去世（在位十七年）。

世祖（福臨）西元一六三八年～一六六一年。順治帝福臨，是清朝入關後的第一位皇帝。他是皇太極的第九子，生於崇德三年，崇德八年（一六四三年）在瀋陽即位，改元順治。卒於順治十八年，終二十四歲。**年代大事：**揚州十日與嘉定三屠，李自成敗亡。西元一六四三年登基，西元一六六一年去世（在位十八年）。

聖祖（玄燁）西元一六五四年～一七二二年。康熙帝名玄燁，是順治的第三子，生於順治十一年。是中國歷史上在位時間最長的皇帝。**年代大事：**鄭成功收復臺灣，平定三藩，尼布楚條約，三征噶爾丹，聊齋志異，柳條邊，遷海令，明史案，南山集案。西元一六六一年登基，西元一七二二年去世（在位六十一年）。

世宗（胤禛）西元一六七八年～一七三五年。雍正帝胤禛，生於康熙十七年，是康熙的第四子。康熙六十一年，四十五歲的胤禛繼承帝位，死於圓明園，廟號世宗。**年代大事：**恰克圖條約，年羹堯案，查嗣庭案，呂留良案，屈大均案。西元一七二二年登基，西元一七三五年去世（在位十三年）。

高宗（弘曆）西元一七一一年～一七九九年。乾隆帝弘曆，生於康熙五十年，卒於嘉慶四年。他是雍正的第四子，退位後又當了三年太上皇，終年八十九歲。**年代大事：**四庫全書，文字獄，胡中藻獄，徐述夔案，尹嘉銓案。西元一七三五年登基，西元一七九六年去位（在位六十年）。

仁宗（顒琰）西元一七六〇年～一八二〇年。嘉慶帝顒琰，清高宗弘曆的第十五子。生於乾隆二十五年，五十四年被封為嘉親王，乾隆六十年登基，改元嘉慶。卒於嘉慶二十五年，終年六十一歲，廟號「仁宗」。**年代大事：**白蓮教起義，天理教起義。西元一七九六年登基，西元一八二〇年去世（在位二十五年）。

宣宗（旻寧）西元一七八二年～一八五〇年。道光帝旻寧是清朝入關後的帝六代皇帝，生於乾隆四十七年，卒於道光三十年，終年六十九歲。**年代大事：**虎門銷煙，鴉片戰爭與南京條約。西元一八二〇年登基，西元一八五〇年去世（在位三十年）。

文宗（奕詝）西元一八三一年～一八六一年。咸豐帝奕詝，道光十一年生於北京圓明園。咸豐十一年病故。**年代大事：**火燒圓明園，北京條約，太平天國起義，天地會起義，小刀會起義，捻軍起義。西元一八五〇年登基，西元一八六一年去世（在位十一年）。

穆宗（載淳）西元一八五六年～一八七五年。同治帝載淳是咸豐與葉赫那拉氏的獨生子。生於咸豐六年，同治十二年親政，次年卒，年十九。廟號「穆宗」。**年代大事：**慈禧垂簾聽政，同治中興。西元一八六一年登基，西元一八七五年去世（在位十三年）。

德宗（載湉）西元一八七一年～一九〇八年。光緒帝載湉，同治十年出生於北京宣武門太平湖畔醇王府，其父奕譞是道光帝的第七子，光緒三十四年病死，終年三十七歲。**年代大事：**馬關條約，辛丑合約，義和團運動。西元一八七五年登基，西元一九〇八年去世（在位三十四年）。

宣統帝（溥儀）西元一九〇六年～一九六七年。愛新覺羅・溥儀於光緒三十二年生於北京什剎海邊的醇王府。一九六七年十月十七日在北京病逝，終六十二歲。**年代大事：**同盟會，黃花崗起義。武昌起義。西元一九〇八年登基，西元一九一二去位（在位三年）。

大地叢書介紹

作者：張程
定價：320 元

魏晉南北朝（西元220年—589年），是中國歷史上一段分裂的時期。這個時期由220年曹丕強迫東漢漢獻帝禪讓，建立曹魏開始，到589年隋朝滅南朝陳重新統一結束，共400年。可分為三國時期、西晉時期（與東晉合稱晉朝）、東晉與十六國時期、南北朝時期。另外位於江南，全部建都在建康（孫吳時為建業，即今天的南京）的孫吳、東晉、南朝的宋、齊、梁、陳等六個國家又統稱為六朝。

189年漢靈帝死後，東漢長期混亂，誕生了曹魏、蜀漢、孫吳三國。到後期曹魏逐漸被司馬氏取代，265年被西晉取代。263年蜀漢亡於魏，280年孫吳亡於晉，三國最後由晉朝統一。

魏：是指曹丕建立的魏國，屬三國時期朝代，與蜀、吳三國鼎立。

晉：即指司馬炎建立的西晉。

西晉皇朝短暫的統一，於八王之亂與五胡亂華後分瓦解，政局再度混亂。在304年因為成漢與劉淵的立國，使北方進入五胡十六國時期。316年西晉亡於匈奴的劉曜後，司馬睿南遷建康建立東晉，南北再度分立。東晉最後於420年被劉裕篡奪，建立南朝宋，南朝開始，中國進入南北朝時期。然而北朝直到439年北魏統一北方後才開始，正式與南朝宋形成南北兩朝對峙。

大地叢書介紹

作者：張程
定價：320 元

南北朝從420年到589年，群雄並起、社會動盪、能人輩出、怪胎不斷、民族融合、文化碰撞……

南北朝是一個大破壞的亂世，也是一個大融合的盛世；是一個分裂了兩百年的鐵血時代，也是一段英雄輩出你方唱罷我登場的光輝歲月。

本書再現了5到6世紀，中國南北對峙、東西分裂，到最終走向統一的歷史。

書中有草原民族拓拔鮮卑的崛起、衰落與滅亡，有一代代被權力擊垮的南朝皇帝的變態，有邊關小兵高歡的艱難奮鬥與失意，有江南的煙雨柔情和在溫柔鄉的魂斷命喪，更有一個民族的掙扎、迷茫與蛻變。這是一曲中華民族形成的關鍵時期的悲歌壯曲，值得每一位中國人重溫與銘記。

【作者簡介】

張程，北京大學外交學碩士，《百家講壇》雜誌專欄作家，在《光明日報》、《國際先驅導報》、《經濟參考報》等報刊發表評論，散文多篇，著有《泛權力》、《辛亥革命始末》、《中國臉譜：我們時代的集體記憶》等作品，並翻譯出版了《中國人本色》、《多面中國人》等西方觀察近代中國的作品。

大地叢書介紹

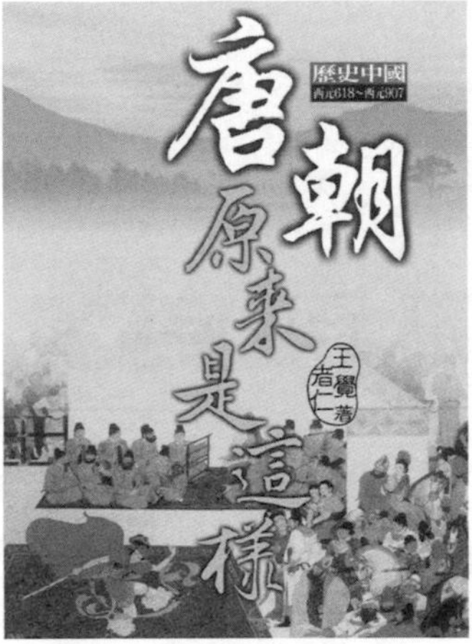

作者：王者覺仁
定價：360 元

唐朝是中國歷史上強盛的朝代之一，隋末民變留守太原的李淵見天下大亂，隋朝的滅亡不可扭轉，遂產生取而代之的念頭，率兵入關中擁立楊侑為帝，是為隋恭帝，西元618年迫隋恭帝禪位，建立唐朝，即唐高祖。

李淵建立唐朝後以關中為基地逐步統一天下，唐朝歷史可以概略分成數期，大致上以安史之亂為界。初唐時期，唐太宗勵精圖治國力逐漸強大，且擊敗強敵突厥，創造了貞觀之治。唐高宗與武后時期擊敗高句麗等強敵建立永徽之治。唐高宗去逝，武則天主政建國號周，女主政治達巔峰，西元705年唐中宗復辟國號恢復唐，一直到唐玄宗繼位女主政治才完全結束。至此進入盛唐，是唐朝另一高峰與轉折，唐玄宗即位革除前朝弊端，政治開明，四周鄰國威服，是為開元盛世。

天寶時期，政治逐漸混亂西元755年爆發安史之亂，唐朝由盛轉衰。中唐時期受河朔三鎮，吐番的侵擾，宦官專權，牛李黨爭等內憂外患的影響國力逐漸衰落。其中雖有唐憲宗的元和中興、唐武宗的會昌中興、唐宣宗的大中之治，都未能根治唐朝的內憂外患。晚唐時期政治腐敗爆發了唐末民變，其中黃巢之亂更是破壞了江南經濟，使唐朝經濟瓦解，導致全國性的藩鎮割據。唐室最後被藩鎮朱全忠控制，他迫使唐昭宗遷都洛陽，並於西元907年逼唐哀帝禪位，唐亡。

大地叢書介紹

作者：王者覺仁
定價：320 元

隋朝（581年—618年）是中國歷史之中，上承南北朝、下啟唐朝的一個重要的朝代，史學家常把它和唐朝合稱隋唐。隋朝源自581年隋文帝楊堅受禪建立隋朝，至618年隋恭帝楊侑讓位予李淵，隋朝滅亡為止，國祚37年。

581年北周靜帝禪讓給楊堅，北周亡，楊堅定國號為「隋」，隋繼承了北周的強大，隋文帝於587年廢除後梁，於589年攻滅南朝陳。隔年9月，控制嶺南地區的冼夫人歸附隋朝。至此，天下一統，隋朝結束了中國自魏晉南北朝以來的分裂局面，重新建立統一的國家。

隋文帝採取予民休養生息的政策，注重維護與農民的關係，並調和統治集團內部的關係，使社會矛盾趨於緩和，經濟、文化得以迅速成長和繁華，開創出開皇之治。

604年隋文帝去世，太子楊廣繼位，即隋煬帝。為了鞏固隋朝發展，隋煬帝興建許多大型建設，又東征西討，隋朝在煬帝前期發展到極盛。然而隋煬帝好大喜功，嚴重耗費隋朝國力，其中又以三次東征高句麗為最劇。最後引發了隋末民變，616年隋煬帝離開東都，前往江都（即今江蘇揚州）。618年宇文化及等人發動兵變，弒逆煬帝。

618年隋恭帝楊侑禪讓李淵，618年李淵正式稱帝，建立唐朝。而隋末群雄割據的局面，最後也由唐朝所終結。

大地叢書介紹

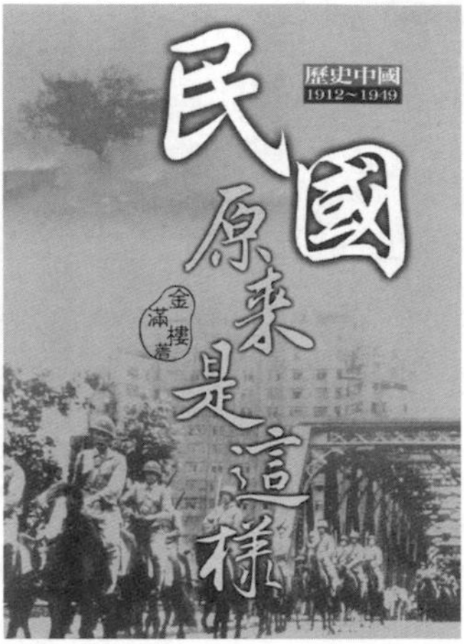

作者：金滿樓
定價：320 元

本書是關於中國歷史上民國時代的斷代歷史通俗讀物，從清末到民國的四十年間，時間並不算太長，但其潮起潮落後的亂象紛呈，卻是歷史所不常有的，通過四十餘篇專題文章對照該段歷史，系統深入地闡述了歷史知識，揭開歷史不為人知的細節，是一部百科全書式的作品。

書中以夾敘夾議的方式講述1912-1949年間迷霧重重的民國歷史，從人性的角度深入到歷史的浩渺煙塵中，以人帶事，從細節中窺探全貌，勾畫大觀，點射歷史。對於歷史的評説所謂仁者見仁，智者見智。真相在於細節的推敲，推敲即是一種思辨的過程，這個過程也即是讀史樂趣的所在。作者力求提供一種清新客觀的視角，擺脱意識形態、個人偏好以及利益糾葛的牽絆，還原歷史真實面目。讀民國史，讀到心裡千濤萬浪，這樣一本小書不足以勾畫民國的歷史大貌，但從細節中看歷史倒也能收窺斑之效。

【作者簡介】

金滿樓，本名金松。江西陝江人，現居上海。著名作家，新銳歷史寫手，近年來專注於晚清民國史的通俗寫作，2007年後陸續出版《晚清帝國回憶錄》、《向康熙學習》、《晚清的最後十年》、《大清野史之謎》、《女人當國》、《這才是晚清》、《北洋野史》等暢銷歷史讀物。

清朝原來是這樣 / 羅杰著. -- 一版.-- 臺北市：大地, 2016.06
面： 公分. --（History：88）

ISBN 978-986-402-099-7（平裝）

1. 清史 2. 通俗史話

610.9 105007459

清朝原來是這樣

HISTORY 088

作者	羅杰
發行人	吳錫清
主編	陳玟玟
出版者	大地出版社
社址	114台北市內湖區瑞光路358巷38弄36號4樓之2
劃撥帳號	50031946（戶名 大地出版社有限公司）
電話	02-26277749
傳眞	02-26270895
E-mail	vastplai@ms45.hinet.net
網址	www.vastplain.com.tw
美術設計	普林特斯資訊股份有限公司
印刷者	普林特斯資訊股份有限公司
一版一刷	2016年6月

大地

定 價：300元